The narrative art of Katherine Mansfield 's novels

凯瑟琳·曼斯菲尔德小说

叙述艺术论

徐 晗 著

科 学 出 版 社

北 京

内 容 简 介

"英国短篇小说女王"凯瑟琳•曼斯菲尔德是英国文学史、英国短篇小说史上一位有特殊贡献的作家，她对小说艺术的叙述技巧尤为重视。本书分三个部分深入研究曼斯菲尔德的叙述技巧：第一部分深入研究曼斯菲尔德的第一人称叙述技巧；第二部分深入研究曼斯菲尔德的第三人称叙述技巧；第三部分深入研究曼斯菲尔德的多重视角叙述技巧。

本书可供外国文学专业师生和研究人员参考阅读。

图书在版编目（CIP）数据

凯瑟琳·曼斯菲尔德小说叙述艺术论 / 徐晗著. —北京：科学出版社，2018. 4

ISBN 978-7-03-056938-7

Ⅰ. ①凯… Ⅱ. ①徐… Ⅲ. ①曼斯菲尔德（Mansfield，Katherine 1888-1923）–小说研究 Ⅳ. ①I561.074

中国版本图书馆 CIP 数据核字（2018）第 049734 号

责任编辑：王洪秀 / 责任校对：孙婷婷

责任印制：张欣秀 / 封面设计：铭轩堂

科学出版社 出版

北京东黄城根北街 16 号

邮政编码：100717

http://www.sciencep.com

北京建宏印刷有限公司 印刷

科学出版社发行 各地新华书店经销

*

2018 年 4 月第 一 版 开本：720×1000 B5

2018 年 4 月第一次印刷 印张：12 1/2

字数：200 000

定价：78.00 元

（如有印装质量问题，我社负责调换）

此书获得云南师范大学文学院学术著作出版基金资助

前　言

着手撰写《凯瑟琳•曼斯菲尔德小说叙述艺术论》这部书的初衷其实很简单，笔者在读曼斯菲尔德小说文本时发现，处理不同的作品题材时，她所运用的叙述技巧存在着微妙的变化，顺应着不同的叙述技巧，出现在文本的叙述者也有所不同。在故事型的短篇小说中，比如《求职女》和《一杯茶》、《幸福》、《花园茶会》、《萝莎贝尔惊梦记》中，文本所运用的叙述视角，完全是一位理性的、带着批判眼光去观察这个世界的隐身的叙述者。1915 年之后的创作中，曼斯菲尔德有意识地放弃了在故事型的短篇小说中所运用的批判叙述视角，开始引入另一种叙述者，即散文体或诗体小说中所出现的叙述者。例如，在《起风了》一类散文体或诗体的短篇小说中所出现的那个叙述者，在很大程度上，更接近曼斯菲尔德本人。这在曼斯菲尔德的小说世界里就出现了一个有趣的现象，即两种叙述技巧和叙述视角交织呈现。当然，曼斯菲尔德对于叙述技巧的开拓并不仅限于这两种叙述技巧的交织呈现，评论家认为她真正成熟的、有着别具一格的叙述技巧的作品是 1917 年的《序曲》和 1921 年的《在海湾》。而这两部重要作品中所出现的叙述技巧及其独特的叙述视角即本书中所研究的“后期作品中的多重视角叙述”。

在《序曲》中，曼斯菲尔德对短篇小说的革新不仅在于对作品内容的开拓、对情节的淡化处理，更在于她对旧有短篇小说的文体结构模式进行了革新。这种新型的短篇小说文体结构模式被曼斯菲尔德称为 “序曲体”。这种革新力度及其所带来的新型的阅读体验使得曼斯菲尔德无愧于“英国短篇小说女王”这一称号。叙述手法的多样化与复杂化既是英美现代主义文学思潮的重要表现之一，也是曼斯菲尔德短篇小说世界的一个鲜明特征。没有对叙述手法的创造性运用，就不可能有其短篇小说的成功。其中，多重视角叙述技巧是构成其小说叙述技巧的一个重要因素。曼斯菲尔德在创作时一直没有停下开拓的脚步，基于此，有必要将其作品中所呈现出来的叙述技巧作一个深入的研究，并从叙述者这一个叙述元素出发，探索其作品中极富魅力的叙述手法和变化。

在本书撰写的过程中，感谢我的导师郑克鲁先生及夫人朱碧恒女士的鼓励与指导，没有他们多年以来的鼓励与督促，就不可能有这部书稿的出版。这部书稿的撰写与出版，更离不开科学出版社编辑的鼓励与帮助，从最初的选题到最后的定稿，以及整个过程中所出现的种种繁琐的事务，都是她默默地为我解决。在此表达我衷心的感谢。同时感谢我的家人，对我无微不至的照顾、支持与鼓励。感谢云南师范大学文学院资助出版此书。

目　录

绪　论

凯瑟琳·曼斯菲尔德（Katherine Mansfield，1888—1923）是英国文学史上、英国短篇小说史上一位有着特殊贡献的作家。和同时代的著名作家，如弗吉尼亚·伍尔芙（A. Virginia Woolf）、劳伦斯（D. H. Lawrence）等同被誉为英国20世纪初的改革者与开拓者。曼斯菲尔德在短篇小说领域中所做出的种种革新受到了文学界的关注与评论，很多评论家给予曼斯菲尔德极高的赞誉。例如，新西兰惠灵顿维多利亚大学英国语言文学教授、曼斯菲尔德研究权威伊恩·戈登（Ian A. Gordon）指出：凯瑟琳·曼斯菲尔德之于短篇小说艺术，犹如乔伊斯之于长篇小说艺术。在乔伊斯（J. Joyce）和曼斯菲尔德之后，长篇小说和短篇小说再也不能保持原样了。他们开拓了一条通往更高境界的道路，为其他人展示出更加广阔的视野。作为20世纪初现代主义文学思潮的追随者与推进者，曼斯菲尔德在其短篇小说创作中极为大胆且娴熟巧妙地运用了现代主义技巧与手法。这在很大程度上开拓了短篇小说这一文体形式的表现方式，给读者带来新奇的阅读体验。曼斯菲尔德对短篇小说的革新是全方位的，首先表现在内容上，她将日常生活和人的内心世界作为其短篇小说的主要内容。发展至20世纪初，西方短篇小说的内容从偶然事件转向普通人的日常生活，以往那种精心安排的情节成了不重要的部分。在乔伊斯、曼斯菲尔德和安德森（S. Anderson）那里，短篇小说成为一种表现日常生活经验的手段，主人公是到处可见的普通人。除了对小说内容的开拓，曼斯菲尔德在短篇小说艺术形式领域的开拓与革新更为大胆。早在1936年，戴维·丹彻斯（David Daiches）就将曼斯菲尔德定位为短篇小说领域的革新者，认为曼斯菲尔德的短篇小说在很大程度上已脱离了传统短篇小说对情节故事的依赖，并将小说文体形式对整部作品的作用提到了一个新的高度。他明确指出，曼斯菲尔德的短篇小说使得内容完全依附于形式。叙述手法的多样化与复杂化既是英美现代主义文学思潮的重要表现之一，也是曼斯菲尔德短篇小说世界的一个鲜明特征。没有对叙述手法的创造性运用，就不可能有其短篇小说的成功。其中，多重视角叙述技巧是构成其小说叙述技巧的一个重要因素。

曼斯菲尔德于 1917 年推出的以"序曲体"为基本文体创作出来的《序曲》、《在海湾》、《已故上校的女儿》（*The Daughters of the Late Colonel*）等作品的出版不能不说是英国短篇小说史上的一个重要事件。其中，《已故上校的女儿》被哈代（T. Hardy）认为是"英国短篇小说史上的里程碑"[①]。曼斯菲尔德本人将她在短篇小说文体形式中所做出的革新与成就简要地称为"序曲体"。"序曲体"不仅是曼斯菲尔德短篇小说创作的一个转折点，同时也是英国短篇小说史上的重要文体形式之一。文学批评家指出，鉴于曼斯菲尔德对现代短篇小说形式和叙述技巧的贡献，她理所当然属于英国现代主义作家行列。这里所说的"形式"，指的就是曼斯菲尔德小说创作中的"序曲体"。

"序曲体"因作品《序曲》而得名，创作于 1917 年的《序曲》在曼斯菲尔德短篇小说中占据着极为重要的地位，被批评家认为是她开始在文坛取得功名的代表作。从题材上来看，《序曲》表明曼斯菲尔德终于找到最适合自己的创作题材，即以新西兰海湾为背景，表现一种悠闲的富于诗意的生活；从创作形式，尤其是叙述模式来看，这是第一部采用多重视角叙述的作品。《序曲》是曼斯菲尔德最为成功的作品之一，也是备受批评家推崇的优秀之作，小说以伯纳尔一家举家从城里搬迁到郊区一座宽敞舒适的新居开始，展现了这个大家庭真实生活的画面。小说由十二个部分（片断）组成，每个部分（片断）之间的衔接是通过象征性物体或行为的不断重现而实现的。从文体结构上来看，《序曲》这部小说是曼斯菲尔德小说文体结构上的一个成功的尝试，在这部小说作品中，曼斯菲尔德采用了一种让人耳目一新的小说形式，即一

---

① A. Alpers，*The Life of Katherine Mansfield*，London：Oxford University Press，1982，preface.

种新型的、介于诗与散文之间的小说形式。自《序曲》开始，曼斯菲尔德进入小说创作的成熟期与稳定期。对这部有着开拓意义的小说，曼斯菲尔德本人这样评价道：“我重新估计了《序曲》的价值……不光是精神，《序曲》本身也是相当成功的，《序曲》非常迷人，它简直把我给迷住了。”在创作这部小说时，曼斯菲尔德明确地指出，“我打算选用的表达方式发生了根本的变化，我不再像以前那样关心事物的表面现象”。这里所言的“表达方式”即小说的艺术形式，其中，小说所选用的文体形式是小说艺术形式的重要组成之一，曼斯菲尔德称“选用的表达方式发生了根本的变化”指的就是对传统的短篇小说文体形式的革新。传统短篇小说的目的在于提供一个“故事”，而如曼斯菲尔德等现代主义作家的短篇小说已然超越了这一目的，给旧有的、期待“故事”的读者提出了共同参与的要求。萨莉琳·R. 戴利（Saralyn R. Daly）在其著作《凯瑟琳·曼斯菲尔德》中指出，其小说的开头总是很少或者根本就不涉及对人物或场景的介绍与描述，而直接就进入人物的内心世界。《序曲》中没有传统短篇小说所必须具有的“故事”，只有生活画面和人物内心，如同一页页迷人的图画一样展示在读者的面前，阅读“故事”或多或少所产生的紧迫感在这样的文体中全然消失掉了，观赏生活画面的愉悦感却增强了。

曼斯菲尔德也意识到这是一种前所未有的小说文体，她在日记中这样写道，“这或多或少是自己的创造（more or less my own invention）”，并明确地指出，“这是一种新的小说形式（new form）”。因为这样一种文体是由创作《序曲》开始的，所以曼斯菲尔德在创作笔记中直接将这样一种新颖文体称为“序曲体”。除此之外，定名为“序曲体”，也开始有意识地以一种新的文体形式进行小说创作之意，意即新型文体之“序曲”之开端。伊恩·戈登在谈论曼斯菲尔德的这种新型文体结构时称，曼斯菲尔德在1915年后写的小说，在结构上放弃了早期作品那种多少有点机械的循序渐进的叙事方法。她把自己采用的新结构称为“序曲体”——“自然展开，完全开放”。这些小说都是有机整体，像活组织一样，由多细胞组成，而不是机械的结构。这些短篇小说在情节上、结构上都并不紧凑；重视并强调细节、生活片断、意识中的顿悟等瞬间。在这一新型文体中，曼斯菲尔德运用了崭新的叙述技巧，采用多重叙述视角来代替传统短篇小说中单一的无所不知型的叙述视角，在很大程度上丰富了短篇小说的叙述技巧。曼斯菲尔德短篇小说的成功与独特使得评论界对其作品一直持有研究兴趣；同时也表明，对曼斯菲尔德小说创作艺术特征的研究确有意义。

第一节　曼斯菲尔德小说创作概述

> 尽管曼斯菲尔德的创作涉及长篇小说、诗歌、文学评论、翻译、书信笔记等文体，但她只能被确切地称为短篇小说作家。短篇小说是她最得心应手，也是最成功的文学形式。
>
> ——虞建华《新西兰文学史》

曼斯菲尔德的文学生涯并不长，只不过短短 15 年，但是，就是这短短的 15 年，却留下了引起世人评议不休的 93 部作品。有评论家认为，曼斯菲尔德的短篇小说是散文作品；也有评论家认为，她的小说是诗的小说。曼斯菲尔德的短篇小说究竟有何独特之处？同传统意义上的短篇小说相比，她的短篇小说没有明显的情节或个性鲜明的人物，更多的是对平淡生活的描述、对人们生活中所发生的诸多事件平实地讲述与叙述。但是，她的独特在于，她运用了崭新的现代主义艺术技巧来展现平淡的生活。

曼斯菲尔德的短篇小说创作从创作形式、创作风格、创作题材、表现手法上可以分为三个时期：创作模仿期、创作探索期、创作成熟期。

一、创作模仿期（1898～1910 年）

在这个时期，曼斯菲尔德还没有找到属于自己的创作方式与创作题材，在表现形式上，她较多地模仿契诃夫（A. P. Chekhov）的短篇小说创作。1898～1905 年，曼斯菲尔德在校刊上发表了《安娜·布莱克》（*Enna Blake*）、《欢乐圣诞节》、《寂寞的人》、《关于帕特》四部作品，这是她最初的尝试之作。这四部作品表现出曼斯菲尔德开始以家庭生活为题材进行创作，这样的试笔之作为 1917 年她有意识地以家庭生活为题材进入创作打下了一定的基础。之后，在惠灵顿，曼斯菲尔德于 1907～1908 年发表的四部作品不仅显示出她作为一个作家所具有的天赋，更反映了曼斯菲尔德有意识地在艺术技巧上所做的种种尝试。这四部作品是《在咖啡馆里》《艾德瑞》《萝莎贝尔惊梦记》《累妮儿》。其中，《萝莎贝尔惊梦记》的表现手法受到好评，“曼斯菲尔德在《萝莎贝尔惊梦记》中所运用的技巧可以算得上是其后期运用的艺术技巧的一个预报”。[①]《萝莎贝尔惊梦记》中所运用的技巧在现在看来并不惊人，但是，在 1908 年却是短篇小说界的一个惊人之举。1905 年，詹姆斯·乔伊斯的确是完成了他那本著名的《都柏林人》中的三篇小说，但直到 1914 年，这本书才正式出版面世[②]。“弗吉尼亚·伍尔芙到了 1915 年才有小说出版，到了 1917 年才有短篇小说发表，她的短篇小说，显然在很大程度上是对曼斯菲尔德的创作方式的汲取与模仿。”[①]

虽然《萝莎贝尔惊梦记》获得好评，但是，曼斯菲尔德毕竟处于创作初期，其创作技巧并不稳定，因此，她在 1910 年创作的一系列短篇小说，也就是后来收入《在德国公寓里》（*In a German Pension*）中的《累妮儿》、《德国人在就餐》（*German at Meat*）、《男爵》（*The Baron*）、《在莱彻曼先生家》、《男爵夫人的妹妹》（*The Sister of the Baroness*）、《布莱申马舍太太赴婚礼》（*Frau Brechenmacher Attends a Wedding*）、《菲舍尔太太》（*Frau Fischer*）等，这几个短篇发表于《新时代》上，展现出来的就是与上一个创作时期风格全然不同的另一种创作风格。其中，《累妮儿》因情节上同契诃夫的《渴睡》完全一致而在评论界引起诸多议论。最初指出曼斯菲尔德的《累妮儿》与契诃夫的《渴睡》雷同的评论家是伊丽莎白·施奈德（Elisabeth Schneider）[③]，而在这一评论的基础上确认曼斯菲尔德的创作与契诃夫的创作之间存在重要关系的则是罗纳德·萨瑟兰（Ronald Sutherland）在《凯瑟琳·曼斯菲尔德：抄袭者，追随者，还是热切的崇拜者？》中的相关论述。《累妮儿》并非曼斯菲尔德的成功之作，却表现出曼斯菲尔德在心理上对契诃夫式短篇小说创作的认同与模仿，这一认同与模仿同样也影响了其余七部短篇小说的创作，这七部短篇小说在表现手法上汲取了契诃夫短篇小说

---

① S. R. Daly, *Katherin Mansfield*, New York: Twain Publishers, 1965, p.11.

② R. Ellmann, *James Joyce*, London: Oxford University Press, 1959, p.21.

③ E. Schneider, Katherine Mansfield and Chekhov, *Modern Language Notes*, Vol. 50, 1935, pp.394-397.

笔法简约、基调忧郁等风格特点。

在创作初期，曼斯菲尔德在艺术上主要模仿契诃夫的创作，由于对契诃夫短篇小说的模仿痕迹很明显，也由于曼斯菲尔德对契诃夫短篇小说模仿得极为成功，评论界将“英国契诃夫”这一称号给予曼斯菲尔德。

二、创作探索期（1911～1917年）

1911～1917年是曼斯菲尔德从单纯的创作模仿期走向创作探索期的重要时期，如果没有这样一个艺术上的探索期与过渡期，就不会有曼斯菲尔德后期的成功。这一时期不仅是主题、题材上的探索与过渡，更是艺术手法与表现形式上的探索与过渡。更重要的是，曼斯菲尔德在这个创作时期找到了最适合自己的创作题材与创作形式。

1911～1912年，曼斯菲尔德在《新时代》上共发表《娃娃诞生这一天》《新潮母女》《时髦女子》《钟摆》《热》《旅途》《风险》《过节》《乐园》《绿色风镜》10部短篇小说。其中，《娃娃诞生这一天》获得好评，“在曼斯菲尔德发表于1911年，后来收入作品集《在德国公寓里》的五部作品，只有《娃娃诞生这一天》与《新潮母女》这两部作品表明曼斯菲尔德的创作技巧有所发展，而其他几部作品从技巧上而言只是对以往创作方式的一个延续而已”[①]。在《钟摆》这部被许多评论家认为有自传体小说色彩的作品中，曼斯菲尔德尝试以意识流手法、内心独白手法等不同的意识表现手法去表现人物复杂的心理。探求人的心理与精神层面是曼斯菲尔德小说中一个主要的题材与内容。

1912～1913年，曼斯菲尔德在《韵律》杂志上发表《店里的女人》《小扣子被拐记》《小姑娘》《无望的爱》《老鹦鹉》《奥尔·安德伍德》《米莉》《维莱特》《贝特·特瑞斯》9部短篇小说。其中，《店里的女人》大受好评，被认为是“到目前为止《韵律》杂志所收到的最出色的短篇小说”[①]。在这部作品中，曼斯菲尔德展现出其善于营造气氛与运用象征的艺术天分。这

① S. R. Daly, *Katherin Mansfield*, New York: Twain Publishers, 1965, p.24.

① J. M. Murry, *Between Two Worlds: An Autobiography*, London: Jonathan Cape, 1935, p.184.

一创作时期是曼斯菲尔德有意识地扩大创作题材及创作手法的一个重要时期,《店里的女人》表现的是受到伤害的感情如何变成仇恨、温柔可爱的情人如何成为冷血的谋杀者，这与福克纳（W. Faulkner）的《送给艾米莉的玫瑰》有着异曲同工之妙;《小扣子被拐记》则通过中上层家庭中的小孩子被毛利人拐走这一事件揭示出毛利人的自由生活;《小姑娘》是家庭事件这一主题与题材的继续；而《米莉》则展现出人性的复杂。9 部作品表现出 9 种不同的生活与氛围，这表明曼斯菲尔德在这一时期开始有意识地开拓自己的创作题材，也表现出她有意识地探索艺术手法，例如,《小扣子被拐记》的象征手法、《奥尔·安德伍德》中全知叙述者与人物叙述声音重合的叙述手法等。

1914～1915 年，曼斯菲尔德往返于法国巴黎与英国伦敦之间，这一时期的小说创作开始表现出一种与以往不同的叙事风格，即曼斯菲尔德放弃了以往叙事性较强的创作手法，而以一种更加自由、更加灵活的手法来进行短篇小说创作，在此期间所创作的六部作品，呈现出两种风格交错的局面。《求职女》、《不恰当的旅行》（*An Indiscreet Journey*，1915）中的叙事成分还很浓厚，而《稚气可掬，然而出自天然》《春雨》《起风了》《花边饰带》则表现出曼斯菲尔德短篇小说中对散文与诗等文体形式更加明显的借用。这一时期的创作为 1917 年代表着新型短篇小说文体的成功之作《序曲》的诞生打下了坚实的基础。

这个时期之后，曼斯菲尔德于 1917 年初在《新时代》上发表了几部作品:《爱随风逝》《与女同车》《夜深沉》《黑色便帽》《沙龙》《野餐》。这几部作品在风格上并没有太大的创新，都是前期风格的延续。《夜深沉》表现出曼斯菲尔德运用内心独白进行创作的艺术技巧日趋高超，而《黑色便帽》则表现出其对白技巧与幽默讽刺天分。

综上所述，1911～1917 年曼斯菲尔德的短篇小说创作呈现出风格多样化、手法多样化、题材多样化的特点。这是一个作家必然会经历的艺术探索时期，经过这个时期之后，曼斯菲尔德终于找到了最适合自己的题材与艺术形式，在表现手法上也日渐成熟，从而迎来了创作成熟期。

三、创作成熟期（1917～1922年）

1917～1922年是曼斯菲尔德小说创作的第三个时期，也是曼斯菲尔德创作的成熟期与高峰期。在这个时期，曼斯菲尔德创作出大量为其赢得文学声誉的优秀作品。

1917年，为英国短篇小说史带来重大意义的优秀短篇小说《序曲》诞生了，《序曲》的成功表明曼斯菲尔德终于找到了最适合她的形式与内容。就形式而言，这部作品完全颠覆了曼斯菲尔德最初所采用的契诃夫式的创作方式，她不再以讲述一个故事的叙述形式来展开自己的作品，这种类似散文的叙事作品是曼斯菲尔德的创新之作；就内容而言，对新西兰乡土文化与田园情趣的挖掘也是她独有的。《序曲》同期作品《雷金纳德的一天》表现出曼斯菲尔德对内心独白的娴熟运用；《画册的一页》文笔清新；《莳萝泡菜》（*ADill Pickle*）（莳萝又称“土茴香”，在俄罗斯、中东国家、印度菜式中十分受欢迎）是其讽刺作品系列的又一部力作。

1918～1920年，曼斯菲尔德创作了《咖啡馆之歌》、《阳阳和亮亮》、《幸福》、《康乃馨》、《心理学》、《莫斯小姐的一天》、《没有脾气的男人》（*The Man without a Temperament*）、《莫尼卡》、《列车上》、《节日》10部作品，其中优秀之作颇多。《阳阳和亮亮》是曼斯菲尔德创作中常见的表现人物幻灭感的一部成功之作；《幸福》自发表之日即引起评论界的如潮好评；在《莫斯小姐的一天》中，曼斯菲尔德以人物意识与现实交错的瞬间来揭示人物的深层意识，是曼斯菲尔德城市写实题材的延续。

1920～1921年，曼斯菲尔德创作了8部优秀之作：《少女》《唱歌课》《陌生人》《布里尔小姐》《毒药》《女主人的贴身女仆》《已故上校的女儿》《巴克妈妈的一生》。其中，《布里尔小姐》表现了曼斯菲尔德在艺术技巧上达到的完美状态，“技巧对写作所起的作用是非常奇妙的。我指的是包括细节在内。例如，在《布里尔小姐》中，不但每个句子的长短是经过选择的，在音调上我也下了功夫。每个段落的起伏都是为了配合她的心情而精选的，配合的又是当天那个时刻的她。搁笔后，我大声地朗读了好几遍，犹如弹奏乐曲一样，试图让它接近于布里尔小姐的神态情致，直到完全吻合为止”[①]。《已故上校的女儿》以其别具一格的艺术手法在英国短篇小说史上产生了重大影响，并以其极为灵活、不同凡响的文体形式，引起哈代等人的高度重视，他们认为曼斯菲尔德的这部小说称得上是“英国文学的里程碑”[②]，《已故上校的女儿》“集中体现了现代主义技艺的运用，它突破了时间顺序并使用内心独白技巧，在英语短篇小说的实验改革中起了开拓作用”[③]。《巴克妈妈的一生》在气氛上接近契诃夫的《苦恼》，但其表现手法已非传统短篇小说可比，该部短篇小说表明曼斯菲尔德对契诃夫的汲取已从形似到神似，达到了模仿的最高境界，即对契诃夫直面现实生活的写实主义风范的继承与发展。

曼斯菲尔德在 1921 年所创作的《六便士》《鸽子先生和太太》《理想家庭》《第一次舞会》《时髦婚姻》5 部短篇小说，称得上篇篇精彩。《第一次舞会》是曼斯菲尔德短篇小说幻灭感题材的成功延续与升华，体现了曼斯菲尔德人生观念的某些转变；《理想家庭》《时髦婚姻》表现出曼斯菲尔德对传统的婚姻模式的质疑。

1921～1922 年，曼斯菲尔德写下了她创作生涯中最后 12 部作品。其中，《在海湾》是《序曲》的续篇，在文体形式上是“序曲”方式的延续与巩固；脍炙人口的《花园茶会》也发表于这一阶段；《洋娃娃的小屋》、《六年之后》、《花朵》、《一杯茶》、《苍蝇》、《蜜月》（*Honeymoon*）等都代表着曼斯菲尔德在艺术技巧上的成熟与艺术形式上的稳定；封笔之作《金丝雀》（*The Canary*）以内心独白引领全篇。

曼斯菲尔德小说总共 93 部，她从 1898 年开始文学创作，1917 年以一部有自传性质的小说《序曲》问鼎英国文坛，并于 1918～1920 年写下了《幸福》等为自己带来文坛声誉的短篇小说。“她改变了英文创作短篇小说的艺术形式，在英国文坛上给予短篇小说一个全新的地位；她又是唯一一个只以短篇小说这一在当时英国文坛上并没有受到重视的文学形式而在英国文坛上占

① 曼斯菲尔德：《曼斯菲尔德书信日记选》，陈家宁译，天津：百花文艺出版社，1991 年，第 213 页。

② A. Alpers, *The Life of Katherine Mansfield*, London: Jonathan Cape, 1980, p.17.

③ 侯维瑞：《现代英国小说史》，上海：上海外语教育出版社，1985 年，第 431 页。

据一席之地的作家。”[①]曼斯菲尔德是现代主义写作运动的最先推崇者及跟随者，其创作颇具现代意识而又不失个性独创，这样的创作方式自1920年开始就向纷纭的英国文坛提供了另一种让人耳目一新的短篇小说创作方式。近60年来，对曼斯菲尔德的作品，读者的需求从来也没有满足之时。正是这些作品向读者展示了一位作家从最初的尝试，到突破性进展，再到最终对自己创作风格的确定的全过程。

综而观之，曼斯菲尔德的短篇小说的题材并不广泛，但其独特的、别具一格的艺术表现手法与表现形式却得到读者和文坛的关注。其短篇小说的创作方式给后世作家及英国短篇小说发展史带来了一定的影响。“曼斯菲尔德与同时代的约瑟夫·康拉德（Joseph Gonrad）、詹姆斯·乔伊斯、弗吉妮亚·伍尔芙等大师一起，为小说新潮推波助澜，为现代派小说奠定了基础。她是短篇小说中内心独白、表现视角转移等创作技巧的拓路人，在短篇小说领域中取得了乔伊斯、伍尔芙在长篇小说中取得的成就。”[②]

第二节　曼斯菲尔德小说研究概述

> 尽管英国文学史为曼斯菲尔德保留了重要的一席，但她本质上是个新西兰作家，就像流亡法国的“迷惘的一代”作家本质上是美国作家一样。
>
> ——虞建华《新西兰文学史》

曼斯菲尔德是位身份特殊的作家，她生于新西兰，却在英国取得了很高的文学声誉，但那些为她带来文学声誉的作品却是以新西兰为背景、以童年生活的记忆为创作素材的新西兰小说。因此，在文坛上，曼斯菲尔德的归属问题一直颇有争议，新西兰文学史将其定位为新西兰文学史上的重要作家，而英国文坛也理所当然地将其与劳伦斯、乔伊斯、伍尔芙一起归为英国现代

① A. Lepers, *The Stories of Katherine Mansfield*, London: Oxford University Press, 1984, preface.
② 虞建华：《新西兰文学史》，上海：上海外语教育出版社，1994年，第112页。

主义重要作家、英国小说艺术形式的革新者。虽然新西兰和英国均给予曼斯菲尔德较高的评价，但研究观点与重点不一。我国研究者于 20 世纪 80 年代开始重视曼斯菲尔德的小说艺术,迄今为止翻译出版了她的近 60 部短篇小说和书信日记，并陆续出现了一些介绍性文章与学术论文，但研究工作并不全面深入。英国、新西兰、中国对曼斯菲尔德的研究状况不一，因此有必要分别给予论述。

一

在英国，曼斯菲尔德的小说艺术从创作初期（1898 年）即引起评论界的关注。英国对曼斯菲尔德及其创作的研究，大致可分两个阶段。

（一）第一个阶段：1910～1930 年

1910～1930 年，对曼斯菲尔德小说创作的研究与评论主要来自其同时代的作家、学者、批评家的有关评论。曼斯菲尔德早期作品没有得到好评，相反，虽然当时对她的小说创作有两派观点相左的评论，但均不认同她的创作。从总体上来看，当时对曼斯菲尔德的创作的评论主要有两种观点：第一种观点认为，曼斯菲尔德以英国、法国等欧洲国家为背景所创作的小说并不成功，因为她并不可能真正了解英国人的性情，也不可能深入了解出现在她笔下的英国社会与整个欧洲的文化。首先曼斯菲尔德来自一个殖民地国家，其次其创作年限不长，因此不可能深入了解整个欧洲和英国的文化。第二种观点认为，曼斯菲尔德笔下的人物较为单一[①]。

曼斯菲尔德的作品一经发表总是会引起诸多争议。1910 年，曼斯菲尔德的《德国人在就餐》《男爵》《日光浴》《累妮儿》发表在《新时代》上，引起关注甚至攻击，攻击多是针对《累妮儿》。当时为《新时代》写文学评论稿的贝阿特丽丝·海斯汀斯（Beatrice Hastings）写道：“据本人愚见，凯瑟琳·曼

① Twentieth Century Literary Criticism，Vol. 8，1973，pp. 283-286.加斯特斯认为，曼斯菲尔德小说主要提供了三种人物类型：一是天真无邪的富家少女；二是养尊处优但缺乏安全感的年轻姑娘或太太；三是孤独无依、怪癖可悲的老处女。

斯菲尔德小姐制造了一种这些人家庭生活的完全错误的印象。”[①]

1911 年 5 月，曼斯菲尔德发表的《娃娃诞生这一天》为她赢得了一些好评。1911 年，收有包括《累妮儿》等 8 部作品在内的《在德国公寓里》出版，引起诸多评论。伦敦《每日电讯》的文学评论员认为这些短篇小说因“那奇特的，精灵似的笔触——没有其他更好的字来形容了——而与众不同，这种笔调自从斯特恩（L. Sterne，1713—1768）以后就不大为英国文学界所知，虽然在少许现代俄国和法国作家中能找到一些迹象”[②]。《早邮报》说曼斯菲尔德对德国人的描写十分出色，但她“有些过分强调那毋庸置疑的平庸或粗俗”;《泰晤士报》则称其短篇小说“观察敏锐”；而《铁圈球杂志》则言其“细致入微的描写”；对这些称赞，《新时代》的评论员泼了些许冷水：“如果曼斯菲尔德能丢掉那些常与嘲讽才能并存的感伤情绪，她将成为有趣、使人耳目一新的作家。”[③]

1917 年，曼斯菲尔德以一种极为独特的散文体进行创作的作品《序曲》发表，这部作品因为与传统短篇小说的形式毫不相同而引起诸多争议，弗吉尼亚·伍尔芙认为这部小说有些“夸夸其谈”，随意掺杂了曼斯菲尔德的“廉价的现实”，但她不得不承认，“这部作品不乏艺术作品的生命力”。《序曲》这本小册子的出版并没有得到众人的热情称赞，放在书店也无人问津，几乎没有人发表评论，报刊也几乎未加注意。《序曲》这部在很大程度上革新了英国短篇小说的作品就以这样的方式悄无声息地问世了。接着，《幸福》发表，受到狂热的吹捧，但伍尔芙还是对此持反对意见，认为“整个故事的主题贫乏、廉价，是她那尽管不完善，然而有趣的心智的反映”[④]。

1921 年，曼斯菲尔德的《已故上校的女儿》一经发表即引起评论界的热烈关注与评论，托马斯·哈代对这部短篇小说大加赞美。1922 年，短篇小说集《花园茶会》的出版为她赢得一些好评。《观察者》杂志称其 “在讽刺中

---

① 安东尼·阿尔珀斯：《曼斯菲尔德传》，冯洁音译，北京：东方出版社，1987 年，第 118 页。

② 安东尼·阿尔珀斯：《曼斯菲尔德传》，冯洁音译，北京：东方出版社，1987 年，第 133 页。

③ 同上。

④ V. Woolf, *The Diary of Virginia Woolf*, A. Bell(Ed.), New York and London: Harcourt Brace Jovanovich, 1977-1984, p.205.

包含着温柔，在悲喜剧中包含着庄严，这样的风格使人想起哈代”；《民族》杂志则认为《花园茶会》比《幸福》成功；而《文学副刊》则意识到“其中包含着怜悯”[①]。对曼斯菲尔德一生的创作，劳伦斯有如下评论：“曼斯菲尔德并不是个伟大的作家，但她确有令人着迷的天赋，有精湛的表现技能。”[②]

1923年曼斯菲尔德逝世后，其丈夫默里（J. M. Murry）所做的大量工作为第二阶级（20世纪30年代～2017年）的曼斯菲尔德小说作品研究与评论奠定了坚实的基础。1923年默里出版了《鸽巢集》，接着是《诗集》和《幼稚集》；1927年《曼斯菲尔德日记》初版，这本日记近30年来一直使曼斯菲尔德保持完美的形象；1930年，默里编辑出版的《书信集》在法国引起了对曼斯菲尔德近乎狂热的崇拜。同时，默里创办的《兄弟》杂志，拥有近15 000名读者，都在很大程度上推广了曼斯菲尔德的短篇小说研究与评论[③]。

从总体上来看，这个阶段对曼斯菲尔德的研究主要是全面地介绍了她的作品，但对其作品性质的把握和研究不够深入、全面、客观。这个时期对曼斯菲尔德的短篇小说艺术创作的研究成果主要在于发现了曼斯菲尔德与契诃夫之间的联系，从而给予其“英国契诃夫”的文学称号[③]。

（二）第二个阶段：1930～2017年

自20世纪30年代后，英美国家对曼斯菲尔德的研究渐渐升温，曼斯菲尔德在此研究阶段所赢得的文学声誉远远超过了生前的声誉。早在1936年，戴维·丹彻斯就将曼斯菲尔德定位为短篇小说领域的革新者，认为曼斯菲尔德的短篇小说在很大程度上已脱离了传统短篇小说对故事情节的依赖，并将小说文体形式对整部作品的作用提到了一个新的高度，“曼斯菲尔德的短篇小说使得内容完全依附于形式”[④]。

1971年，马汶·马格纳（Marvin Magalaner）在其著作《曼斯菲尔德的小说艺术》中提出一个新的观点，认为曼斯菲尔德是在以“一个睁大两眼的

① 安东尼·阿尔珀斯：《曼斯菲尔德传》，冯洁音译，北京：东方出版社，1987年，第351页。

② G. Boddy, *Katherine Mansfield, the Woman and the writer*, New York: Viking Penguin Inc, 1988, p.180.

③ 安东尼·阿尔珀斯：《曼斯菲尔德传》，冯洁音译，北京：东方出版社，1987年，第384页。

④ D. Daiches, *New Literary Values*, Edinburgh: Oliver and Boyd, 1936, p.84.

天真孩子的纯净眼光”来观察她作品中所出现的一事一物，而这样一种看待事物的方式，就将以往小说中必然会出现的“哲学思考、历史与当前那千丝万缕的联系”①这种陈旧的小说方式慢慢淘汰了。

到了 20 世纪 80 年代，曼斯菲尔德在英国文学史中被评论界定位为现代主义文学思潮的推动者与重要作家之一。同乔伊斯、劳伦斯、弗吉尼亚·伍尔芙并驾齐驱，是“小说界新的黎明的重要组成部分之一”②。

关于曼斯菲尔德小说艺术研究著作极为繁多，具有代表性的有如下几部：考伯勒（J. F. Kobler）的《凯瑟琳· 曼斯菲尔德：短篇小说研究》萨莉琳·R. 戴利的《凯瑟琳·曼斯菲尔德》、帕美拉·邓巴（Pamela Dunbar）的《激进的曼斯菲尔德：曼斯菲尔德短篇小说中的双重话语研究》、凯特·弗伯富克（Kate Fullbrook）的《凯瑟琳·曼斯菲尔德》、戈登·威弗的《凯瑟琳·曼斯菲尔德：短篇小说研究》。而由玛格丽特·司各特（Margarita Scott）整理出版的未删减的《笔记》让人们看到了曼斯菲尔德在创作中由探索走向成熟的过程。

英国学术界对曼斯菲尔德及其小说创作的研究繁杂纷纭，主要涉及以下四个方面的内容。

1. 注重曼斯菲尔德短篇小说创作个性与特殊性的研究

随着研究者对曼斯菲尔德作品的深入研读，其研究方式已经不再满足于介绍或确认曼斯菲尔德在英国短篇小说史上的地位，而着重研究其短篇小说中的重要特征。考伯勒在其著作《凯瑟琳·曼斯菲尔德：短篇小说研究》中不仅指出“没有一个成人作家会如同曼斯菲尔德这样去写小说”③，还指出曼斯菲尔德与英国浪漫主义诗人华兹华斯（W. Wordsworth）在作品与思想上的联系性及相似性，并称“曼斯菲尔德是一个天生的浪漫主义作家”④。

---

① M. Magalaner, *The Fiction of Katherine Mansfield*, Carbondale: Southern Illinois Universtity Press, 1971, p.124.

② G. Boddy, *Katherine Mansfield, the Woman and the Writer*, New York: Viking Penguin Inc, 1988, p.180.

③ J. F. Kobler, *Katherine Mansfield, A Study of the Short Fiction*, Boston: Twayne Publishers, 1990, p.108.

④ J. F. Kobler, *Katherine Mansfield, A Study of the Short Fiction*, Boston: Twayne Publishers, 1990, preface.

2. 结合作家生平、信件、文学活动、文学创作等方面的传记性研究

结合曼斯菲尔德的文字活动与信件、日记给予其文学创作一个梳理性的研究的代表人物是萨莉琳·R. 戴利，其著作《凯瑟琳·曼斯菲尔德》具有学术作品与传记作品的双重价值。这部著作分为六个部分，从曼斯菲尔德的第一部短篇小说的创作入手，一直到其最后一部作品方告结束，并将曼斯菲尔德惠灵顿少女时期创作的作品，没有公开发表的作品、诗集、评论文章，与默里之间的未曾公开发表过的信件、日记等一并收录，这些既属于资料性作品，又因为其中的精彩评论而兼具学术价值。正如戴利所言："无需再去提醒读者曼斯菲尔德小说的价值、艺术深度及其在同时代作家中产生的影响，我的这本传记性的作品的目的是提供了一些重要的资料，以促进学术界对曼斯菲尔德小说创作的进一步研究。"①

3. 有关曼斯菲尔德小说创作的女性主义批评涌现

笔者以女性文学批评的评论视角来审视曼斯菲尔德小说创作的女性主义或女权主义思想性，及其作品在女权主义文学思潮中的影响与地位。

近年来，英美国家学术界开始审视曼斯菲尔德作品中女性生存状态下所表现出来的女性心理与两性文化冲突，并从女性主义批评视角，对曼斯菲尔德的作品进行解读，这些评论家主要包括凯特·弗伯富克、斯蒂妮·珍妮特·卡普兰等人。凯特·弗伯富克是第一个用女性主义批评理论来审视曼斯菲尔德及其小说创作的作家，在其著作《凯瑟琳·曼斯菲尔德》中，凯特·弗伯富克将曼斯菲尔德定位为重要的女性主义作家之一，并研读其作品中的女权主义思想。"曼斯菲尔德在其作品中极为隐晦地暗示了女性应重新审视并定位她们在社会、历史生活中的地位。"②女性主义研究者伊莱恩·肖华尔特（Elaine Showalter）在其著作《她们自己的文学》中指出，"曼斯菲尔德的作品具有警示性与惩戒性，其作品所出现的女人总是受到某种引诱而濒临意识崩溃的边缘，最后又被作者拉回到现实生活之中"③。

---

① S. R. Daly, *Katherine Mansfield*, New York: Twayne Publishs, 1994, preface.

② K. Fullbrook, *Katherine Mansfield*, Mumbai: Indian University Press, 1986, p.128.

③ Elaine Showalter, *A Literature of Their Own*.rev.edn, London: Virage, 1982, p.246.

4. 开始结合其他学科的成果来研究曼斯菲尔德的小说作品

在这一研究阶段，研究者开始有意识地结合，诸如社会学、美学、哲学、历史、心理学等其他学科来研究曼斯菲尔德的作品，帕美拉·邓巴的《激进的曼斯菲尔德：曼斯菲尔德短篇小说中的双重话语研究》是这类研究方法的重要代表作品。在《激进的曼斯菲尔德：曼斯菲尔德短篇小说中的双重话语研究》中，帕美拉·邓巴主要结合心理学、社会学来研究曼斯菲尔德的作品，她认为，曼斯菲尔德受到弗洛伊德的诸多重要思想的影响，而在其创作中极为深入地剖析作品人物心理，认为其间存在着关系生存状态的重要意义，因此，"她的许多作品都用了大量的暗示与象征来揭示其间潜在的意识洪流"①。她将曼斯菲尔德的小说定位为心理小说，从心理小说史的高度与角度给予曼斯菲尔德的短篇小说一个全新的界定，认为其小说作品"揭示了人类心理中的异常与非理性状态"①。

二

新西兰文学史将曼斯菲尔德定位为重要的民族作家之一。新西兰极为重视曼斯菲尔德这位民族作家，曼斯菲尔德的研究在新西兰长盛不衰，在新西兰惠灵顿设有曼斯菲尔德纪念碑坊，供人缅怀这位英年早逝的作家。新西兰的文化氛围不及英国，其文学发展与评论也落后于英国，对曼斯菲尔德的评论、研究主要自 20 世纪 80 年代起才渐成气候。不过，对曼斯菲尔德的小说创作的首次评论确实出自新西兰惠灵顿。早在 1898 年，曼斯菲尔德的第一部短篇作品《安娜·布莱克》一经发表便引起关注，惠灵顿某文学杂志这样评论道："这位作家的文学前程不可估量，艺术才能出众。"②

20 世纪 80 年代后，在新西兰，一批同样出生于新西兰的学者在曼斯菲尔德小说艺术研究领域中做出了重大贡献，这些学者主要有：安东尼·阿尔珀斯（Antony Alpers）、伊恩·戈登、凯莱·波迪（Gillian Boddy）等文

① P. Dunbar，*Double Discourse in Katherine Mansfield's short Stories*，Great Britain：Macmilian Press Lid，1997，preface.

② A. Alpers，*The Stories of Katherine Mansfield*，London：Oxford University Press，1984，preface.

学批评家。

安东尼·阿尔珀斯著有《曼斯菲尔德的一生》(*The Life of Katherine Mansfield*, 1980),(安东尼·阿尔珀斯的《曼斯菲尔德的一生》是迄今为止被公认的最权威、最有价值的一部传记，阿尔珀斯因此被冠之以“凯瑟琳·曼斯菲尔德最优秀的传记作家”的头衔。)阿尔珀斯同时还编有《曼斯菲尔德短篇小说集》(*The Stories of Katherine Mansfield*, 1984)，内收作品87部，基本上收有曼斯菲尔德的全部作品（曼斯菲尔德共创作作品93部），创作年限为1898～1922年，此作品集是曼斯菲尔德小说艺术研究的重要资料。在序言中，对曼斯菲尔德与众不同的短篇小说艺术形式，安东尼·阿尔珀斯这样写道：“对那些初次接触曼斯菲尔德的读者而言，曼斯菲尔德的短篇小说在形式上和风格上都是他们所未曾见过的，而这样的形式与风格又是难以界定的，显而易见的是，这些短篇小说和出现在杂志上的短篇小说根本不同。”①

阿尔珀斯的研究也有其不妥之处。虽然小说中的人物塑造离不开现实生活，但小说的创作是高于现实生活的，它并不仅仅是如实表现现实生活的一面被动的镜子，而是融入了曼斯菲尔德诸多个人感受的艺术创造物。因此虽然曼斯菲尔德的小说具有鲜明的自传体性质，但其小说创作同现实生活仍有一段距离。而以阿尔珀斯为代表的这一派研究的不妥之处就在于夸大了两者之间的联系与相似性。

伊恩·戈登重点研究的是曼斯菲尔德以新西兰为背景创作的一系列短篇小说，其研究成果是《未发现的国土：凯瑟琳·曼斯菲尔德新西兰短篇小说集》②，该书大大改进了以往对曼斯菲尔德作品杂乱的编排方式。曼斯菲尔德自己编辑的《幸福集》《园会集》及去世后由默里所编辑的四个短篇小说集的编排没有系统性和规划性，这导致其中文译本的散乱性与无序感，致使我国读者对其作品的统一性认识不足，或者根本察觉不到。但伊恩·戈登这部选集的统一性十分明了，该书分四个部分，共59部小说，从一个孩子的角度

① A. Alpers, *The Stories of Katherine Mansfield*, London: Oxford University Press, 1984, preface.

② 伊恩·戈登:《未发现的国土：凯瑟琳·曼斯菲尔德新西兰短篇小说集》，上海外国语学院新西兰研究中心译，上海：上海外语教育出版社，1991年。

来描述一个家庭中发生的故事，具有极为明显的家庭记事体文体特征。伊恩·戈登侧重于研究曼斯菲尔德的新西兰小说，他发现了曼斯菲尔德创作中永恒的新西兰主题，“虽然以英国和欧洲为背景的小说也写得光彩动人，但是她的主题却越来越眷恋新西兰”[①]。同时他还强调了其新西兰小说中的田园色彩，认为曼斯菲尔德短篇小说的主要成就之一在于她创造了一个阿卡狄亚[②]（Arcadia）式的国度，他如此评论道：“表现在她新西兰小说的最后一大成就，在于能够使用极其真实的当代平常语言，创造出一个充满浪漫色彩的梦幻世界，新西兰变成了一个阿卡狄亚式的国度。……她本人所提供的，是她心灵中的美丽景色，是一个自有其本身高度真实性的田园梦。”[③]除此之外，对曼斯菲尔德短篇小说的艺术性，他这样写道：“曼斯菲尔德的许多小说是用一种特殊的散文体写成的，而这种散文文体又借鉴了诗的技巧。”[④]伊恩·戈登还在《英联邦文学》一书中的曼斯菲尔德作品目录里列出了鲜为人知的曼斯菲尔德的长篇小说《玛塔之谜》（*The Mystery of Mata*）。该书由帕特里克·A. 劳勒（Patrick A. Lawlor）于 1946 年出版。

新西兰学者凯莱·波迪以著作《曼斯菲尔德：女性与作家》（*Katherine Mansfield：The Woman and The Writer*）引起欧洲文学界的关注；凯莱·波迪的研究重点是结合女性主义批评来重新定位曼斯菲尔德的小说类型和内在思想。正如凯莱·波迪在该书的序言中写的那样：“在我开始研究曼斯菲尔德的生平与创作之前，我首先读了由曼斯菲尔德的丈夫、文学编辑约翰·米德尔顿·默里整理出版的曼斯菲尔德的书信、笔记和一系列游记，我马上就意识到，曼斯菲尔德不仅是一位其短篇小说被译为至少 20 种语言（其中还包括日语与中文）的富有才华的作家，更是一位了不起的女人。”[⑤]凯莱·波迪认为，

---

① 伊恩·戈登：《未发现的国土：凯瑟琳·曼斯菲尔德新西兰短篇小说集》，上海外国语学院新西兰研究中心译，上海：上海外语教育出版社，1991 年，第 6 页。

② Arcadia，古希腊高原地区，此处代表具有田园牧歌色彩的地方。

③ 伊恩·戈登：《未发现的国土：凯瑟琳·曼斯菲尔德新西兰短篇小说集》，上海外国语学院新西兰研究中心译，上海：上海外语教育出版社，1991 年，第 12-13 页。

④ 伊恩·戈登：《未发现的国土：凯瑟琳·曼斯菲尔德新西兰短篇小说集》，上海外国语学院新西兰研究中心译，上海：上海外语教育出版社，1991 年，第 16 页。

⑤ G. Boddy，*Katherine Mansfield，the woman and the writer*，New York：Viking Penguin Inc，1988，preface.

曼斯菲尔德的短篇小说作品虽不算多，世界影响力虽不算大，但曼斯菲尔德在作品中的艺术技巧对现当代小说的写作方式产生了极大的影响，她这样写道："是她的创作方式与写作技巧为她奠定了在文学史上的地位，其创作方式对现代小说产生了极大的影响。"[①]除此之外，凯莱·波迪还做了大量工作以增进世人对曼斯菲尔德及其创作的了解与认识：她将曼斯菲尔德的一生制成电影纪录片，在戛纳电影节上映，引起关注；1988 年，她安排了曼斯菲尔德影片展，并多次发表相关言论。但同时，凯莱·波迪清醒地意识到目前所涌现出来的"曼斯菲尔德热"在很大程度上反而破坏了曼斯菲尔德在文学史上的神秘感，她这样写道："多年以来我一直研究曼斯菲尔德和她的创作，文学界将之称为'曼斯菲尔德业'或'曼斯菲尔德热'。对这位作家的研究兴趣越来越浓厚了，犹如雨后蘑菇般层出不穷。作家生平传记、作家作品评论、广播、影片、舞台剧、电视等各种对这位作家的介绍源源不绝。对那些极度热爱曼斯菲尔德的短篇小说的读者来说，这些现象无疑令人欣慰，但他们或许并不同意对曼斯菲尔德本人及其创作的较为新潮的解释与评论，的确，这些新潮的解释与评论在很大程度上毁坏了曼斯菲尔德的神秘性。"[②]对曼斯菲尔德的小说艺术性，凯莱·波迪则给予了高度评价："终其一生，曼斯菲尔德都在苦心推敲她的艺术风格与创作技巧，她一直在寻求更加有力的创作原则与方式，寻求那种更加清晰、更加完美的叙述方式，力求去找到她那种既不是诗也不是散文的'特殊的散文体'。"[③]

新西兰学术界对曼斯菲尔德及其小说创作的研究为数甚多，从总体上看，主要涉及以下几个方面的内容。

（一）全面介绍曼斯菲尔德的生平与创作

安东尼·阿尔珀斯所著的《曼斯菲尔德的一生》是学术界研究曼斯菲尔

① G. Boddy, *Katherine Mansfield*, the woman and the writer, New York: Viking Penguin Inc, 1988, p.182.

② G. Boddy, *Katherine Mansfield*, the woman and the writer, New York: Viking Penguin Inc, 1988, preface.

③ G. Boddy, *Katherine Mansfield*, the woman and the writer, New York: Viking Penguin Inc, 1988, p.163.

德的重要资料。在这部书中，安东尼·阿尔珀斯详尽地介绍了曼斯菲尔德的出生地——新西兰的状况、曼斯菲尔德的出身、家庭成员、成长、创作、漫游、情感和死亡，其中收录了曼斯菲尔德大量的书信、日记和随笔。而在《曼斯菲尔德短篇小说集》中，不仅收有1898～1922年的重要作品，在编排上以创作年限为编排顺序，而且将每一部作品的创作情况、作者心得及编者的评论都附在书后，可以算得上是曼斯菲尔德最为全面、重要的作品集，也是广大曼斯菲尔德小说研究者的基本参考资料之一。

伊恩·戈登的《未发现的国土：凯瑟琳·曼斯菲尔德新西兰短篇小说集》分为四个部分，共收入以新西兰为创作背景的59部小说，以一种全新的排列顺序将曼斯菲尔德的新西兰小说作了排列，不再按照创作时间来排列，而是以作品内在的统一性给予新的排列，以便于读者更好地了解曼斯菲尔德新西兰小说中内在的统一性。

凯莱·波迪的《曼斯菲尔德：女性与作家》分为四个部分，第一部分介绍新西兰的气候、文化氛围、历史等；第二部分全面介绍曼斯菲尔德的重要书信、日记；第三部分对曼斯菲尔德的短篇小说作学术性的研究与评论；第四部分则介绍了曼斯菲尔德不同时期创作的11部短篇小说精品，如1909年的《艾德瑞》、1910的《布莱申马舍太太赴婚礼》、1912年的《店里的女人》、1913年的《老泰》、1915年的《起风了》、1918年的《幸福》、1919年的《莫斯小姐的一天》、1921年的《已故上校的女儿》、1922年的《在海湾》、1922年的《洋娃娃的小屋》、1922年的《苍蝇》。这些作品大部分是以新西兰为背景创作的，在小说文体与笔法上均是散文与诗的结合。

新西兰学者所提供的曼斯菲尔德生平资料及大量的笔记、日记、信件资料不仅让世人了解到一个真实的曼斯菲尔德，同时也为曼斯菲尔德研究的深入揭开序幕。

（二）强调曼斯菲尔德创作中的新西兰乡土情结

新西兰学者将研究重点放在曼斯菲尔德的新西兰小说上，他们认为，为曼斯菲尔德带来文学声誉的优秀作品主要是以新西兰为背景创作的小说，她最优秀的小说作品均是新西兰小说。伊恩·戈登明确地指出：“一旦她离开了那个田园牧歌式的世界，她便失去了原来的灵气。”[①]安东尼·阿尔珀斯在《曼斯菲尔德的一生》中这样写道：“1905 年发表了曼斯菲尔德的《关于帕特》，写得生动活泼，可以说是第一篇出自曼斯菲尔德笔下的作品，现在已经比较清楚了，描写新西兰才是她最拿手的。”[②]

新西兰学者在对曼斯菲尔德的研究中，一直强调曼斯菲尔德创作中的新西兰情结，这不仅找到了曼斯菲尔德短篇小说中的乡土情结特点，而且还极易在新西兰文学史中给予曼斯菲尔德民族作家的地位与称号，为曼斯菲尔德在新西兰文学史上的地位的设定奠定基础。

（三）初步揭示了曼斯菲尔德的家庭对她在文学创作上的影响

安东尼·阿尔珀斯在《曼斯菲尔德的一生》中，揭示了家境的富裕使得曼斯菲尔德在少女时期、前去伦敦之前得到一个极为宽松的文学创作与艺术追求的环境。中产阶级的出身和自小在中产阶级家庭中成长所形成的审美观与人生观给予曼斯菲尔德极大影响，在她的短篇小说创作中，对中产阶级家庭生活的描写是最为成功的，常常出现在其小说作品中的家庭类型也总是中产阶级家庭。

该书还揭示了曼斯菲尔德的整个家族都具有艺术细胞，他们都热爱文学。曼斯菲尔德的曾祖父约翰·比彻姆（John Beacham）可以滔滔不绝地背诵拜伦的诗句，喜欢写些打油诗，并获得“霍恩赛[③]诗人”的称号；父亲哈尔·比彻姆（Haar Beacham）对诗艺颇有研究，会弹琴、演奏短号，并出版《往事与追忆》一书。哈尔·比彻姆的堂姐梅·比彻姆（May Beacham）则是爱德华时代[④]的畅销书作家，她以《伊丽莎白和她的德国花园》闻名于世。家族中的文学渊源无疑对曼斯菲尔德的文学创作产生了难以估量的影响。

---

① 伊恩·戈登：《未发现的国土：凯瑟琳·曼斯菲尔德新西兰短篇小说集》，上海外国语学院新西兰研究中心译，上海：上海外语教育出版社，1991 年，第 12 页。

② 安东尼·阿尔珀斯：《曼斯菲尔德传》，冯洁音译：北京：东方出版社，1987 年，第 37 页。

③ 伦敦市区一街道名。

④ 英王爱德华七世（1841 ~ 1837 年），常指 20 世纪的前 10 年。

（四）初步揭示曼斯菲尔德所受到的艺术影响及同时代作家对其创作的看法

安东尼·阿尔珀斯在《曼斯菲尔德的一生》中介绍了曼斯菲尔德在创作过程中所受到的艺术影响。该书指出，早在 1904 年，曼斯菲尔德即开始大量阅读文学作品，如托马斯·莫尔（St. Thomas More，1779—1852，爱尔兰诗人）写的《拜伦传记》、安东尼·霍普（Anthony Hope，1863—1933）的《多利对话》、罗姆尼（1734—1802）的传记、夏洛蒂·勃朗特（Charlotte Brontë，1816—1855）的《谢利》、爱伦·坡（E. Allan Poe，1809—1849）的诗歌。1906 年，曼斯菲尔德阅读了王尔德（O. Wilde）的小说《陶林·格雷的画像》、长诗《雷丁监狱的叙事诗》，曼斯菲尔德常热烈讨论王尔德、托尔斯泰和梅特林克（M. Maeterlinck，1862—1949）[①]等人的作品。安东尼·阿尔珀斯在《曼斯菲尔德的一生》中还提到，曼斯菲尔德于 1906 年从惠灵顿图书馆借阅过大量的艺术作品，包括白朗宁夫人（E. B. Browning）、叶芝（W. B. Yeats，爱尔兰诗人）、易卜生（H. Ibsen）、海涅（H. Heine）等人的作品，以及劳拉·马尔荷姆的《妇女心理学》、契诃夫的《黑衣修士》、俄国艺术家玛丽·贝什科基夫的《日记》。1908 年曼斯菲尔德则读到美国女作家伊丽莎白·罗宾的《来发现我》，开始细读托尔斯泰、易卜生、萧伯纳（G. B. Shaw）和邓南遮（G. d'Annunzio）[②]的作品。

凯莱·波迪的《曼斯菲尔德：女性与作家》强调了曼斯菲尔德的同时代作家，如托马斯·哈代、劳伦斯、伍尔芙等对曼斯菲尔德小说创作的看法及评论。凯莱·波迪认为，尽管托马斯·哈代等人给予曼斯菲尔德的短篇小说以极高的评价，但劳伦斯却对曼斯菲尔德的短篇小说持以否定态度，劳伦斯在谈到曼斯菲尔德的《序曲》时这样说过："曼斯菲尔德应当停住手中的笔，等到找到另一种小说文体时再来写吧。"[③]凯莱·波迪还指出，劳伦斯发现了

---

①比利时象征主义诗人和剧作家，1911 年获诺贝尔文学奖

② 意大利作家，小说以《死的胜利》而闻名。

③ G. Boddy，*Katherine Mansfield，the woman and the writer*，New York：Viking Penguin Inc，1988，p.163.

曼斯菲尔德与狄更斯（C. J. H. Dickens）在风格上的相似性，如幽默、对细节的关注等；但劳伦斯认为，默里在曼斯菲尔德逝世之后将其文学地位抬得太高了，有失公正[①]。在《曼斯菲尔德：女性与作家》中，凯莱·波迪还提到伍尔芙与曼斯菲尔德之间的交往与文学联系，并称伍尔芙虽然对曼斯菲尔德的作品极其嫉妒，但不得不承认，"曼斯菲尔德是杰出的女性作家之一"[②]。

试比较英国与新西兰对曼斯菲尔德的研究不难发现，尽管英国及新西兰都对这位脚踩两片国土的作家给予积极关注，但英国和新西兰对曼斯菲尔德的研究重点不尽相同。英国方面，较侧重曼斯菲尔德与英国文化、当时文学思潮之间的联系，出版的小说集缺乏统一性及系统性；新西兰方面，在作品编排上较成功，将其小说按照内容编排，具有明显的家庭记事体文体特征与明显的乡土情结，在研究上侧重研究其个性与创作之间的联系，并强调新西兰文化对曼斯菲尔德短篇小说创作的影响。英国与新西兰曼斯菲尔德研究的共同之处在于，均认识到其小说创作中的艺术特质，并逐渐进入到有系统的深层研究之中。

三

我国对曼斯菲尔德的研究落后于英国及新西兰，对其研究大致可分为两个阶段。

（一）第一阶段：1927～1990 年

早在 1927 年，曼斯菲尔德的短篇小说经由 20 世纪 20 年代著名诗人徐志摩译入我国，徐志摩共译了《花园茶会》《毒药》《巴克妈妈的一生》等 8 部作品，以此 8 部作品结为一集，名为《曼殊斐尔小说集》[③]。这是我国出现得最早的曼斯菲尔德的小说集，徐志摩在书后特意写的那篇介绍性文章即

① G. Boddy, *Katherine Mansfield*, the woman and the writer, New York: Viking Penguin Inc, 1988, p.180.

② G. Boddy, *Katherine Mansfield*, the woman and the writer, New York: Viking Penguin Inc, 1988, p.181.

③ 曼斯菲尔德：《曼斯菲尔德短篇小说选》，陈良廷、郑启吟等译，上海：上海译文出版社，1988 年，第 356 页。

我国最早的曼斯菲尔德的介绍评论文章。出于对曼斯菲尔德才华的敬仰，当时在英国留学的徐志摩还专程拜访了身在伦敦的曼斯菲尔德，并有过近 20 分钟的愉快会晤。曼斯菲尔德逝世的消息传来后，徐志摩情不自禁写下《哀曼殊斐尔》一诗，在诗句中，徐志摩称曼斯菲尔德是“仙姿灵态”[①]。中华人民共和国成立后，《译文》杂志在 1957 年 9 月号介绍了曼斯菲尔德的《花园茶会》《巴克妈妈的一生》《洋娃娃的小屋》3 部短篇小说。

进入 20 世纪 80 年代后，随着中西方文化交流的扩大与增强，也随着国人对西方国家 19 世纪末 20 世纪初现代主义文学思潮的关注与研究，对这一文学思潮中的重要作家认识的加强使得我国学者开始对曼斯菲尔德的短篇小说产生了研究兴趣。这首先表现在曼斯菲尔德作品的出版情况出现可喜局面：1983 年，《曼斯菲尔德短篇小说选》由上海译文出版社出版，收有作品 30 部，译者方平在作品后附有《谈曼斯菲尔德的写作艺术》，其中有这样一番评论：“曼斯菲尔德在短篇故事领域内探索的这种新的表现手法，正是她的同时代作家伍尔芙、乔伊斯他们，为了突破旧传统，在小说领域内所做的那种探索。她那有自己独特风格、艺术手法圆熟的作品，发展了短篇小说的写作艺术，对后世产生了很大的影响。”[②] 1988 年，曼斯菲尔德的另一部小说集《蜜月》由外国文学出版社出版，收有作品 21 部，译者文洁若在该书前言中有过这样一番评论：“曼斯菲尔德写的与其说是故事，不如说是意境，于平淡中见新奇。”[③]

侯维瑞主编的《现代英国小说史》（1985）认为曼斯菲尔德虽然在风格上与契诃夫相似，但是曼斯菲尔德发展了契诃夫式的创作风格，“她不像毛姆（W. S. Maugham）与吉卜林（J. R. Kipling）那样追求从外部表现世界，并不讲究故事精彩与结构的严密；她的作品难得有完整的情节、连贯的叙述或传统的开端、高潮与结尾的格式”[④]。他还给予曼斯菲尔德以高度评价：“曼斯菲尔德的创作表明，在落后于欧洲大陆多年之后，短篇小说作为一门独立的

① 徐志摩：《徐志摩诗集》，成都：四川人民出版社，1981 年，第 254 页。

② 曼斯菲尔德：《曼斯菲尔德短篇小说选》，陈良廷、郑启吟等译，上海：上海译文出版社，1988 年，第 356 页。

③ 曼斯菲尔德：《蜜月》，文洁若译，北京：外国文学出版社，1988 年，前言。

④ 侯维瑞：《现代英国小说史》，上海：上海外语教育出版社，1985 年，第 426 页。

艺术终于在英国进入了成熟阶段，它摆脱了老一套的讲故事加说教的方式，进入了通过刻画内心精神而提示世界的时代。”[①]

总体上来看，在这一阶段我国对曼斯菲尔德的研究还只是停留在初步的作品介绍方面，虽然认识到曼斯菲尔德小说创作的独特性与重要性，但对其小说中的艺术特性还没有进行深入、全面的研究。

（二）第二阶段：1990～2017 年

随着曼斯菲尔德的作品渐渐进入我国，读者对这位女作家从陌生到喜爱，有着进一步了解的需要与要求。为了满足读者深入了解这位女作家的要求，1991 年 3 月，由陈家宁等编译的《曼斯菲尔德书信日记选》出版，译者陈家宁写有《曼斯菲尔德与小说创作》一序，其中有这样的一番评论：“曼斯菲尔德创出了自己独特的风格，打破了短篇小说的结构和模式，扩大了短篇小说的疆界，写出了散文式的，富有诗情的短篇小说。”[②]《曼斯菲尔德书信日记选》中所取用的书信和日记全是与小说创作有关联的，因此可以称得上是一部具有文学性与学术性双重价值的著作。

1991 年 11 月，新西兰学者伊恩 · 戈登选编的《未发现的国土：凯瑟琳 · 曼斯菲尔德新西兰短篇小说集》由上海外国语学院新西兰研究中心编译出版，这部作品集收入作品 59 部，这 59 部作品都是以新西兰为背景创作出来的，其中有很多作品是首次译入我国。伊恩 · 戈登在前言中这样写道：“其精湛的艺术技巧不但表现在最高层次——小说的整个结构上，而且也贯穿小说的各个组成部分，直至遣词造句这个层面。每个细节之处都经过精心推敲，处理得十分完美。”[③]译者序中则有这样一番评论：“曼斯菲尔德的语言看似简单，其实不然，而且她如同诗人一般遣词造句，词语往往奇特惊人。”[④]

1993 年 5 月，安东尼 · 阿尔珀斯所著的曾荣获 1981 年新西兰作家非小

---

① 侯维瑞：《现代英国小说史》，上海：上海外语教育出版社，1985 年，第 431 页。

② 曼斯菲尔德：《曼斯菲尔德书信日记选》，陈家宁译，天津：百花文艺出版社，1991 年，序。

③ 伊恩 · 戈登：《未发现的国土：凯瑟琳 · 曼斯菲尔德新西兰短篇小说集》，上海外国语学院新西兰研究中心译，上海：上海外语教育出版社，1991 年，前言。

④ 伊恩 · 戈登：《未发现的国土：凯瑟琳 · 曼斯菲尔德新西兰短篇小说集》，上海外国语学院新西兰研究中心译，上海：上海外语教育出版社，1991 年，译者序。

说图书大奖的《曼斯菲尔德的一生》由冯洁音编译出版，易名为《曼斯菲尔德传》。在译者序中有这样一番评论："曼斯菲尔德是世界近代文学史上享有'短篇小说大师'的一位女性作家，其作品及创作手法在世界文坛均产生较大影响。"[①]该书的出版使得我国读者对曼斯菲尔德作品的阅读兴趣有所增强，在很大程度上推动了我国学者对曼斯菲尔德小说艺术的研究进程。20世纪90年代起，自这三部重要的书信集、作品集、传记出版以来，曼斯菲尔德小说艺术研究在我国慢慢升温，我国编著的外国文学史开始表现出对曼斯菲尔德短篇小说创作的重视。

随着对曼斯菲尔德研究的深入与发展，我国学者开始意识到曼斯菲尔德与英国现代主义文学思潮之间的关系，侯维瑞主编的《英国文学通史》将曼斯菲尔德定位为英国现代主义文学思潮初期的重要作家，在介绍英国现代主义文学思潮时，共介绍了亨利·詹姆斯（Henry James）、约瑟夫·康拉德、福斯特（E. M. Forster）、福特（Ford）、曼斯菲尔德五位作家，并这样评论道："曼斯菲尔德写于1920年的《已故上校的女儿》集中体现了现代主义技巧的运用，它突破了时间顺序并使用内心独白技巧，在英语短篇小说的实验改革中起了开拓作用。"[②]

虞建华所著的《新西兰文学史》（*A Survey of New Zealand Literature*）则重视并强调了曼斯菲尔德短篇小说创作中的乡土情结："一些去欧洲的作家一头扎入欧洲文化怀抱中，即未为流放地增添光彩，又无法归入殖民地的文化渠道，结果被欧洲传统所淹没。而曼斯菲尔德则不同。她以流放者的身份远离家乡环境后，对自己的祖国重新审度，获得新的认识，并转向殖民地素材，进行挖掘开发，将新认识以文学形式再现于世。"[③]

我国外国文学史相关资料中对曼斯菲尔德的介绍与研究使得曼斯菲尔德小说研究在我国渐成气候，更推动了一批曼斯菲尔德小说创作学术论文及著作在我国外国文学研究学术界涌现而来。在这一阶段中，我国学术界对曼斯菲尔德及其小说创作的研究，无论是从数量上来看还是从质量上看都取得

---

① 安东尼·阿尔珀斯：《曼斯菲尔德传》，冯洁音译，北京：东方出版社，1987年，序言。
② 侯维瑞：《英国文学通史》，上海：上海外语教育出版社，1999，第603页。
③ 虞建华：《新西兰文学史》，上海：上海外语教育出版，1994年，第96页。

了可喜的发展，总体上看，主要涉及以下几个方面的内容。

1. 从作家个性与作品风格之间的联系的角度来研究作品

我国学术界渐渐注意到曼斯菲尔德小说创作风格上的独特性与个性化。例如，宋晓萍在《双重流放者：曼斯菲尔德的漫游和写作》[①]中提出了曼斯菲尔德的短篇小说风格与其个性之间的联系，“《序曲》的魅力大部分来自于中心移动产生的效果：叙述从一个角色转到另一个角色，似乎叙述者无所不在，同时又根本不存在一个统一、固定的叙述者……她的写作也同样表明了这一点：只有表演，只有换来换去的角色，只有不断变化的各种成分，只有一张又一张面具，只有永不停止的漫游；没有中心，没有固定的身份和地位，没有永恒不变的意义”[①]。此外，蒋虹所著的《凯瑟琳·曼斯菲尔德作品中的矛盾身份》也是这一类研究方法的延伸与发展。

唐月凤的《〈布里尔小姐〉与曼斯菲尔德》也是这一研究方式与方法的代表作。她认为《布里尔小姐》即曼斯菲尔德本人的人生写照，“曼斯菲尔德愤世嫉俗的人生观在《布里尔小姐》一文中反映在布里尔小姐的离群索居和对世界的冷眼旁观”[②]。

更多的学术论文则探讨曼斯菲尔德作为女性作家与其创作之间的关系。例如，傅似逸在《曼斯菲尔德短篇小说的创新艺术》中这样写道：“曼斯菲尔德女性细腻的情感赋予作品强大的感染力和艺术魅力。”[③]他还写道：“曼斯菲尔德女性特有的敏感性还表现在对作品形式美、暗示美和音乐性的美学追求上。”[④]

2. 开始挖掘曼斯菲尔德小说中的社会意义与思想内涵

如果说英美国家及新西兰对曼斯菲尔德小说创作的研究多侧重于其小说的艺术性，那么我国学术界对曼斯菲尔德的小说创作则更多侧重于其小说

---

① 宋晓萍：《双重流放者：曼斯菲尔德的漫游和写作》，《外国文学研究》，2000 年第 3 期，第 95 页。

②唐月凤：《〈布里尔小姐〉与曼斯菲尔德》，松辽学院学报（社会科学版），1991 年第 4 期，第 66 页。

③ 傅似逸：《曼斯菲尔德短篇小说的创新艺术》，《外国文学研究》，2001 年第 2 期，第 51 页。

④ 傅似逸：《曼斯菲尔德短篇小说的创新艺术》，《外国文学研究》，2001 年第 2 期，第 53 页。

中的社会意义与思想内涵。这一研究渊源始于徐志摩。早在1917年，徐志摩介绍至我国的《曼殊斐尔小说集》中收有的8部作品，如《花园茶会》《毒药》《巴克妈妈的一生》等，均是曼斯菲尔德作品中较具现实意义的作品，这些作品所关注的是城市贫民的生活与贫富分化的社会现状。展现曼斯菲尔德小说中的社会意义与思想内涵的学术论文在我国较为丰富，具有代表性的有谢江南的《曼斯菲尔德女性主题嬗变》，谢江南认为曼斯菲尔德的作品表现了女性的生存状态与精神世界，并对女性的解放做出了难能可贵的探索，“她对融注了自身经历和体验的女性生存窘境的思考以及为探索出路所做的苦斗，其独特性和性别文化方面的价值，或许远在他人之上”①。

何亚惠的《曼斯菲尔德的女权主义思想》也是这类研究方法的代表，她认为，曼斯菲尔德几乎所有的作品中都有女权主义思想的流露，“曼斯菲尔德没有如同伍尔芙那样把女权主义思想上升到理论，但她对那些在严酷的社会中深受苦难的女性命运的刻画，对她们的追求所抱的赞同态度，可以看到她对当时妇女地位问题的关切，以及对妇女解放道路所作的积极探索”②。

3. 开始关注曼斯菲尔德小说的艺术形式

自1990年开始，随着曼斯菲尔德小说研究在我国的发展与深入，对曼斯菲尔德小说创作的艺术形式的研究渐成气候。付灿邦的《曼斯菲尔德小说的艺术魅力——〈布里尔小姐〉文体分析》可以说是其间的成功之作。该论文指出曼斯菲尔德小说创作中的视角变化等艺术技巧，“曼斯菲尔德善于营造意象，变换视角，把握语言的节奏和语调，从而使得她的作品具有巨大的艺术感染力”③。

4. 出现精读文本式的研究方式

这一研究阶段的一大特点是开始出现对曼斯菲尔德某部作品的精读与

---

① 谢江南：《曼斯菲尔德女性主题嬗变》，《贵州民族学院学报》哲学社会科学版，1992年第1期，第55页。

② 何亚惠：《曼斯菲尔德的女权主义思想》，《江苏师范大学学报》哲学社会科学版，1998年第4期，第117页

③ 付灿邦：《曼斯菲尔德小说的艺术魅力——〈布里尔小姐〉文体分析》，《四川师范学院学报》哲学社会科学版，1993年5期，第111页。

细读，以小见大，以一部作品的深入研究来探寻曼斯菲尔德小说的成就与魅力之所在。此类研究方式的代表之作可见张箭飞的《失乐园——评〈花园茶会〉》，在这篇文章中，张箭飞以神话—原型批评方法透视曼斯菲尔德的短篇小说，发现曼斯菲尔德的《花园茶会》中的“花园”源于《圣经》中的“乐园”，而《花园茶会》正是失乐园的变型。

继 1988 年凯瑟琳 · 曼斯菲尔德百年研讨会之后，我国学术界对曼斯菲尔德的研究有所升温。2004 年 12 月，中国社会科学出版社出版了蒋虹所著的《凯瑟琳 · 曼斯菲尔德作品中的矛盾身份》一书，算得上是曼斯菲尔德短篇小说研究领域可喜的一步，同时预示着曼斯菲尔德短篇小说创作研究在我国进入了新的阶段。2013 年，科学出版社出版了徐晗所著的《英国短篇小说研究：凯瑟琳 ·曼斯菲尔德》，该书是首次将曼斯菲尔德的短篇小说做出分类，并进行具体研究的学术专著。该书分为四个部分：第一部分研究曼斯菲尔德的心理小说；第二部分研究曼斯菲尔德的诗意小说；第三部分研究曼斯菲尔德的象征小说；第四部分研究曼斯菲尔德的妇女小说。最后，论述了曼斯菲尔德与英国短篇小说的发展，以及曼斯菲尔德在文学史上的地位。这是目前国内唯一一部比较全面、深入论述曼斯菲尔德短篇小说类型的学术著作。该书的出版引发了诸多学者研究曼斯菲尔德小说创作的热情。

综而观之，近百年对曼斯菲尔德的研究大致可以归纳为以下几类：①传统式批评研究；②文体特点研究；③影响研究；④文本解读；⑤不同批评理论流派的解读，如心理分析批评、女性主义批评、殖民和后殖民主义批评、读者反应批评等。一般说来，前三类批评研究属于 20 世纪 50 年代前的研究，后两类主要产生于 50 年代之后，特别是最后一类主要出现在 80 年代之后。对其作品的研究重点与方式在英国、新西兰、中国又不尽相同。

第三节　曼斯菲尔德小说叙述技巧概述

凯瑟琳 · 曼斯菲尔德之于短篇小说艺术，犹如乔伊斯之于长篇小说艺术。在乔伊斯和曼斯菲尔德之后，长篇小说和短篇小说再也不能保持原样了。他们开拓了一条通往更高境界的道路，为其他人展示出更加广阔的视野。

——伊恩·戈登：《未发现的国土：凯瑟琳·曼斯菲尔德新西兰短篇小说集》

一

在曼斯菲尔德一生的创作中，主题内容、艺术形式、叙述手法是时时有变、篇篇不尽相同。对曼斯菲尔德小说创作的研究不少，但专门研究其一生小说创作中的叙述艺术和叙述手法的研究者并不多。本书力图将曼斯菲尔德各个时期的作品中不尽相同的叙述艺术手法展示出来，以期其叙述手法不断变化与拓新。

曼斯菲尔德的文学生涯并不长，自 1898 年开始文学创作。第一部作品是习作《安娜·布莱克》，封笔之作是创作于 1922 年的《金丝雀》，其创作生涯不过是短短 15 年，留下短篇小说 84 部。从第一部作品到最后一部作品，曼斯菲尔德的文体和叙述技巧一直处于探索之中。在《安娜·布莱克》中，曼斯菲尔德的叙述方式并不新颖，当她叙述人物与事件的时候，使用的依然是传统小说的叙述技巧，只是作为一个旁观者，没有进入人物的内心深处。创作初期的曼斯菲尔德，在这部作品中依然以前后顺序的方式，叙述了人物所发生的事件。在这部作品中，如同记流水账一样，叙述了安娜·布莱克的乡村之旅。同类型的作品还有《欢乐圣诞节》（*A Happy Christmas Eve*）、《寂寞的人》[*Die Einsame*（*The Lonely One*）]、《园丁帕特叔叔》（*About Pat*）。出现转机的是创作于 1907～1908 年的《萝莎贝尔惊梦记》（*The Tiredness of Rosabel*）。在这部以第三人称叙述技巧完成的作品中，曼斯菲尔德未作只字评论，但她要说的已全部包含在作品字里行间中。值得一提的是出版于 1911 年的《在德国公寓里》所收入的一系列短篇小说，这些短篇小说全部用第一人称叙述方式来完成，叙述者“我”和曼斯菲尔德本人有很多的相似之处，两者均是客居异国的女子，性情中带着对外界的怀疑与回避。而到了 1912～1913 年，曼斯菲尔德所创作的《女店主》（*The Woman at the Store*）中的叙述者“我”却不再是女性，而成了一位男性，曼斯菲尔德通过这个男人的叙述视角叙述了一个悲伤的婚姻故事。出现在这个文本中的“我”和曼斯菲尔德本人有了很大的距离。1914～1915年，曼斯菲尔德在巴黎和伦敦写作，这时候她有意识地想要革新自己的文本形式与叙述技巧，在1915年3月25日的日记中她这样写道：“这个时节春意荡漾，因此我写不出任何严肃的东西，我非常想写一部富有春的气息的小说。”①创作于1917年的《雷金纳德的一天》反映出曼斯菲尔德的叙述技巧已经日益成熟。例如，《雷金纳德的一天》的这个句子 “他娶她作什么？这个问题他平均一天要问自己三回”中，在同一个句子中出现了两个叙述声音，“他娶她作什么？”是人物雷金纳德的内心活动，而“这个问题他平均一天要问自己三回”则是小说叙述者的声音。显然，到了1917年，曼斯菲尔德已经有意识地革新传统短篇小说中的叙述技巧，以期带来更加深入的阅读体验。之后，《序曲》问世了，《序曲》以新型的散文文体写就，结构上放弃了曼斯菲尔德早期作品中机械的循序渐进的叙事方法而采用新的“序曲方法”，即“自然展开，完全放开”。小说是个有机整体，像活组织一样，由多细胞组成，而不是机械的结构，每个细胞又是一个独立的个体，可单独成为篇章。“序曲方法”是一种灵活的方法，有些细胞包含节奏轻快的叙述，如《序曲》里帕特杀鸭子那段情节；有些细胞则节奏徐缓，仅仅是对事物的消极感受，如《序曲》中凯西娅在老房子里的那段情节。有的细胞的中心是自然风景或植物，有的细胞则进入人内心深处。这些细胞的共同之处在于它们都是故事密不可分的部分，传统意义上的“情节”微乎其微，但既然每个细胞都是“自然展开，完全放开”的，读者也就置身其中，亲身体验着那个家庭的生活。从1917年的创作开始，曼斯菲尔德终于寻找到最适合自己的小说艺术形式，即一种开放性的、散文式的、极富诗意的艺术形式。

在后期《布里尔小姐》中，曼斯菲尔德叙述技巧得以展现：意象的选择、串接、组合、扩大延伸，对刻画人物、渲染气氛、布置环境、推动情节、暗示主题等均起着极为重要的作用。曼斯菲尔德在该作品中还通过意象的对比、串接、组合，以及利用平行人物暗示布里尔小姐的过去和未来，深化主题，

① 曼斯菲尔德：《曼斯菲尔德书信日记选》，陈家宁译，天津：百花文艺出版社，1991年，第27页。

把故事推向高潮。曼斯菲尔德不但善于营造意象，在变换视角方面也有所突破，曼斯菲尔德在《布里尔小姐》这一作品中常常在不知不觉中完成第三人称叙述和第一人称内心独白的交替，实现外部描写和内部心理描写的水乳交融，达到了出神入化的艺术境界。在《布里尔小姐》中第三人称叙述和间接引语自由转化，自由间接引语与自由直接引语也可以自由转化，这些自由变换构成了曼斯菲尔德独特的叙事风格。曼斯菲尔德叙述模式是不尽相同的，早、中、晚三个时期的创作重点运用的叙述模式各不相同。例如，在其早期作品中，对第一人称叙述和第三人称叙述运用得较多，也是较为成功的；但在后期创作中，则多用多重视角叙述。虽然在其一生的创作中都出现第一人称叙述、第三人称叙述和多重视角叙述，但曼斯菲尔德对叙述技巧的运用显然在三个时期的创作中都各不相同。

二

在任何一部小说中，文体和叙述技巧总是相依相生的，当曼斯菲尔德在其短篇小说创作中采用一种新的文体形式时，就必然需要出现一种新的叙述技巧与之呼应。当曼斯菲尔德终于找到最适合自己的写作形式时，新的叙述技巧的运用也就水到渠成。曼斯菲尔德这种“既不是诗，也不是散文”的文体方式，被称为“序曲体”。这样一种文体是由创作《序曲》开始的，所以曼斯菲尔德在创作笔记中直接将这样一种新颖文体称为“序曲体”。除此之外，定名为“序曲体”，也开始有意识地以一种新的文体形式进行小说创作之意，即新型文体之“序曲”。

伊恩·戈登在谈论曼斯菲尔德的这种新型文体结构时称，曼斯菲尔德在1915年以后写的小说，在结构上放弃了早期作品那种多少有点机械的循序渐进的叙事方法。她把自己采用的新结构称为“序曲体”——“自然展开，完全开放”。这些小说都是有机整体，像活组织一样，由多细胞组成，而不是机械的结构[①]。

---

① 伊恩·戈登：《未发现的国土：凯瑟琳·曼斯菲尔德新西兰短篇小说集》，上海外国语学院新西兰研究中心译，上海：上海外语教育出版社，1991年，第14页。

“序曲体”的文体特征总的说来即“自然展开，完全开放”，细看有三。其一就在于“序曲体”如同一个有机整体一样，组成这个有机整体的各个部分都是平等的、有机的，由“多细胞组成，而不是机械的结构”。现以《序曲》为例来谈这一特点。《序曲》这部小说由十二个部分（片断）组成，每个部分（片断）之间的衔接是通过象征性物体或行为的不断重现而实现的。每一个部分都可以独立出来，但又与作品中的其他部分有着内在的联系。我们先来看一看这十二个部分各自的结构，以及它们之间是如何联系在一起，从而组成一个有机的整体的。

第一部分叙述全家准备离开旧居。这一事件主要以伯纳尔家庭的一个孩子凯西亚的叙述视角来叙述，其间也穿插有另外几个人物，如琳达、伊莎贝尔、帕特、外祖母的叙述视角，这一部分的叙述节奏较快。第二部分叙述凯西亚到老房子的情形，以凯西亚的叙述视角完成叙述，叙述节奏和缓。第三部分叙述罗蒂和凯西亚坐着马车去新家的途中，主要由凯西亚的视角完成叙述，同时还穿插外祖母的视角，这一部分的叙述节奏平稳和缓。第四部分表现了五个不同的场景：外祖母带着孩子去睡觉、贝丽尔独自一人在月光下遐想、斯坦利与琳达在入睡前的一番对话、仆人帕特的小屋、夜间的花园。五个场景分别以不同的视角进行叙述，例如，第一个场景主要以凯西亚的视角完成叙述，而最后一个场景则交由叙述文本中的全知叙述者来完成叙述。由于五个场景分别具有不同的叙述视角，因此其叙述节奏也各不相同。第五部分叙述了琳达清晨醒来的浮想，以琳达的视角进行叙述，叙述节奏缓慢。第六部分叙述视角几番转变，从外祖母费尔菲尔德太太的视角转到贝丽尔的视角，再转到琳达的视角，再由凯西亚的视角将主要场景从厨房移到花园，叙述节奏缓慢。第七部分叙述了三个场景：男主人斯坦利·伯纳尔下班回家、全家人的晚餐情形、贝丽尔在餐室里的遐想，叙述视角也经过几番转移，由斯坦利的视角转化成为贝丽尔的视角，这一部分的叙述节奏较快。第八部分展现的是孩子在花园玩耍这一场景，由全知叙述者的叙述完成，叙述节奏平稳。第九部分展现帕特杀鸭这一场景，以伊莎贝尔、凯西亚的视角和全知叙述者的叙述完成，叙述节奏轻快。第十部分以女仆艾丽斯的叙述视角完成叙述，叙述节奏较快。第十一部分展现了两个场景：

斯坦利与贝丽尔在餐室下棋、琳达与费尔菲尔德太太在月光下散步，两个场景均以琳达的叙述视角来完成叙述，这一部分的叙述节奏较慢。最后一个部分展现的是贝丽尔的内心世界，以贝丽尔的视角完成叙述，属于快节奏叙述。每个部分都是独立的，因为各个部分有其独特的叙述视角和叙述节奏，完全可以独立出来，自成一体。

其二，《序曲》中的十二个部分看似孤立，但其间却有着种种或密或疏的联系。例如，第一部分、第二部分、第三部分等三个部分之间存在着时间顺序与逻辑关系；第五部分和第十一部分之间则是相互承接的关系；而在第二部分和第六部分之间，虽然从小说前后来看它们相隔得不近，但其实就是同一个部分中的两个分支而已。《序曲》中的叙述视角时时有变，十二个部分中的叙述视角各不相同，有时明明是同一件事情，或是同一个场景，会因为叙述者不同而呈现出不同的面貌，或具有不同的意味。多重叙述视角的运用技巧使得《序曲》在文体上呈现出自由灵活、收放自如的特点。

“序曲体”是在创造性地吸收了散文和诗的文体特点后而形成的，简而言之，“序曲体”兼有诗和散文的文体特征。“序曲体”与诗、散文的联系是极为紧密的，在 1916 年的日记中曼斯菲尔德明确地写道：“我对原来构思出来的情节十分冷淡……我写的也许不是诗，也不是常见的散文，而是一种非常特殊的散文。”[①]这种“特殊的散文”就是打破了传统短篇小说文体的“序曲体”，是兼有诗与散文文体特征的新型的短篇小说文体。发表于 1921 年的以“序曲体”为主要文体结构的《一个已婚男人的故事》（*A Married Man's Story*）就淋漓尽致地展现出这种既有诗意，又不乏散文文体的自由随意的文体特征。在《一个已婚男人的故事》中，曼斯菲尔德的整个创作体现了从诗歌开始以小说的诗化而告终的过程。在这部小说中，尤为引人注目的是，曼斯菲尔德采用了诗歌般具有优美旋律的语言来描绘主人公的精神顿悟，并形成了诗的意境。在这部作品中，曼斯菲尔德放弃了以偶然性事件构成作品主要情节的做法，而将作品人物的内心世界通过人物自己的叙述呈现出来，人物隐秘的内心，在其所选取的

---

① K. Mansfield, *The Letter and Journals of Katherine Mansfield*, C. K. Stead (Ed.), London: Allen lane, 1977, p.96.

带着浓厚阴郁色彩的意象中委婉地表现出来，呈现出另一种美。

其三，"序曲体"所采用的叙述技巧是"多重视角叙述"，如果没有对"多重视角叙述"模式的采用，就不可能有灵活、自由的"序曲体"这一文体的存在。在曼斯菲尔德以"序曲体"为主要文体创造出来的几部小说中，出现了一个"叙述群"，即多重视角叙述模式，如《序曲》《在海湾》《已故上校的女儿》等作品不是由作品中的某一人物叙述者的讲述来完成叙述，而是通过作品中的多个人物的叙述视角来完成本文的叙述。在这一叙述情境中，实现了曼斯菲尔德的"隐退"，或者说"作者的消失""作者之死"①。《已故上校的女儿》所采用的多重视角叙述技巧显然比《序曲》更为成熟，也更为复杂，其中的多重视角叙述需要读者有高超的艺术欣赏能力。

《已故上校的女儿》集中体现了曼斯菲尔德的叙述技巧，表现出曼斯菲尔德摈弃了传统的以全知的叙述者从外部描绘世界或以无所不知的叙述者从内部描写人物的两种叙述手法，严格地使叙述者（有时叙述者即作品中的某一人物）外于观察的中心，叙述者除了所见、所闻和所忆，对他人一无所知。例如，两姐妹就对对方的想法与心理一无所知，同时两姐妹对父亲的想法、心理也一无所知。在这部作品中，曼斯菲尔德通过多重视角叙述建立起一个立体的叙述视角，让叙述者（作品人物）在回忆、思想活动及对未来的预示中织成的复杂的联想之网中自由穿行，同时，也将过去、现在和将来并置在同一瞬间。《已故上校的女儿》也由十二个部分组成，这十二个部分既可独立成章，又有其内在的紧密联系。这十二个部分的组成方式是极为灵活的，并不仅仅以时间顺序为主要组成秩序，有时仅仅是人物的一个联想或回忆，就使得某一部分的事件回到了从前的某一时间点上，难怪有评论家这样指出，"非但故事本身具有趣味，内容上极具挑战性，这则故事，即文本的文体形式也同样具有不可小看的挑战性。或者说，是对旧有小说文体形式的一种大胆的冒险。"②无怪乎哈代将这部小说称为"英国短篇小说史上的里程碑"③。

① 巴特：《作者之死》，拉曼·塞尔登编：《文学批评理论——从柏拉图到现在》，刘象愚等译，北京：北京大学出版社，2003 年，第 320 页。

② A. Alpers, *The Stories of Katherine Mansfield*, London: Oxford University Press, 1984, p.2.

③ G. Boddy, *Katherine Mansfield, the woman and the writer*, New York: Viking Penguin Inc, 1988, p.154.

对由“序曲体”为文体创造出来的这些小说，曼斯菲尔德自己认为“终于找到了一种新的写作小说的形式……这样的形式既不是诗，也不是散文，而是一种全新的形式”[①]。

“序曲体”的出现不仅是曼斯菲尔德个人在短篇小说创作上的一个有意义的开拓，同时也是英国短篇小说史的一个富于意义的求新求变的结果。自1917年《序曲》获得巨大成功之后，曼斯菲尔德即以“序曲体”为文体结构创作了大量优秀作品，如1917年底的《莳萝泡菜》，1918～1920年《康乃馨》(*Carnation*)、《没有脾气的男人》、《启示》(*Revelations*)、《心理》(*Psychology*)，1921年的《已故上校的女儿》，1921年的《第一次舞会》(*Her First Ball*)，1922年的《在海湾》《一个已婚男人的故事》《蜜月》《金丝雀》。正是这些作品，奠定了曼斯菲尔德在英国短篇小说史上的地位。在这些作品中，除了广受称誉的《第一次舞会》等作品受到关注外，《在海湾》被认为是《序曲》的姐妹篇，更有评论家指出，伍尔芙的《海浪》在文体形式上受到曼斯菲尔德的《序曲》和《在海湾》的影响。而创作于1921年的《已故上校的女儿》，上文中业已提到，被哈代称为“英国短篇小说史上的里程碑”[②]。

曼斯菲尔德的那种自由灵活、不拘一格的“序曲体”影响到同时代和后代作家的创作意识与创作文体，就以弗吉尼亚·伍尔芙的小说创作为例，伍尔芙的短篇小说在很大程度上受到曼斯菲尔德短篇小说的影响是诸多评论家所达成的共识。从时间上来看，曼斯菲尔德从1915年开始，即有短篇小说频繁发表，而伍尔芙到了1917年才有短篇小说发表。就其小说所选用的文体形式而言，伍尔芙的短篇小说显然在很大程度上是对曼斯菲尔德的创作方式的汲取与模仿。例如，伍尔芙的《海浪》就与曼斯菲尔德的《序曲》和《在海湾》非常相似，这几部小说在文体形式上都极为自由，由十多个部分组成，这十多个部分既可独立成章、又互为联系。同时，这几部作品均采用了与文体形式相呼应的多重视角叙述手法，但从发表时间来看，曼斯菲尔德的《序曲》和《在海湾》均早于伍尔芙的《海浪》，因此，很明显，伍尔芙对曼斯菲

---

① K. Mansfield, *The Letter and Journals of Katherine Mansfield*, C. K. Stead (Ed.), London: Allen lane, 1977, p.96.

② G. Boddy, *Katherine Mansfield, the woman and the writer*, New York: Viking Penguin Inc, 1988, p.154.

尔德的“序曲体”是认同的，不仅认同，还在自己的小说创作上也进行了一些尝试。曼斯菲尔德本人也意识到伍尔芙的《海浪》与《序曲》和《在海湾》在文体形式上极为相似，因此在1917年，曼斯菲尔德给伍尔芙写了一封信，在信中，曼斯菲尔德这样写道：

> 我们找到了同样的工作，弗吉尼亚，我们两人相距甚远却会追求几乎同样的东西，这的确令人惊叹不已。①

这里所说的“同样的东西”指的就是放弃传统的叙述艺术而采用另一种全新的文体结构和叙述技巧来完成一部小说创作。在这封信件之后，伍尔芙与曼斯菲尔德有过一次私人会晤，在这次会面不久，弗吉尼亚·伍尔芙就发表了两篇重要的短篇小说——《墙上的印记》和《邱园》。《墙上的印记》首次采用了曼斯菲尔德短篇小说中常用的对话形式，曼斯菲尔德的《女主人的贴身仆人》《起风了》等重要作品均以对话体为基本文体结构。再来看《邱园》，《邱园》所选用的自由的文体简直就是《序曲》的再现。由此可见，以“序曲体”为主要基础的新的文体形式不仅推动了曼斯菲尔德本人在短篇小说创作领域的成就，也对同时代的一些重要作家产生了影响。曼斯菲尔德这种崭新的文体形式使英国短篇小说在20世纪初呈现出新的面貌。正如伊丽莎白·伯恩所指出的那样：“如果曼斯菲尔德没有那样写的话，短篇小说的艺术形式或许处于初级阶段……我们将‘自由’小说的兴起归功于她；她使小说摆脱了传统模式的束缚，为后来者开辟了领域……永久地改变了我们对小说构成的所有看法。”②

三

叙事理论在20世纪众多文学理论中占据着不可忽视的地位，“叙事理论已经取代小说理论成为文学研究主要关心的论题”③。叙事理论的发展当然离不开提供了新奇叙述形式与叙述技巧的现代主义文学作品。现代主义作家

---

① K. Mansfield, *The Letter and Journals of Katherine Mansfield*, C. K. Stead (Ed.) , London: Allen lane, 1977, p.206.

② C. K. Stead, Katherine Mansfield and the art of fiction, in The Critical Response to Katherine Mansfield, edited by Jan Piditch, p.159.

③ 华莱士·马丁：《当代叙事学》，伍晓明译，北京：北京大学出版社，1990年，第1页。

在作品的叙述形式上作了各式各样的尝试，并取得成功。在叙述形式上，现代主义作品抛弃了传统文学从全知视角详细描述、精确记录客观世界，深入阐述、细致讲解人物的行为和心理的全聚焦的叙述模式，采用了更客观、更真切、更感人、更有说服力的内聚焦叙述模式，即由作品中的某一位或几位人物从自身的视角叙述他所知道的一切；或外聚焦叙述模式，即由某位旁观者描述他所看到的一切，而对作品中主要人物的情感和思想守口如瓶。“大量的内心独白、自由联想、视角转换、瞬间印象等方法灵活地运用和穿插于作品之中，极大地克服了语言叙述错综复杂的思想活动的局限性，扩展了语言的张力，丰富了语言的表现手段”①。

曼斯菲尔德独特的叙述手法，正是其小说被列为现代主义文学作品之列的重要原因之一，“鉴于她对现代短篇小说形式和叙述技巧的贡献，凯瑟琳·曼斯菲尔德理所当然属于英国现代主义作家行列”②。这里所说的“形式”，指的是曼斯菲尔德小说创作中的“序曲体”。《序曲》由一系列生活片断和联想串联而成，文体极为新颖，曼斯菲尔德本人也意识到这是一种前所未有的小说文体，“这或多或少是自己的创造（more or less my own invention）”③，并明确地指出，“这是一种新的小说形式（new form）”④。众多评论家对这部小说是极为关注的，“这部篇幅50余页的短篇小说，没有贯穿始终的情节，没有事件与事件间必然的因果关系，没有故事和人物发展，而是由一个个画面组成，就如陷入遐想时脑中闪过的镜头那样”⑤。新的形式是离不开崭新的叙述技巧的，在曼斯菲尔德的小说中，“对意识流技巧的运用、对时空回闪技巧的运用、对人物叙述视角的转换与表现——这些可以成为曼斯菲尔德短篇小说重要标志的特征”⑤。可见，新颖的叙述手法也是构成新形式的一个重要方面。

---

① 高奋：《西方现代主义文学的源与流》，宁波：宁波出版社，2000年，第10页。

② C. A. Hankin，“Fanstasy and the sense of an ending in the work of Katherine Mansfield”，*Modern Fiction Studies*，Vol. 24，1978，p.465. R. B.Nathan（Ed.），*Critical Essays on Katherine Mansfield*，New York：G.K.Hall，1993，p.49.

③ K. Mansfield，*The Letter and Journals of Katherine Mansfield*，C. K. Stead（Ed.），London：Allen lane，1977，p.211.

④ G. Boddy，*Katherine Mansfield, the woman and the writer*，New York：Viking Penguin Inc，1988，p.168.

⑤ 虞建华：《新西兰文学史》，上海：上海外语教育出版社，1994年，第104页。

本书所谈的是“叙述”而不是“叙事”，“叙述”与“叙事”虽然只有一字之差，但在现代小说学领域，两者的内涵并不相同，“叙述”是一种行为，指的是叙述主体采用语言这种特定的媒介来表达一些内容，当这种内容是一个故事时，便是“叙事”。虽然表述一个故事也属于叙述的常规功能，但并不是每个叙述都产生一个叙述文本，也不是每个叙述都创造出一个故事，简明扼要地说，“叙事”即“叙述”加上“故事”[①]。我们在这里主要谈“叙述”，“叙述”在外延上又是“陈述”（用某种符号媒介来表达一些信息的行为的总称）之一种，与它并肩而立的是“演述”，即采用非语言类的符号媒介（如画面、姿态等）来表达一些信息的行为；“叙述”在内涵上又具体包括“讲述”与“描述”两种手段。

在本书中出现的“叙述文本”（text）指的是具有某种信息意蕴的叙述话语，这种话语通常以某种语言符号的形式表现在纸上。在本章中出现的“叙述者”或“文本叙述者”，取的是伊瑟尔（Iser）的“叙述者”概念，伊瑟尔提出了这样一个概念：作者不等于隐含作者；隐含作者等于叙述者。他指出：“一部小说的故事虽然通常必须由一位作者来叙述，但这位作者与我们通过其生平与经历所了解的那个人并非是同一的，因此，在这种情况下把这位作者称之为‘叙述者’更为确切。”[②]叙述者从来就不是作者，作者是写作主体，而叙述者是叙述主体，是“一个作者创造并接受了的角色，一个由作者蜕变而成的虚构的人物，一个‘施动者’”[③]。

“叙述者”“观点”“叙述观点”“叙述视野”“视角”“叙述情景”“第一/三人称叙事”“全知叙事”“叙述方法”等都属于叙述学理论的研究术语。在这些理论术语中，“叙述者”占据着极为重要的地位，这是因为“叙述者是叙事文本分析中最中心的概念”[④]。本章拟从“叙述者”的角度来谈曼斯菲尔德小说文本的叙述技巧，这是因为一部作品叙述手法与技巧的成功与否取决

---

① 罗伯特·司格勒斯：《符号学与文学》，沈阳：春风文艺出版社，1988年，第93页。

② 王逢振等：《最新西方文论选》，桂林：漓江出版社，1991年，第39页。

③ 沃·凯瑟：《谁是小说叙事人？》//王泰来等：《叙事美学》，重庆：重庆出版社，1987年，第111-112页。

④ M. Bal, *Narratology: Introduction to the Theory of Narrative*, Toronto: University of Toronto press, 1997, p.19.

于叙述者在文本中的设置与作用，叙述者是“叙述或从事于某一活动来满足叙事需要的中介”[①]。在任何一部叙事作品中，都存在至少一个叙述者，他将故事讲述出来，没有这样一个作为讲述者的叙述者的话，就没有叙述文本的存在，因此，叙述者是至关重要的。

本书从“叙述者”出发，探讨出现在曼斯菲尔德小说创作中不同的叙述者。在第一人称叙述模式中，只设置了一个叙述者“我”，“我”既是小说的主人公，又是小说的讲述者；而在第三人称叙述模式中，出现了两个叙述者：一是文本叙述者，一是人物叙述者。文本叙述者与人物叙述者之间的关系不尽相同，大致有三种关系：①文本叙述者认同或同情、赞许人物叙述者；②文本叙述者不认同或批判人物叙述者；③文本叙述者完全不认同人物叙述者，文本叙述者的叙述和人物叙述者的叙述相互矛盾、背离。而在曼斯菲尔德的三部篇幅较长的小说中，则出现了一个“叙述群”，即多重视角叙述模式。这三部作品不是由作品中的某一叙述者的讲述来完成叙述，而是由作品中的多个人物的叙述视角来完成本文的叙述。在这一叙述情境中，实现了作者的“隐退”，或者说“作者的消失”“作者之死”[②]。

① S. Rimmon-Kenan，*Narrative Fiction：Contemporary Poetics*，London：Methuen，1983，p.88.

② 巴特：《作者之死》//拉曼·塞尔登：《文学批评理论——从柏拉图到现在》，刘象愚等译，北京：北京大学出版社，2003年，第320页。

第一章
第一人称叙述艺术论

雅克波·洛斯（Jacques Loews）说过："叙述者是作者所创造的虚构文本不可分割的一部分，是作者用来呈现和展开文本的一种叙述工具，因此文本就是由叙述者的活动和功能而构成的。"[①]在叙述这一层次上，叙述者是一个相当重要的成分，因为正是叙述者的身份，及其在叙述文本中所表达的方式与参与的程度，决定了叙述文本的基本特征。这里所指的叙述者，是叙述文本中的讲述者，也是体现在文本中所谓的"声音"。叙述者可以与其所讲述的情境与事件、人物与受述者保持或远或近的距离，这种距离可以是时间上的，比如，叙述一件几天或多年以前发生的事，如《未结束的回忆》和《已故上校的女儿》；也可以是智力上的，比如，叙述者在智力上高于、相当于或低于人物，如《累妮儿》等作品；甚至可以是道德上的，比如，叙述者比人物更富于道德或低于其道德，如《男爵》等作品。

对叙述文本中的"叙述者"，众多学者尝试着将其分类。1955 年，斯坦泽尔（F. Stanzel）将小说叙述者分了三种类型，即叙述者"无处不知"的叙述情境、叙述者作为作品人物之一的叙述情境、依据作品中某一个人物的视点所做的"第三人称"叙述。这时还没有提到"第一人称叙述者"这一术语。

---

① J. Lothe, *Narrative in Fiction and Film: An Introduction*, London: Oxford University Press, 2000, p. 20.

1973年，多勒泽尔（L. Dolezel）在《捷克文学的叙事模式》一书的导言中，用“故事用第一人称还是第三人称讲述”这一依据将叙述模式分为两类：第三人称形式和第一人称形式。曼弗雷德·雅恩（Manfred Jahn）则将叙事模式分为三类：第一人称叙事（first-person narrative）；作者叙事（authorial narrative）；角色叙事（figural narrative）。其区别在于：第一人称叙事由出现在故事中的人物作为叙述者来讲述，通常讲述一个他所亲身经历的事件；作者叙事由并不出现在故事中作为人物的叙述者讲述，讲述一个关于其他人的故事；角色叙事则仿佛通过人物的眼光和视角来完成对一个故事或事件的描述。雅恩又将这三类叙事模式归纳成为两大类：即第一人称叙述者/同故事叙述者（first-person narrator/homodiegetic narrator）是第一人称叙事中的叙述者；作者叙述者/异故事叙述者（authorial narrator/heterodiegetic narrator）是作者叙事的叙述者，在特定的意义上，也是角色叙事的叙述者①。同故事叙述者和异故事叙述者这一对概念是热奈特（G. Genette）提出的，前者指的是叙述者是其所讲述的故事中的一部分，叙述者是他所讲述的情境与事件中的人物；后者则指叙述者不是其所讲述的故事的一部分，叙述者不是他所讲述的故事中的人物。

本书关注曼斯菲尔德小说创作的第一人称叙述者叙述模式，这是因为，这一叙述模式占据着曼斯菲尔德小说创作约1/3的数量。我们发现，在曼斯菲尔德的小说中，尤其是早、中期那些用第一人称叙述者“我”来讲述的小说中，读者或多或少可以通过作品中的一些描述与作者的某些经历关联起来。例如，《在德国公寓里》收入的几部小说中的“我”同曼斯菲尔德本人有类似经历，她也的确因病而前往德国某个公寓疗养过一段时间。在第一人称叙述者的讲述中也可以看到，叙述者在引用一些直接对话时，甚至以诸如“凯赛娅”或“凯瑟”这样的名字直接提到曼斯菲尔德自己小时的爱称，如《范姨》《序曲》等。但是即便在这样的情况下，仍然必须将叙述文本中的叙述者与其写作主体即作者区分开来，因为上述作品并不是日记，而是小说。

以第一人称叙述者作为作品的叙述者在曼斯菲尔德的作品中为数不少，

① 谭君强：《叙事理论与审美文化》，北京：中国社会科学出版社，2002年，第55页。

又可以分为两类：一类是与传统小说中出现的第一人称叙述者相同或相近，即第一人称叙述者只作为故事或事件的讲述者、观察者和旁观者，并不参与其间，如《店里的女人》《关于帕特》《范姨》等；另一类则是被加上丰富的内涵的第一人称叙述者。叙述者不再仅仅是作者作品的代言人或讲述者，而是一个活生生的个体，是作品中的一个人物。这个人物的塑造离不开叙述者的叙述视角的设置与表现，这个特点在曼斯菲尔德早、中、后三个创作时期的第一人称叙述者中皆有体现。曼斯菲尔德受到现代主义文学思潮的影响，在叙述技巧上刻意探索崭新的叙述技巧方式，从而使叙述手法承担更多的功能与意义，与传统短篇小说第一人称叙述者的叙述视角比较而言，是一种新型的叙述视角。

在曼斯菲尔德的小说创作中，将第一人称叙述者作为事件或故事叙述者，并且第一人称叙述者同时也是事件或故事的重要参与者的作品有以下几部:《男爵》《男爵夫人的妹妹》《现代灵魂》《当代女性》《德国人在就餐》《菲舍尔太太》《不恰当的旅行》《达芙妮》等。其中,《男爵》和《男爵夫人的妹妹》收在《在德国公寓里》这部小说集中，集中体现曼斯菲尔德早期小说创作叙述技巧。而到了中期作品《不恰当的旅行》中，第一人称叙述者“我”显然有所改变,同时,叙述技巧与叙述视角也发生了一系列的变化。到了《达芙妮》中第一人称叙述者“我”是一个钟情艺术、情感淡薄的男性。从中可以得知，第一人称叙述者“我”同曼斯菲尔德之间的联系越来越远。如果说，出现在《在德国公寓里》的第一人称叙述者“我”身上多多少少带着曼斯菲尔德的身影的话，如英国国籍、30 岁左右的年龄、敏感而挑剔的个性、未婚单身、身体欠佳、时常感到被排斥的身处异乡之感等，那么，到了《不恰当的旅行》中的“我”，是一个身处战乱时期的旅行者，性别是女性，这两点与作者是一致的，但除此之外，再也看不出同曼斯菲尔德的相似性；而到了《达芙妮》中的“我”则完全没有了曼斯菲尔德的踪影——男性、玩世不恭、自恋。

无论是早期、中期，还是后期作品中所出现的第一人称叙述者“我”的性别、年龄或国籍有何变化，其最为本质的一点并没有改变，那就是“我”的他者身份。在《德国公寓里》中，“我”是一个被一群德国人暗自或公开排斥的英国女性。在《不恰当的旅行》中，“我”是个独自一人坐着火车在法国穿行的英国人，“我”周围的人全是法国人，火车在法国境内穿行，“我”同周围的人必须用法语交谈，“我”同样是“我”所处环境的“他者”。在《达芙妮》中，“我”同样具有“他者”身份：“我”来自伦敦，为了办个人画展，而不得不独自一人在惠灵顿待上六个月，在“我”看来，同伦敦相比，惠灵顿的生活节奏极为缓慢。“我”虽然以一种略感优越的眼光来看惠灵顿，但同时，“我”身处异乡，无法同周围共融的情形也通过“我”的叙述视角被表现了出来。

曼斯菲尔德小说作品中的第一人称叙述模式中的“我”已然不再是一个简单的叙述人称，而是对自我身份的确定。伯里吉特·奥尔（Briqitte Orr）就曾指出，“曼斯菲尔德的叙述技巧同其复杂的文化身份密切相关”①。

第一节　早期作品第一人称叙述

《在德国公寓里》（1910）中收有 13 部短篇小说，其中有 7 部采用了第一人称叙述者。这些作品是：《德国人在就餐》、《男爵》、《男爵夫人的妹妹》、《现代灵魂》（*The Modern Soul*）、《当代女性》（*The Advanced Lady*）、《菲舍尔太太》、《土耳其浴》（*The Luftbad*）。这些短篇小说中所采用的第一人称叙述模式可以视为曼斯菲尔德早期创作中第一人称叙述模式的代表。其特点主要有以下两点：其一，出现在这几部作品中的第一人称叙述者总是具有双重身份。一方面，“我”担负着作品的叙述工作，可以随意地评价作品中的其他人物，读者对作品中事件或人物的了解也必须通过“我”的叙述视角；另一方面，“我”却始终具有无法摆脱的“他者”身份。其二，在这些短篇小说中，曼斯菲尔德主要通过两个方面——国籍和性别展现了叙述者的“他者”身份。在这几部以第一人称叙述者作为文本叙述者的作品中，“她（凯瑟琳·曼斯菲尔德）自称是一名年轻已婚的英国女子，与一群德国人一起在德国巴伐利亚

① B. Orr, “Reading with the taint of the pioneer： Katherine Manfield and settler criticism”, In R.B.Nathan（Ed.）. *Critical Essays on Katherine Mansfield*，p.49.

某个温泉公寓里治病疗养”[1]。这个叙述者因为国籍、性别、年龄、文化品位而与周围的人格格不入，成为一个局外人或“他者”。

在《德国人在就餐》中，“我”既是小说中的人物之一，又是故事的讲述者。“我”在向读者讲述着发生在“我”身上或“我”身边的人的行为、语言，这个层面上的“我”显然是个主动者，因为“我”可以随时结束讲述，或者随时开始对另一事件的讲述；同时，“我”又是一个被一群人排斥的对象。“我”之所以受到冷落与敌视，其核心在于“我”所代表着的文化与当前这群德国人所推崇的文化是格格不入的。例如，当公寓里其他德国女人津津乐道自己的丈夫和孩子的生活情况时，“我”的反应是不感兴趣。而当这群德国女人充满敌意地问“我”是否知道自己的丈夫最喜欢的肉食是什么时，“我”明知道自己的答案会引起她们的非议与攻击，但还是直接以一直不在乎的口气回答说“我不知道”。这下子，“我”再次被一直想抓我的小辫子的那群德国女人抓住了，她们接二连三地追问道“你不知道”“你不会是在开玩笑吧”“你不会在当了他一周的老婆后，还不知道这个吧”“如果一个女人在三年后仍搞不清她丈夫最喜欢的食物，她怎能指望留得住他”等话语。并且这几个女人不无恶意地当面讽刺挖苦“我”：“那可糟糕了。”“我”的反应则是，在这几个女人的议论声中站起身，“带上门走了”。在一段文字中，“我”作为一个英国女人显然不屑德国女人那种完全失去自我，淹没在日常琐事的生活方式，而这群德国女人显然也将“我”视为异物。在《菲舍尔太太》中，叙述者的“他者”身份同样是由于国籍与文化教育背景的不同而引起的，住在公寓里的德国人公然宣称“你们英国人真怪”这样的言论。在《现代灵魂》中，索妮娅同样可以轻易地就将“我”关于英国有没有燕子的谈话打断，并说道：“我有许多英国朋友，他们是那么地冷漠！”她的母亲也在一旁怒气冲冲地说道：“冷血动物！”只这样短短的几句话，“我”这个小说的讲述者所受到的排挤是不言而喻的。而在《当代女子》中，作品的其他人物更是当着“我”的面无知地贬低莎士比亚的作品，已将“我”作为异己排除在他们的群体之外。

除了国籍上的“他者”身份之外，“我”之所以受到排斥还因为“我”

---

① I. A. Gordon，In Twentieth Century Literary Criticism，Vol.8.

是一个孤身一人前往异地进行疗养的年轻女子。在《在德国公寓里》以第一人称叙述者叙述的几部小说中，作品中的其他人物往往对“我”的私人生活极为感兴趣。尤其是他们从“我”的口中得知“我”有一个丈夫，但是他们却没有看到他，更对他的职业、年龄一无所知时，他们和读者一样，对“我”所说的“处于已婚状态”有所质疑，最后，在与某人的一段对话中，“我”的谎言在“我”的心理独白中向读者展现了出来。在《菲舍尔太太》中，禁不住菲舍尔太太的一再追问，“我”不得已向菲舍尔太太编造出了一个丈夫，随后，作品将“我”的心理活动通过“我”的内心独白向读者展现出来：

> 我为菲舍尔太太而编造的这位丈夫在后者的手中变得如此的真实，以至我再也看不见自己坐在一块岩石上，头发上沾着海藻，等待着那艘……幽灵般的船只。相反，我看见自己正推着一辆婴儿车上舷梯，一边还数着我丈夫制服上脱落的纽扣。①

至此，“我”在婚姻生活中俨然也是个“边缘”人与局外人。在这群德国人眼中，这个既代表着“英国”，又没有丈夫的“我”即一个典型的“另类”，是被排斥在外、可以公然进行攻击的对象。

与传统短篇小说相比，曼斯菲尔德的第一人称叙述者无疑具有更为丰富的内涵。其作品中的第一人物叙述者“我”不仅继承了传统短篇小说叙述者具有的向读者讲述一个事件、传达某一感受的功能；同时还具有第二个功能，即传达出一种受到排斥、敌视的异化感，这无疑是因为受到西方现代派文学中的异化观念的影响所致。更重要的是，在传统短篇小说中的第一人称叙述者往往化身为作者的代言人，向读者传达或表现一个故事，这些短篇小说中的“我”要么身份不明，要么性格不明。而曼斯菲尔德早期作品中出现的第一人称叙述者则个性鲜明，同时，其叙述视角是一个典型的局外人、他者的叙述视角。在上述的这几部小说中，“我”表现出想极力融入他人或群体的愿望，但这样的愿望一次次落空了，愿望的落空反而激起“我”的反叛心理，这种反叛心理，要么以沉默不语的方式来表达，要么以激烈的言辞加以反抗。

① A. Alpers, *The Stories of Katherine Mansfield*, London: Oxford University Press, 1984, pp.52-58.

这时候，我们发现，“我”具有强烈的个性和敏感的性格特征。例如，在《土耳其浴》中，“我”在不愉快、充满着敌意的交谈中突然处于沉默状态，但内心活动反而更加活跃了：

> ……我放眼望着花园，到处是桂竹香和挺直的独杆蔷薇，就像僵直的德国花束，我感到我一点都不在乎。我很想问问她的那位年轻朋友是否去英国当侍者，在葬礼上侍候过烤肉，但是又决定这样做不值。①

在《现代灵魂》中，再次出现了这样的沉默。例如，当面对索妮娅、索妮娅之母、教授夫人的排外情绪与敌意时，“我”一概报以沉默。在《德国公寓里》这本小说集中，随着“人们”发现“我”这个人身上的反抗性并不弱时，他们对“我”的敌意进一步加深了。而随着这不断加深的敌意与攻击的到来，我的攻击性也加强了。在《当代女子》中，“我”公然宣战，对教授夫人说：“你那套关于女人和爱的理论——太陈旧了——陈旧得不能再陈旧了。”曼斯菲尔德早期作品中出现的第一人称叙述者的叙述视角的独特性还表现在，第一人称叙述者“我”的个性也被表现得淋漓尽致。而其表现的方式，并不是传统短篇小说用以表现人物个性的方式，例如，以对话、行为、心理等作为表现人物对话方式，更没有作者对其所做的背景介绍、个性介绍和任何的评论。第一人称叙述者“我”的个性恰恰是在其叙述视角的不断变化中被展示出来的。“我”是一个敏感的女子，这种敏感从其叙述视角中即可以一目了然，例如，当“我”同某人谈话时，这时“我”向读者叙述到，那个人的脸上带着一种“连这也一眼不能看出”的轻蔑神情，但从以下的对话来看，这只是“我”在自卑心理影响下的误解。

“我”因为国籍与婚姻状态而心存自卑，常常“感到自己的寒微”，并且习惯地将别人对待自己和他人的方式作比较，从而确定自己的“他者”和局外人的身份：

> 邮递员送信来了，他把我的几封信往我那份牛奶布丁里一丢，

① A. Alpers, *The Stories of Katherine Mansfield*, Londonn: Oxford University Press, 1984, pp.66-73.

> 然后转过身去同女侍交头接耳起来。她匆匆地走掉了。公寓的老板手托一个托盘进来了，盘子上放着一张风景明信片。老板毕恭毕敬地弯下身去，把明信片交给了男爵。[①]

可见，“我”的叙述视角告诉读者，“我”受到的并非礼遇。这种对待当然也证实、加重了“我”的自卑心理。

传统短篇小说中作为第一人称叙述者的“我”全无个性；作为作者的代言人，要么毫无瑕疵，要么一无是处。但出现在曼斯菲尔德早期作品中的这位作为第一人称叙述者的“我”不仅有自己的特点，更有自己的缺点。例如，《在德国公寓里》中的几个作品中的“我”就很有虚荣心，“我”时而在他人面前以言辞或行为加以讨好，时而因为受到了某个特权的礼遇而沾沾自喜、大加渲染，时而又因为受到不公对待而极尽嘲讽之能事。在《德国人在就餐》中，就表现了“我”刻意讨好向我发起攻击的人，当拉特先生等人故意提到英国旅馆供应些劣等茶点，并以此借题发挥对英国整个民族进行攻击时，“我”虽然听得出来其间的不善，但故意装作不知，反而说上这样的一句话“我茶沏得不错。重要的秘诀是把茶壶加热”。在《男爵》中，当被全旅馆的人认为是男爵在下雨天路遇没有带伞的“我”而邀请“我”同打一把伞时，“我”简直受宠若惊，“他邀我打同一把伞！”随后，“我”为了向别人炫耀和男爵套上了近乎，“我”在回到旅馆时故意大声向男爵道了谢：

> 当我们回到公寓的时候，几乎引起了一场轰动。
> 我蹿上半截楼梯，从阶磴上大声向男爵道了谢。[②]

同时，“我”那种非同寻常、小市民与生俱来的好奇心和多管闲事的特点也在“我”的叙述视角中得以展现。例如，“我”在《男爵》的开始部分即表现出好管闲事的特点，“我”一再向作品中另一位人物打听一个每天总是独自一个人用餐的人的来历。从“我”打听的方式和语言来看，“我”对打听别

① A. Alpers, *The Stories of Katherine Mansfield*, London: Oxford University Press, 1984, pp.66-73.
② A. Alpers, *The Stories of Katherine Mansfield*, London: Oxford University Press, 1984, p.31.

人的私事充满了兴趣。又如，当“我”偶然得到一个和男爵单独相处的机会，马上不失时机地向男爵询问他的私生活，一直问到男爵对此不耐烦，甚至后悔和“我”同打一把伞。“我”不仅爱管闲事，而且“我”同被“我”所嘲笑的其他人一样，也热衷于相互传达小道消息：

> 那个傍晚，我们这群人聚集在大厅里兴高采烈地讨论着“最新消息”。①

“我们”暗示着“我”同被“我”所嘲笑的人群并无本质上的区别，即“我”还有“我们”，以及“我”眼中的“他们”，都是曼斯菲尔德在作品中所讽刺的对象。

曼斯菲尔德短篇小说中所出现的第一人称叙述者的叙述视角同传统短篇小说中所出现的第一人称叙述者的叙述视角有着明显的不同。其一，传统短篇小说中第一人称叙述者的叙述视角是一个模糊的、存在着的叙述视角，而出现在曼斯菲尔德作品中的第一人称叙述者的叙述视角则是一个受到排斥、处于局外人身份或他者身份的人物的叙述视角。其二，曼斯菲尔德第一人称叙述者的叙述视角传达出来的该叙述者受到其他作品人物排斥的信息，也就是说，叙述者被排斥。叙述者之所以被排斥，或者说从叙述者被排斥这一事实中，可以得到这样的一个结论，即在作品中，叙述者是一个极为重要的作品人物，是一个处于作品中心的人物，没有这个人物作品也就不可能存在，简而言之，叙述者不是曼斯菲尔德的代言人，而是她所塑造的重要人物。其三，曼斯菲尔德第一人称叙述者的叙述视角传达出她对叙述者的看法与评介，虽然她对其作品中出现的“我”不可能加以一字的评价，但在其叙述视角的不断转化中，还是可以捕捉到她的声音的。例如，前文中所引用的“我蹿上半截楼梯，从阶磴上大声向男爵道了谢”和“那个傍晚，我们这群人聚集在大厅里兴高采烈地讨论着‘最新消息’”两个句子中，虽然从表面上来看都是“我”对自己的行为的叙述，但从几个词如“蹿上”“大声”“聚集”“兴高采烈”“讨论”“最新消息”中，也完全可以捕捉到她对“我”的讽刺态度。

---

① A. Alpers, *The Stories of Katherine Mansfield*, London: Oxford University Press, 1984, p.31.

可以这样说，出现在这里的第一人称叙述者的叙述视角就具备了两个声音，一个来自“我”的得意与沾沾自喜，一个来自曼斯菲尔德对“我”的嘲笑。此外，《店里的女人》（1912）里所运用的第一人称叙述模式也具有代表性。

有学者称，“曼斯菲尔德在其早期的第一人称作品中，通过塑造一位特殊身份的叙述者，创造了一种独特的叙述技巧，即异化叙述视角，并通过对叙述距离和声音的巧妙操纵，使得这一异化视角更加醒目”[①]。的确，作品中那位积极参与小说诸多事件并直接表达自我视角的叙述者的灵活多变、时时更易这一特点是众多的评论家都意识到并且也是显而易见的。作品中的这位叙述者，无论他是曼斯菲尔德本人也好，或是作家的一个内心潜伏的自我意识也罢，总频繁地出现在诸多作品中。同时，“从早期的以德国某公寓为背景的小说作品即开始出现，而且这位叙述者总采用第一人物叙述。有时，出现在作品中的某一事件并没有真的发生在现实生活中，它们是经过这位叙述者的叙述视角而被裁剪了一番才出现在读者的面前的”[②]。曼斯菲尔德早期作品中的第一人称的设置与运用已引起一些评论家的关注，如帕美拉·邓巴就提出这样的观点，即曼斯菲尔德在这些作品中通过叙述者表达了对人格表面和深层的双重概念，邓巴还将叙述者与作者直接等同起来，她还认为叙述者被用来“承担作者的心理‘负担’”[③]。

第二节　中期作品第一人称叙述

创作于 1915 年的《不恰当的旅行》中所采用的第一人称叙述模式可以视为曼斯菲尔德中期创作中第一人称叙述模式的代表。《不恰当的旅行》中的“我”也具有双重性，一方面，“我”是叙述文本中的讲述者，读者只能通过“我”的有限叙述视角接受信息，“我”可以任意评价出现在叙述文本中的任何一个人物，这时的“我”毫无疑问处于主动地位。例如，在作品开端的第

---

① 蒋虹：凯瑟琳·曼斯菲尔德作品中的矛盾身份，北京：中国社会科学出版社，2004 年，第 42 页。

② J. F. Koberl，*Katherine Mansfield，A Study of the Short Fiction*，Boston：Twayne Publishers，1990，p.15.

③ P. Dunbar，*Double Discourse in Katherine Mansfield's short Stories*，Great Britain：Macmilian Press Lid，1997，p.26.

一段，第一人称叙述者“我”即对作品中某一人物来了一番品头论足，认为公寓的管理员“活脱儿像圣女安妮”。读者也正是通过第一人称叙述者“我”的视角才了解到，公寓管理员那“头上蒙着黑布”“垂着一绺绺灰发”“手持一盏冒着烟的小灯”的形象。另一方面，第一人称叙述者“我”虽然在叙述文本的讲述中处于主动者的地位，但在其所讲述的故事情境中，第一人称叙述者“我”又处于被动地位，“我”的行动受到作品受述者的约束，同时，也成为作品人物的观察对象和审评对象。例如，在作品中，“我”不得不听从被“我”所评介的公寓管理员的指示行事。又如，在作品的后部分有这样一番对话就将第一人称叙述者“我”全然放置到了一个被审视、被观察的对象的位置上了：

> “你到×去干什么？”海欧说。“你究竟在这儿干什么？”
> “你在×会逗留很久吗？小姐？”①

同早期作品中的“我”一样，曼斯菲尔德中期短篇小说中作为第一人称叙述者的“我”同样具有“他者身份”。在这部作品中，曼斯菲尔德主要通过两个方面——国籍、旅行者身份来展示第一人称叙述者“我”的他者身份。在第一人称“我”的叙述中，“我”显然同周围的人具有不同的国籍，国籍的不同也导致着文化与心态、生活习惯的不同。例如，在作品的第三部分中，第一人称叙述者“我”讲述了“我”与两名法国士兵在一家餐馆一同进餐时，一名法国士兵用法语这样对“我”说：“在英国，你们每顿饭都喝威士忌。不是吗？小姐？”他不仅这样说，而且还详细地说明了英国人不同时段喝威士忌用不同的方法。例如，吃饭前喝纯威士忌，吃牛排时喝的是兑苏打水的威士忌，饭后喝得更多了，还掺水，加了柠檬。“我”认为他说得不对，而当“我”要加以说明的时候，才刚刚说了一句“不完全对”，就被无礼地打断了。之后，蓝眼睛士兵就同另一个士兵交谈起来，第一人称叙述者“我”显然受到冷落，而这时，第一人称叙述者“我”不再向读者讲述“我”的内心活动，“我”只是机械地记录着蓝眼睛士兵和另一个士兵的谈话，由刚才的参与者转变成为一个纯粹的旁观者，这是由于“我”的国籍成了“我”与他人交谈，或得到

① A. Alpers, *The Stories of Katherine Mansfield*, London: Oxford University Press, 1984, p.179.

认可的阻碍。

这时，餐馆的男服务员给三个喝酒的人端来了甜食，盛甜食的盘子上面画着蓝色的鹦鹉。也许是这两名士兵觉察到“我”的消极心理，也许是这两名士兵为了弥补刚才那种不友好的态度，他们中的一个用一种近乎讨好的口吻问“我”鹦鹉在英语中如何说。显然，“我”的内心因为受到伤害而反应并不热烈，只是极为冷淡地告诉了他。这一次，“我”再次因为国籍而成为其攻击的对象，而且，这一次的攻击是毫无掩饰的，法国士兵直接将鹦鹉同英国人等同起来，因为在他看来，英国人同鹦鹉极为相似，同样是“金头发蓝眼睛”，并且，这个法国人带着点轻视的口吻说：“你是英国人，你不知道威士忌和米拉贝尔的区别。”

至此，第一人称叙述者完全放弃了与之交流的愿望，“我”成为一个沉默的人，“我盼望着同这两个法国人的这餐饭尽快结束”，而从下文中“我”的叙述中也可得知，“我”显然被激怒了，三个人走出这家餐馆时，当其中一人问“我”是不是感到冷时，“我”明明在打着哆嗦，却以极冷淡的态度说自己“不冷”：

> “你冷，”小个子下士低声说，“你冷吧。”
> “不，真的不冷。”
> “可是你打哆嗦哪。”
> “是的，可我并不冷。”①

随后，当“黑胡子”又想对“我”进行一番语言上的攻击而不怀好意地问了一句“在英国，女人怎么样？”时，第一人称叙述者“我”对之则以沉默对答。可以说，第一人称叙述者“我”时时都能感觉到“我”的国籍身份使“我”与周围法国人之间的交流无法进行。不仅如此，“我”还可以感觉得到，在法国人的眼里，“我”作为一个异国人，看上去是多么可笑，但是，在“我”的眼里，法国人也是那么可笑，在作品第一部分，当公寓管理员命令我上床睡觉时，有这样一段叙述：

---

① A. Alpers, *The Stories of Katherine Mansfield*, London: Oxford University Press, 1984, p.183.

> 我赶快脱掉睡衣，一头扎进一盆冷水里，就像法国小说里的任何一位英国夫人一样。①

“就像法国小说里的任何一位英国夫人一样”这个句子具有多重含义：一是，第一人称叙述者“我”觉察到公寓管理员以一种看待怪物一样的眼光来看待“我”的行动，在公寓管理员的眼里，“我”同所有其他的英国女人一样，无一不是行为怪异可笑；二是，指出第一人称叙述者“我”对法国小说中关于英国人的描述的讽刺，认为法国小说中关于英国人的描述均千篇一律，简单可笑。在作品第一部分中，第一人称叙述者“我”不客气地指出法国人“太可笑”。

曼斯菲尔德还通过第一人称叙述者“我”的旅行者身份来点出第一人称叙述者的“他者身份”。在第一人称叙述者的叙述中，我们发现，第一人称叙述者“我”处于旅行过程，在第一人称的叙述过程中，多次涉及“火车”“车站”“护照”等名词，而在第一人称叙述者“我”的叙述中，更可以时时感觉到“我”身处陌生之地，找不到方向的焦虑心情。在第一人称叙述者“我”的叙述中多次强调了“我”是“在路上”，如：

> 我们路过的是多么美丽的墓地啊！它们愉快地熠熠辉映在阳光下。
> “啊，快到了，”坐在对面的太太说，“小姐，你要到×去吧？”
> “是的，太太。”
> “我也去。……你以前去过吗？”
> “没有，太太，这是头一回。”②

第一人称叙述者“我”显然于“在路上”的过程体会到种种茫然。在作品第二部分中，第一叙述者“我”从某一车站下了车，要换车去×，“我”去询问车站上的士兵该如何换车，得到这样的回答：

> “不是这条路，”一个人说。
> “也不是那条路，”另一个说。①

---

① A. Alpers, *The Stories of Katherine Mansfield*, London: Oxford University Press, 1984, p.189.

② A. Alpers, *The Stories of Katherine Mansfield*, London: Oxford University Press, 1984, p.187.

于是，“我”就只能“跟在人群后面走”。在作品中，第一人称叙述者“我”还多次强调了“我”一个人“在路上”的种种不安与焦虑，如：

（1）我该换车的那个车站叫什么来着？也许我永远也不会知道。

（2）火车减慢了速度，停了下来。……除了我，大家都下了。

（3）去X是不是要在这里换车？

（4）“你永远到不了那儿。”管理员注视着我，说道，“永远也不，永远也不！”

（5）“这趟车能直接开到X吗？”我问检票员。他用铗子剪我的票，递过来，说：“不，小姐，你得在X.Y.Z.换车。”

“在——？”

“X.Y.Z.。”[②]

第一人称叙述者“我”所具有的旅行者身份在很大程度上决定了第一人称叙述者的他者性质。曼斯菲尔德之所以塑造出一个“在路上”的旅行者形式的第一人称叙述者，同她本人的经历有着较为密切的联系，很多学者业已指出，曼斯菲尔德创作与其游历、经历之间的联系。例如，宋晓萍在《双重流放者：曼斯菲尔德的漫游与写作》中称：“曼斯菲尔德的一生，似乎从未在一个地方安稳地住过一段时间，她频繁地搬家，旅行，疗养，因为身体，因为爱情，也因为经济。这种居无定所，四处为家的生活，使得曼斯菲尔德在抱怨动荡不安的同时，也质疑自己幸福的可能性以及旅行快活风光的外表下的阴影和黑暗。”[③]但她同时又“畏惧旅行”[④]。

出现在曼斯菲尔德中期作品中的第一人称叙述者“我”身上所具有的他者身份的来源与早期作品中第一人称叙述者“我”所具的他者身份根源显然不同。在早期作品中，“我”的性别、国籍决定了“我”的他者身份，而在中期作品中，则是“我”的国籍和旅行者身份决定了“我”的他者身份。克里

① A. Alpers, *The Stories of Katherine Mansfield*, London: Oxford University Press, 1984, p.189.

② A. Alpers, *The Stories of Katherine Mansfield*, London: Oxford University Press, 1984, pp.179-191.

③ 宋晓萍：《双重流放者：曼斯菲尔德的漫游和写作》，《外国文学研究》，2000 年第 3 期，第 95 页。

④ 曼斯菲尔德：《曼斯菲尔德书信日记选》，陈家宁译，百花文艺出版社，1991 年，第 174 页。

斯蒂娜·莫戴里哀（C. Mortelier）在论述曼斯菲尔德的《一次轻率的旅行》时，就指出这部作品是“关于自我身份的主题”[①]。

曼斯菲尔德中期作品《不恰当的旅行》中的第一人称叙述者“我”同早期作品中的第一人称叙述者“我”相比，显然具有不同的内涵。中期作品的第一人称叙述者的他者身份在很大程度上通过其旅行者的身份透射了出来，这表现了作为作品作者的曼斯菲尔德的旅行经历从一开始给予她的新奇感变成了一种厌倦感。这种厌倦感同样会渗透进作为作品叙述者的第一人称叙述者“我”的叙述视角中。

第三节　后期作品第一人称叙述

创作于 1921 年的《达芙妮》可以作为曼斯菲尔德后期创作中第一人称叙述者叙述模式的代表之作。《达芙妮》中的“我”同早期、中期的“我”相比有了一些新的变化，这个“我”还是英国人，来自伦敦，但不再是女性，而成为一名男性艺术家。但是，“我”的他者身份还是没有改变：“我”为了办画展而不得不独自待在新西兰惠灵顿六个月，“我”作为一名来自伦敦的人，完全不能融入惠灵顿的生活环境。如果说中期作品中的第一人称叙述者“我”的叙述视角可以表现出曼斯菲尔德对旅行的厌倦感的话，那么，曼斯菲尔德后期作品中的第一人称叙述者“我”不仅同样具有他者身份，而且可以说是曼斯菲尔德在小说创作对内心深处矛盾重重的“新西兰情结”的一个清理。

故乡新西兰是曼斯菲尔德内心深处最为矛盾的一个情结：她出于对新西兰封闭偏狭的风气的厌恶，而于 18 岁那年只身前往伦敦寻求文学发展，在 1907 年 10 月 21 日的日记中，曼斯菲尔德表达了对新西兰的厌恶：“我讨厌这个家！天啊，他们有多无聊！我从心里讨厌他们所有的人，感激上帝，我

---

① C. Mortelier，“The French connection：Francis Carco”，In R. Robinson，Katherine Mansfield： In from the Margin，p.156.

知道我不会在这儿待多久了。”[①]远离新西兰的曼斯菲尔德来到伦敦，但却无法融入伦敦，只深深感受着作为一个外来者的痛苦。在1919年的日记中她这样写道：“我是一个在伦敦花园的草地上漫步的一个无足轻重的殖民地人，允许观看，但不准停留。”[②]

到了创作后期，曼斯菲尔德意识到她终其一生也无法得到英国的认可，她永远被英国文学界视为一个外来者、一个局外人。这样的现实使她重新认识了她的“新西兰”，在1922年致萨拉·格特鲁德·米林（Sarah Gertrude Millin）的信中，曼斯菲尔德写道：“我的思绪和情感总是把我带回新西兰……我相信对一个作家来说，移居他乡没有好处，只有坏处……我决定永远远离城市生活，以自己的方式。”[③]所谓“以自己的方式”就是在小说创作中，“要写对自己的国家的回忆……让我们那个尚未被重视的国家立即跃入旧大陆人的眼中。”[④]事实上，这样的转变成就了曼斯菲尔德的小说创作，“代表她主要成就的优秀作品，几乎都是以新西兰为题材和背景的小说”[⑤]。但是，曼斯菲尔德对新西兰的矛盾心态并没有因此平静，那片出现在笔下的“新西兰”只是一个远离故乡的人对故乡充满着思念的美化，同现实中的新西兰持有一定的距离。虽然曼斯菲尔德在小说创作中回归了新西兰，但是在现实生活中，她知道在伦敦生活过的自己永远也无法重回新西兰生活。“曼斯菲尔德的大部分人生，尤其是成年后几乎全部的人生，都在欧洲，主要在英国，面对新西兰的态度，含糊不清，爱恨交织。”[⑥]她知道，新西兰是一个再也无法重回的地方，她与它，只能在最有限的空间——某些小说中达到和谐共处，因此，在日记中她这样写道：“又梦到了新西兰，是个痛苦的梦，而且像是不知道是不是能买到回来的车票。”[⑦]

① 曼斯菲尔德：《曼斯菲尔德书信日记选》，陈家宁译，天津：百花文艺出版社，1991年，第15页。
② Journal of Katherine Mansfield，edited by J. M. Middleton，pp.105-106.
③ K. Mansfield，Selected Letters，edited by Vincent O’s Sulllivan，pp.257-258.
④ 曼斯菲尔德：《曼斯菲尔德书信日记选》，陈家宁译，天津：百花文艺出版社，1991年，32页。
⑤ 虞建华：《新西兰文学史》，上海：上海外语教育出版社，1994年，第94页。
⑥ 宋晓萍：《双重流放者：曼斯菲尔德的漫游和写作》，《外国文学研究》，2000年第3期，第90页。
⑦ 曼斯菲尔德：《曼斯菲尔德书信日记选》，陈家宁译，天津：百花文艺出版社，1991年，第20页。

"曼斯菲尔德对新西兰的爱恨交织在小说创作中表现得很突出，在一系列诗意小说如《月光下》《童年的回忆》《序曲》《在海湾》《傍晚》《范姨》等作品中，曼斯菲尔德向读者展现了一个乌托邦式的新西兰。但在另几部作品中所出现的新西兰则是另一幅画面"[①]，在《修女梦》中，主人公一心想要离开自己狭小封闭的故乡，宁愿去当个修女；在《奖学金》中，主人公"一星期之后就将动身前往欧洲，能否重见小城，那只有上帝才知道"。而在《新生儿》(1921)中，曼斯菲尔德借一群前往新西兰旅行的伦敦人之口批判了新西兰平淡无味的生活："这是什么样的生活啊！……上帝，居然是这种生活！"

但是，在表现对新西兰的爱恨交织方面，没有哪一部作品比以第一人称叙述者"我"作为叙述模式的《达芙妮》更为全面彻底，也更为含蓄委婉。或许是为了必要的客观公正，出现在这部作品中的第一人称叙述者"我"被塑造为一个男性形象。在作品中，第一人称叙述者"我"的叙述可以分为三个方面的内容：即对惠灵顿的感受的叙述；对"我"与惠灵顿人交往、对惠灵顿人的看法的叙述；对"我"与作品人物"达芙妮"的恋爱失败的叙述。在这三个方面的叙述中，不仅"我"的他者身份完全被表现了出来，而且，还表现出"我"对新西兰惠灵顿这个地方的矛盾心态。

首先，第一人称叙述者"我"讲述了"我"作为一个初来乍到的"外来人"对惠灵顿的观察。在第一人称叙述者"我"的叙述过程中，"我"的矛盾心理和"我"的他者身份都一一展现了出来。作为一个来自大城市的人，当"我"刚刚来到惠灵顿时，是以一种优越的眼光来看待惠灵顿的一切的，这种优越感实际上是一种地域偏见。在作品开端，第一人称叙述者"我"以一种极有优越感的口吻叙述了"我"来惠灵顿的原因，"如果你和我一样是个走东闯西的人，那么正是这种名不见经传的地方才有某种吸引力"。第一人称叙述者"我"毫不掩饰地认为惠灵顿是"名不见经传的地方"，这种看法，不仅仅是作品第一人称叙述者"我"的一己之见，而是整个英国对新西兰的看法。作为英国的殖民地，新西兰如同被英国放逐在汪洋中的一小片陆地，新西兰

① 伊恩·戈登：《未发现的国土：凯瑟琳·曼斯菲尔德新西兰短篇小说集》，上海外国语学院新西兰研究中心译制，上海：上海外语教育出版社，1991 年，第 12-13 页。

人始终被英国人认为是不入流的下里巴人、野蛮人。曼斯菲尔德在伦敦皇家女子学院求学期间，一次历史课，教授让班上的女孩子举手示意是否有过被野牛追赶的经历时，曼斯菲尔德是唯一举起手的人，但教授对此的反应却是："我恐怕你算不上，新西兰的小野人。"英国人对新西兰人的轻视同样可以通过第一人称叙述者"我"的叙述得以表现："确实我得说，殖民地的男人不够聪明伶俐。"在叙述过程中，第一人称叙述者"我"的叙述中时时带有一个英国人审视"次等城市"的挑剔眼光：

（1）大型的摇晃颠簸的出租马车。

（2）一幢很大但不加装饰的建筑，四周墙上贴着红红绿绿的招贴。

（3）剧场里有股煤气、胶水和烧焦了的纸的气味。

然而，第一人称叙述者对惠灵顿这个城市的矛盾心绪同样也可以从其叙述中表现出来。作为一个来自大城市的人，新西兰的景象毫无疑问是最为吸引"我"的地方，同那些与自然隔离得很远的都市的生活相比，新西兰的生活比较富有田园气息。第一人称叙述者"我"以一种羡慕的口吻描述了与"我"所生活的城市具有鲜明对比的惠灵顿的悠闲生活：

（1）从下午四点到六点半，每条街上乐得像花园一般。

（2）这里……土壤湿润，百花初开。

（3）不管你走到哪儿，你都能嗅到一种浓郁的香味，就如同树林子里紫罗兰花的芳香，单这一点就足以使人流连忘返了。

第一人称叙述者"我"的他者身份也在其对惠灵顿的种种观察与感受中展现了出来。在第一人称叙述者"我"的叙述中，"我"一再地强调了"当地人"这一概念。而"我"与这个城市的生活的接触也仅仅限于"我被邀请去作客吃饭"；当"我"去往惠灵顿剧院看戏时，"我"没有人可以交谈，只能作为一个旁观者，听到"前排座位及花楼里不时传出轻快的笑声"。因此"我"不得不承认，在惠灵顿，"我"永远也融入不到其间的生活中去，这对"我"而言，"属于另一种生活"。

其次，在第一人称叙述者"我"讲述"我"对当地人的看法、交往等叙述过程时，“我”的矛盾心理和“我”的他者身份也一一展现了出来。“我”是一名来自大城市的男性艺术家，在惠灵顿，除了邀请“我”开画展的画店老板小菲尔德外，整个惠灵顿的男人没有一个人同“我”有过交往；同时“我”对惠灵顿的男人也多有刻薄之词。虽然同为男性，但“我”作为一个外来者却受到了惠灵顿男性公民的公开排斥，在第一人称叙述者“我”叙述开画展的过程时，“我”的他者身份和“我”的矛盾心理也得以展现。“我”期待会有很多人前来观看画展，然而出乎“我”的意料。这时“我”禁不住挖苦了一句：“惠灵顿的男人宁愿逛商店也不来看画展。”矛盾处处充满了“我”的内心：一方面，“我”极为轻视惠灵顿的男性公民；另一方面，“我”却又非常在意惠灵顿的男性公民对“我”作为一个艺术家的承认，渴望他们对“我”的画“观望”。“我”的矛盾心理也正是英国对新西兰的矛盾心理。这里的画展，与其说是艺术，不如说是一种文化的代表，对某一文化的认同也即对一个城市的认同。一方面，英国对新西兰是不入眼的；另一方面，英国却渴望新西兰接受自己的文化。可是，新西兰对英国的文化接受得并不如英国之意：新西兰在夏天迎接圣诞节，却在秋天庆祝复活节，英国的整个宗教传统和生活习惯全部被颠倒了。“我”在新西兰惠灵顿的失败的画展也暗示着，在文化风俗上，“我”也处于他者的地位。而“我”所代表的文化并不被惠灵顿人认同，第一人称叙述者“我”以一种讽刺的口吻叙述了这样的一段话：

> ……他们说，我根本算不上是真正的现代派画家；喜欢小提琴及电线杆之类的风景画的人们使我寒心。

接着，“我”以一种讽刺的口吻叙述了市长夫人对一幅画的谈论，然而，就在第一人称叙述者“我”讽刺他人的时候，其叙述同时也展现了惠灵顿人对“我”的看法，认为“我”是个可笑的人。在这段叙述中，曼斯菲尔德也含蓄地讽刺了第一人称叙述者“我”的自视甚高。“我”所画的是一幅浴女图，但市长夫人却提出“也该有块梨子香皂呀”，在“我”看来，观画的人根本不懂艺术；可是在观众看来，画画的人简直可笑，因此，他们全都“笑得站立不住了”。

第一人称叙述者“我”的他者身份与矛盾心理同样也从其对与惠灵顿人

的交往、观察与感受中得以展现。在第一人称叙述者“我”的叙述中，“我”一再强调了“他们”这一概念；开画展以失败告终，表明了惠灵顿人对“我”及“我”所代表着的外来文化的排斥。“我”是一个受到惠灵顿人排斥的外来人形象的代表。“我”对惠灵顿人充满着矛盾，一方面，“我”看不起惠灵顿人，另一方面，当“我”的画展受到惠灵顿人的一致冷落后，“我”感到极为难堪。

最后，在第一人称叙述者“我”对“我”与“达芙妮”的恋爱失败的叙述过程中，“我”的“他者”身份和矛盾心理也得以展现。“我”在开画展的过程中认识了惠灵顿姑娘达芙妮，并对达芙妮极有好感。在“我”与达芙妮的交往中，从第一人称叙述者“我”的叙述过程中可以观察到，“我”始终持有一种优越感，然而，当“我”要同达芙妮有“进一步”的交往时，达芙妮断然拒绝了“我”。这时，“我”“感到沉闷和不快”，因为“我”的“自尊心受到了刺伤”。在作品的最后部分，第一人称叙述者“我”叙述了“我”同达芙妮的最后一次见面。从“我”与达芙妮的交谈中可以得知，达芙妮在内心深处同其他惠灵顿人一样，将“我”放置在“他者”的地位。“我”在达芙妮看来，不属于可以考虑婚嫁的人选，因为“我”和达芙妮互为“他者”。在对话中，达芙妮委婉地以“我高攀不上，我不是你理想中的人”这样的话来拒绝了“我”的“进一步交往”的要求，而这时，第一人称叙述者“我”的反应是一言不发。至此，“我”的“他者”身份全部展现了出来，“我”及“我”所代表的文化、“我”的情感都受到了惠灵顿文化的排斥。

在曼斯菲尔德后期作品中，《女主人的贴身女仆》（1921）、《一个已婚男人的自白》（1921）也是以第一人称叙述作为小说叙述模式的代表作品。

《女主人的贴身仆人》这部作品整体由作品主人公的叙述来完成，巧妙地隐去了同“女仆”对话的另一位角色，但是这位角色并没有完全地“隐身”，而是作为“女仆”叙述过程的听众和接收者。这位隐身的角色听到“女仆”叙述时的表情、对话、动作也全部被曼斯菲尔德有意识地省略了。《女主人的贴身女仆》作为曼斯菲尔德后期作品中极为成功的作品，除去它不容忽视的批判性不谈，其独特的叙述技巧也值得深入研究。

“十一点钟。响起了叩门的声音……”[①]

这是这部作品的开头，然后全篇由第一人称“我”的叙述来完成。第一人称“我”的叙述一开始完全是在拉家常，但是随着叙述的深入，作为读者的我们才发现，故事并非那么简单，读者会在第一人称“我”的叙述中，发现更多的隐情或者真相，而这个真相，却是叙述者“我”并不知晓的。在其充满着温情的叙述中，我们发现的是赤裸裸的欺骗与利用，而被欺骗的叙述者“我”对此一无所知，从“我”的叙述中可以发现，叙述者“我”对伤害和欺骗她的人依然充满着爱戴与崇敬。于是，整篇的叙述在读者或那位隐身的听众看来，充满着讽刺。

热奈特引用布雷的话说：“第一人称的叙事是有意识的美学选择的结果，而不是直抒胸臆、表白心曲的自传的标志。”[②]曼斯菲尔德没有用全能叙述者的视角来叙述一个女仆的故事，而是用这个女仆的视角来叙述她的故事和她的一生。“爱伦真诚的叙述与冷酷现实的反差使这篇叙事结构独特的小说别有一种冷峭的讽刺效果。”[③]叙述者“我”的柔情与真挚，与叙述者心目中的女主人的虚伪、冷酷、自私形成了强烈对比，构成了这部小说强烈的讽刺效果。在叙述者“我”的叙述中，女主人在其内心深处有着无比崇高的地位，叙述者“我”对这位太太的爱与敬在自己的叙述中表现得淋漓尽致，而读者却感到阵阵寒意。这位女仆本来可以有一桩好婚姻，可以去过另一种幸福的生活，却被她的女主人搅散了，她的女主人故意做出一种可怜巴巴的样子，利用了女仆的善良，亲手埋葬了女仆的幸福。这个故事如果用第三人称叙述或是传统小说中的全知全能叙述视角来叙述，这可能就只是一个平淡的故事而已，可是曼斯菲尔德有意采用第一人称叙述来完成这个故事的叙述就另有一番用心，不仅达到了对比、讽刺的效果，而且拉近了故事人物与读者的距离。

---

① A. Alpers，*The Stories of Katherine Mansfield*，London：Oxford University Press，1984，p.166.

② 热奈特：《叙事话语》，《新叙事话语》，北京：中国社会科学出版社，1990年。

③ 陈红：《曼斯菲尔德的叙述策略和语言风格》，《湘潭师范学院学报（社会科学版）》，2003年3月，第25卷第2期，第83-86页。

> 嗯，当然啰，我们打算结婚了，婚后就住在那花店的楼上。事情全是在朝着这个方向发展，将来橱窗就归我布置……他来约我去挑选家具的日子到了。这事儿我哪能忘得了呢？那是个星期二，那天下午我东家很不自在。……最后，我问她了，要不要我延期。“噢，不要，爱伦，“她说，”你可千万别让你那小伙子失望。“那种高兴啊，您知道，太太，从来就不想着她自己。……[①]

除此之外，女主人还有很多表演。比如，当着女仆的面把手帕掉在地上，然后自己俯下身子去捡，一面还说着“我可得开始练习起来了”之类的话，最后，她以那种可怜巴巴的神情和她的狡猾，中止了女仆的结婚计划。

> ……我给他开了门，根本就不给他时间说话。“东西就在这儿，”我说。“把它们全拿回去吧，”我说，“事情了结了。我不准备嫁给你了，”我说，“我不能扔下我的东家。”他脸色变了，变得煞白煞白，像我们女人家似的。我不得不把门砰地一下关上，自个儿站在那儿，浑身哆嗦个不停，直到弄清楚他已经走了，才算有个完……[②]

“煞白”“哆嗦”“砰”这些词完美地表达了叙述者“我”的内心历程，这个善良的姑娘唯一一次接近幸福人生的机会就这样被狡猾的女主人无耻地破坏了。当女仆的婚事被破坏之后，她成了女主人的工具，事无巨细地照顾着那个自私的女主人，每天晚上都要为女主人把被子盖好才能去睡觉。但是她的幸福，她的人生归宿，没有任何人会为她着想考虑，正如她所说的那样：

> ……唉，我有时在想，要是万一有个……我该怎么办呢？不过，还是算了吧。随便什么人，多想没有好处……[②]

小说到这里就结束了，爱伦人生的悲剧已经写就，可是造成她悲剧人生的狡猾、虚伪又自私的女主人，在她的叙述中却是那么善良仁慈、处处为别人着想。叙述者“我”的视角看不到这样的人性暗面，但是读者在叙述者“我”的叙述中却读到了爱伦的人生悲剧和另一个灵魂的肮脏与丑陋，这不能不说是一种巧妙的讽刺。同时读者也可以领略到曼斯菲尔德在《女主人的贴身仆

---

① A. Alpers, *The Stories of Katherine Mansfield*, London: Oxford University Press, 1984, p.171.

② A. Alpers, *The Stories of Katherine Mansfield*, London: Oxford University Press, 1984, p.175.

人》这部小说中全篇采用第一人称叙述的用心之所在。

同样创作于后期的作品《一个已婚男人的自白》堪称是曼斯菲尔德第一人称叙述小说的精品之作。“在曼斯菲尔德第一人称叙述技巧的小说中，又可以分成两类：第一种形式与传统的第一人称叙述技巧几乎完全相同，作为第一人称的叙述者，只是对小说中的故事或者情节进行讲述，其仍然是一个旁观者，没有参与到情节当中，这一类的作品有《关于帕特》《店里的女人》等；另一种类型则是第一人称赋予了一定的含义，叙述者已经成为作品当中的活生生的人。”①《一个已婚男人的自白》这部小说中叙述者不仅成了作品中的角色，而且其叙述视角构成了一张复杂精致的网，在这张网中，“现在”和“过去”交织在一起，“现实”和“想象”时刻缠绕。该作品由八个部分组成，任何一个部分都由叙述者“我”的叙述来完成，而这个叙述者“我”的叙述完全脱离了时空而存在。在其叙述中，“现实”“遐想”“想象”“联想”“回忆”交织在了一起，构成了一种非常独特的叙述技巧。这样的叙述技巧和意识流小说的叙述技巧有相似之处。但同意识流小说不同的是，叙述者“我”的“联想”“回忆”“遐想”等常常被现实生活所打破，让叙述者“我”无奈地重新回到“现实”之中，但通过叙述者“我”的叙述，读者发现叙述者“我”的内心无时无刻不存在于自己的“遐想”“想象”“联想”“回忆”之中。在“现实”中的叙述者“我”恰恰只是个影子一样虚假的存在。

在第一部分中，叙述者“我”和妻子、孩子用过了晚餐，开始了自己的“遐想”，这一段“遐想”充满着诗意，那流畅的思维、活跃的联想、跳动的思绪，使得读者如同读诗一般充满着阅读的享受，“屋外下着雨，这时我喜欢遐想：那窗帘后面的窗子被雨水淋得冰冷湿透……”接着，叙述者“我”展开了丰富的联想，“我人虽在屋内，但思绪却飞到了窗外……”叙述者“我”叙述了他所想到的事物：“黑乎乎的灌木丛”“宽大的叶子上残留着的雨珠”“篱笆外的路灯”“迷茫的夜空”，叙述者“我”如同长了一对翅膀一样，可以看到“世界上每个地方此时此刻都在下着雨”，那雨声轻柔而又刚劲，叙述者

① 周道凤：《解读曼斯菲尔德短篇小说叙述技巧》，《长春师范大学学报》，2014 年 3 月，第 33 卷，第 2 期。

“我”仿佛来到了另一个奇异的城市，“我”看到了马车夫从喘着气的马的背上掀起毯子，于是“我”就钻进了车篷，然后马车飞快地跑过一个又一个车亭，“我”仿佛飞快地穿过空无一人的花园；又仿佛站在漆黑的码头上；又仿佛走在一条不见人影的路上，“到处都是无法避开的水潭泥坑。树叶在抖动着，一刻不停地抖动着”。在这些诗一样充满着美感的“遐想”中。叙述者“我”触摸到了自己丰富的内心，在其内心深处升起一种不可思议的美好情感与巨大力量：

> ……难道所有那些不只是我感情的征兆、我感情的痕迹吗？难道所有那些不是一个人在沾满露水草地上行走时留下的清晰的绿色条纹？但所有那些都不是感情本身，而就在我这么思索的时候，一种令人惊奇的声音开始在我的胸中歌唱起来。不错，也许那更接近我要表达的意思。那是个多么奇异的声音！多么巨大的力量！又像天鹅绒般柔和！太不可思议了。[①]

叙述者“我”的“遐想”既充满着诗的美感又带有哲学的高度和内涵，其中出现的几个意象，如“马车”“天空”“树”“路”“灯”等充满着丰富的象征意义。

但是，这诗一般的“遐想”很快被现实打破了。“忽然我的妻子转过身来……她的问话竟然又是那么吞吞吐吐：你在想什么呢？”叙述者“我”诗意的“遐想”全部被打断中止了，叙述者“我”猛然被拉回到“现实”中来，“我”看到了孩子的短红袜子，看到灯光下的孩子像是一只小螃蟹；“我”看到妻子把孩子抱到床上去睡觉了。“厨房里冷冷的，汽灯的火焰在跳动着，水龙头在滴着水——多么孤独凄凉的景象！”那压抑阴冷的气氛让叙述者“我”在面对现实生活时忍不住写下几个字，“像这样生活……”，然后叙述者“我”进行了一番痛苦的思考，“既然如此为什么还要在一起生活呢”？叙述者“我”对人生的意义进行着思考，认为每个人都是奇特地龟缩在壳里边，因为每个人都是“……小小的可怜虫……”正在这时，叙述者“我”的思考再次被“现实”打破并中止了，打破其思考的人还是他的妻子。

---

① A. Alpers, *The Stories of Katherine Mansfield*, London: Oxford University Press, 1984, p.476.

门开了……那是我的妻子。她说："我要上床睡觉了。"
我毫无表情地抬起头，毫无表情地说："你要上床睡觉了。"[①]

叙述者"我"的叙述强调了两次"毫无表情"，这两次"毫无表情"正是叙述者"我"对其婚姻所持态度的暗示。其婚姻冷漠、无味，如同阴雨天阴郁的厨房一样，让人心生寒意。

曼斯菲尔德后期小说作品中所采用的第一人称叙述，已经完全脱离了早期创作中那种融合作家自身身份和情感的叙述方式，而成了作品中的重要人物。这个人物，已经没有了曼斯菲尔德的影子，甚至年龄、性别都不一样了。在早期作品中所出现的第一人称叙述者"我"总是带着些许曼斯菲尔德自身的一些特征，例如，在《德国人在就餐》中，叙述者"我"所叙述的故事同时也是曼斯菲尔德本人的一段经历。到了后期的创作，第一人称叙述者"我"全然没有了曼斯菲尔德的身影，转而成了作品的重要人物，如《女主人的贴身仆人》中的女仆"爱伦"、《一个已婚男人的自白》中的"男人"。

诚如布雷所言，"第一人称的叙事是有意识的美学选择的结果，而不是直抒胸臆、表白心曲的自传的标志"，在曼斯菲尔德的创作中，如果说她前期的小说创作或多或少带着些"直抒胸臆"的稚嫩，那么在中后期的小说创作中，她有意识地选择了作者的隐身。之所以选取以第一人称叙述方式来完成整部小说的叙述，是为了更好地呈现小说的表达效果。曼斯菲尔德在前期、中期、后期三个时期的小说创作中采用第一人称叙述的手法和技巧，是因为在第一人称回顾往事的叙述中，可以有两种不同的叙事眼光：一种为第一人称叙述者"我"目前追忆往事的眼光，即叙述视角；另一种为被追忆的"我"过去所经历过的事件的眼光，即经验视角。比如，《一个已婚男人的自白》就是这两种视角的双重聚焦，第一人称叙述者"我"的"遐想"和"回忆"，以及被"现实"打破后所看到的"生活"就构成了一种三重聚焦，让读者体会到小说中潜在的深意。因此，第一人称的叙事并不只是对传统小说叙述方式的沿用，而更多的是为了表达所做出的选择的结果。

综上所述，曼斯菲尔德作品中的第一人称叙述者的叙述视角无疑具有丰

① A. Alpers, *The Stories of Katherine Mansfield*, London: Oxford University Press, 1984, p.478.

富的内容，这同其人生经历不无关系。关于曼斯菲尔德小说第一人称叙述者身上所具有的“他者性”，已有学者注意到，并且将这一带有“他者性”的第一人称叙述视角称为“异化视角”。例如，蒋虹在其著作《凯瑟琳·曼斯菲尔德作品中的矛盾身份》中这样写道：“凯瑟琳·曼斯菲尔德在她早期作品中采用了一种独特的叙事技巧，或可以称之为异化叙述视角……曼斯菲尔德的叙述者之所以独特，是因为她常常穿梭于‘局内人’和‘局外人’之间，总是以‘他者’或‘另类’的身份——或是被强加的，或是自愿的——出现在其他人物和读者面前。”[①]具有这一特殊身份的叙述者在故事中的地位同样独特：一方面，叙述者处于主动者的地位，掌握着至高控制权，对人、对事可以进行随意评判，享有绝对的优势；另一方面，这个叙述者又处于绝对的弱势地位，成为其他人物排挤的对象，或者受到不公平的对待，或者招致语言上的围攻。

到了现代小说这里，第一人称显然有了更多的内涵意义。正如新小说家布托尔（M. Bouthors）指出：“现代小说的第一人称，不再是我们在现实日常生活中所使用的那种简单的人称代词，‘我’包含着‘他’。”[②]第一人称叙述从某种程度上而言，是降低了小说作者的身份，“第一人称叙述和人物叙述取代第三人称和全知叙述，是现代派小说作者身份降低的标志之一”[③]。因为在第一人称叙述模式中出现的这个“叙述者”已不再无所不知，他只能提供一个单一的叙述视角，这样的叙述视角是受到限制的。但是，在现代主义小说中，第一人称叙述模式运用得极为频繁，乔纳森·雷班（Johnathan Rehbann）这样写道：“当代英美小说深刻地触及大量隐蔽的主观世界。你若随意计算一下，1920年以来所发表的小说，就会发现已过于频繁地运用第一人称和由一个人物叙述这种形式了。”[④]第一人称叙述这一叙述形式在曼斯菲尔德的小说作品中所占数量并不多，但却以独特的内涵丰富的叙述视角构成了曼斯菲尔德叙述手法中的一个重要组成部分。

---

① 蒋虹：《凯瑟琳·曼斯菲尔德作品中的矛盾身份》，北京：中国社会科学出版社，2004年，第9页。
② 张容：《法国新小说派》，远流出版公司，1991年，第75页。
③ 王洪岳：《现代主义小说学》，南昌：百花洲文艺出版社，2004年，第71页。
④ 乔纳森·雷班：《现代小说写作技巧：实用文艺学批评集》，戈木译，西安：陕西人民出版社，1984年，第16页。

第二章 第三人称叙述艺术论

在曼斯菲尔德的作品中，除了前文所述的第一人称叙述之外，还有第二人称叙述，因为出现得不多，所以本书不作阐述。在曼斯菲尔德的作品中，出现得最多的叙述模式当属第三人称叙述模式。传统小说中也常有第三人称叙述，但是，曼斯菲尔德小说中的第三人称叙述模式显然有了一些新的变化，这种变化首先表现为曼斯菲尔德的“全知叙述者”已不再具有“特权视角”[1]。

要论及“特权视角”，就必须涉及叙述者。这是因为叙述者是短篇小说中的重要创作手法，是叙事美学的重要组成部分，在作品中，叙述者同人物、情节、结构等要素一样重要。叙述者在英语中有两个名称：一是 narrator，即讲述故事的人；二是 point of view，即观点，换言之，就是指讲述故事的人（观察者）所选择的观察事物的视角、地点和位置。潘维新在其论文《英文短篇小说的叙述者》[2]中将叙述者分为五类：一是全知叙述者（all-knowing or omniscient），又称“零聚焦”（zero focalization）叙述视角，也被称作“全知全能的叙述视角”。“零聚焦”叙述者的观察位置处于故事之外，不但知道人物的现在和过去，还知道人物的想法和内心感受。二是受限制的全知叙述者（limited omniscient or third-person central or dramatic, or objective）。三是

---

① J. F. Kobler, *Katherine Mansfield: A study of the short Fiction*. Boston: Twayne Publishers, 1990, p.3.

② 潘维新：《英文短篇小说的叙述者》，《载海南师院学报（海口）》，1992 年第 4 期，第 108-113 页。

戏剧性的叙述者或客观叙述者（omni present, or dramatic, or objective），这同时也是“固定式内聚焦”（fixed internal focalization）。从字面意义上理解，读者所获取的每一个信息，都来源于一个固定的叙述者，而这个叙述者往往就是小说中的一个角色，这就是“固定式内聚焦”。四是第一人称主角（first-person major）。五是第一人称配角（first-person minor）。曼斯菲尔德小说中所出现的叙述者，不再是“全知叙述者”，而是“受限制的全知叙述者”。这是曼斯菲尔德第三人称叙述中的一个特征。要将一个文本的叙述工作完成，还需要人物的有限视角叙述，在曼斯菲尔德以第三人称叙述作为叙述模式的作品中，她将全知视角与人物有限视角的叙述方法有机结合起来。这是因为在现代主义小说中，“全知叙述者”不再是个冷静客观的纯粹的报道者，“现代主义小说在用第三人称叙述的时候，叙述者不可能保持冷静的客观态度，实际上还是隐藏在第三人称‘他’的后面，站在人物‘他’的角度，来揣摩、体验‘他’的感受”[①]。“在阅读曼斯菲尔德的小说中，我们能够看到‘全知叙述者’与‘人物叙述者’之间的联系，‘受限制全知叙述者’对于‘人物叙述者’有三种不同态度：完全认同、不完全认同和完全不认同。”[②]

在曼斯菲尔德第三人称叙述模式的叙述文本中，文本的叙述由全知叙述者的叙述和人物有限视角叙述共同完成，两者有一定联系，读者完全可以从“受限制的全知叙述者”的叙述中觉察到其对人物叙述的态度。其态度在具体文本中各有变化，总的说来有三种情况：“受限制的全知叙述者”完全认同（同情、赞许）人物叙述者；“受限制的全知叙述者”不完全认同（于同情中含有批判，或于同情中持讽刺态度）人物叙述者；“受限制的全知叙述者”完全不认同人物叙述者，以至于同一部作品中出现了两个“声音”。“声音”来自叙述文本中的讲述者的隐匿态度，“叙述文本（narrative text）中的讲述者，也是体现在文本中的所谓‘声音’，叙述者并不是在构成叙事作品中的语言中表

① 高行健：《现代小说技巧初探》，广州：花城出版社，1981 年，第 5 页。

② 周道凤：《解读曼斯菲尔德短篇小说叙事技巧》，《长春师范大学学报（人文社会科学版）》，2014 年 3 月，第 33 卷第 3 期，第 107-108 页。

达其自身的个人，而属于一种功能”[①]。

第一节　早期作品第三人称叙述

在曼斯菲尔德的早期作品中，运用第三人称叙述模式进行叙述是曼斯菲尔德较常用的叙述技巧，作品《萝莎贝尔惊梦记》（1908）、《累妮儿》（1910）、《娃娃诞生那一天》（1912）、《摇摆》（*The Swing of the Pendulum*，1912）、《小姑娘》（1912）、《起风了》（1914）等都运用了第三人称叙述模式。

出现在第三人称叙述中的第二种情况是，“受限制的全知叙述者”不完全认同（于同情中含有批判，或于同情中持讽刺态度）人物叙述者的有限视角叙述。例如，《莳萝泡菜》《雷金纳德的一天》《启示》《求职女》（*The Little Governess*，1914）等作品就以此作为作品的主要叙述模式。

《求职女》讲述了一个年轻的英国女家庭教师前往德国谋生的悲惨旅途经历。在这部作品中，曼斯菲尔德仍然采用了以全知叙述者的叙述和人物有限视角叙述两相交织的第三人称叙述方法。然而，与《布里尔小姐》《没有脾气的男人》等作品不同的是，这部作品中的全知叙述者对承担部分叙述任务的人物不只是同情，于同情中多了些批判、讽刺的“声音”，颇有些“哀其不幸，怒其不争”的意味。

以上几部作品中的人物都有称呼。例如，在《巴克妈妈的一生》中，叙述者亲切地称主人公为“巴克妈妈”，而在《没有脾气的男人》中，通过叙述者的叙述，我们知道主人公叫作“罗伯特”。可是在《求职女》中的这个人物是没有称呼的，只是用“她”来代替，暗示了这个人物令人同情的小人物身份。通过作品可知，这个人物是一位年轻的家庭教师，家庭教师是19世纪英国维多利亚时代的一种独特现象，而且地位极为低下，“家庭教师所受的教育往往极为有限，而且她们的社会地位也令人怀疑”[②]。另外，也暗示着“她”的类型化，这个“她”绝对不是一个人，而是一群人；这个“她”的悲惨经

---

① 谭君强：《叙事理论与审美文化》，北京：中国社会科学出版社，2002年，第50页。

② 转引自 P. Jalland，*Woman，Marriage and Politics：1860-1914*，Oxford：Clarendon Press，1986， p10.

历也不是某一个人的经历，而是一群人的经历。曾有家庭教师经历的曼斯菲尔德[①]对《求职女》中的“她”当然会有同情心，这在全知叙述者的叙述过程中也可以表现出来。然而，在同情中又暗含着对“她”的种种讽刺和批判，讽刺和批判了“她”的无知、武断和虚荣心。

作品开头，小家庭教师来到乱哄哄的车站，当脚夫将她的行李搬上火车，向她索来一法郎的报酬时，她只肯给他 20 个生丁。当脚夫气呼呼地走了之后，小家庭教师还以为是自己赢了这一战，没有想到脚夫会再次回来，而且，他一下子将“妇女专用”的纸条扯掉，让一个穿着格呢斗篷的老头进了她的车厢，以此来报复小家庭教师。接下来，曼斯菲尔德以全知叙述和人物有限视角叙述交织的方法叙述了这个老头的形象，全知叙述者这样叙述了小家庭教师对这位新来的旅客的观察：

> 她隔着泪花看见老头儿从脖子上解下围巾和豹皮帽。[②]

然后，文本叙述者就将叙述任务交给小家庭教师。透过她的叙述，我们不仅了解到小家庭教师的无知与天真，还可以观察到小家庭教师的戒备心理放松了。在她的视角中，这是一个“至少九十岁”的老头，这个老头有着一张“和蔼可亲的脸”，接着，她反而开始庆幸有这样一位老人同自己共处一个车厢“要是我一个人在这儿，我可不敢睡。”小家庭教师在悄悄打量老头的同时，我们也可以透过其有限视角叙述读出她的无知、武断与虚荣：

> （1）……原来他是德国人。大概是军队里的什么官员——上校或是将军什么的——
>
> （2）他是个多么干净的老头儿。黑领带上别着一个珍珠别针，小指上戴着一枚暗红宝石的戒指，在双排扣的夹克口袋上露出一角白丝手帕。
>
> （3）也不知怎么的，总是印象他是挺体面讨人喜欢的。
>
> （4）而一般老头都是那么难看……那种哆里哆嗦的样子——要不就是咳嗽黏痰怪恶心的。

---

① A. Alpers，*The Life of Katherine Mansfield*，London：Jonathan Cape，1980，P. 207.

② 曼斯菲尔德：《曼斯菲尔德短篇小说选》，陈良廷、郑启吟译，上海：上海译文出版社，1998年，第 40 页。

（5）而这个老头儿下巴上没有山羊胡子——那就大不相同了——况且他的脸颊那么粉红，而小胡须那么雪白。[1]

从小家庭教师的有限视角叙述中可以发现，她看待事物极为主观，而且只重视表面现象，她的天真、无知、武断为后文悲剧的产生埋下了伏笔。接着，老头将报纸与之分享，进行让小家庭教师感到愉快的交谈，老头明明一眼就看出这是个初次出远门的小姑娘，却故意说："你给我的印象是，好像你出惯了远门似的。"当火车到某一站停留片刻时，小家庭教师口渴极了，她看到车站上有人在卖草莓，但价格却贵得很，舍不得买。可是，当老头走上车时，却从斗篷下拿出一小篮子草莓送给她，这一小篮子草莓完全消除了小家庭教师的一切顾虑，她开始将老头视为自己的祖父。这时，全知叙述者的叙述与人物的叙述交织在一起，可是，两者的"声音"却完全不一样，全知叙述者的叙述充满着讽刺，而人物的叙述却满怀感激：

——也正是在嚼着草莓的当儿，她才初次觉得老头儿像是祖父。他多像老祖父啊！跟书本上的一模一样！[2]

"他多像老祖父啊！跟书本上的一模一样！"这既是全知叙述者的叙述声音，也是人物的叙述声音，但两者的内涵全然不同。人物的叙述中充满着对老头的感激，而全知叙述者的叙述中不仅讽刺了小家庭教师的轻信与天真，还讽刺了老头的不怀好意。就在小家庭教师刚刚吃完草莓时，老头提出观光邀请："你当然可以早些回旅馆，或是你想什么时候回来就什么时候，这样，你可以给一个老年人很大的快乐。"如果说小家庭教师这时还有着些顾虑的话，"究竟说起来，她还不认识他呢"，那么，老头的名片就将她的顾虑全部打消了：

① 曼斯菲尔德：《曼斯菲尔德短篇小说选》，陈良廷、郑启吟译，上海：上海译文出版社，1988年，第36-52页。

② 曼斯菲尔德：《曼斯菲尔德短篇小说选》，陈良廷、郑启吟译，上海：上海译文出版社，1988年，第46页。

> 他拿出钱包，递给她一张名片。“政府顾问先生……”他还有头衔呢！这么说，那是绝对没问题的喽！于是在这之后，小教师就放心大胆地享受这次国外旅行了……[①]

在上述引文中，除了小家庭教师的内心想法，我们还可以听到另一个声音，即全知叙述者的批评的口吻。全知叙述者批评了小家庭教师的阶级偏见和虚荣心，也嘲笑了她的轻信与天真。老头所出示的名片起到了重大的作用，使得小家庭教师消除了一切顾虑，这时，全知叙述者的叙述句子中的动词变成了被动形式：

> （1）……听人指点来到了什么地点，
> （2）让那个和气的老祖父来关照她应该留意观看些什么；
> （3）……他给她找了个脚夫……
> （4）领着她穿过车站的混乱人群……
> （5）他对饭店经理说明了她是谁，就仿佛理应由他来安排似的；
> （6）然后她的小手被握在两只黄羊皮手套的大手里。[②]

在全知叙述者的叙述中，我们暗暗感到小家庭教师已将自己的命运拱手交给了他人，她对老头的信任和言听计从，为其下一步的悲惨命运埋下了伏笔。就在全知叙述者和读者已然明了小家庭教师身处险境时，她自己却浑然不知，反而认为“这是我一辈子最快活的一天”。

《求职女》以第三人称叙述作为叙述方法，常常出现全知叙述者同人物有限视角叙述交织的现象。但是，全知叙述者对人物虽然同情，却并不完全认同人物，而是于同情中杂有讽刺与批判。全知叙述者的口吻与声音当然同作为作者的曼斯菲尔德的态度是分不开的。一方面，作家深切同情为了生计而苦苦奔波的以小家庭教师为代表的一类年轻女性；另一方面，却又批判了

---

① 曼斯菲尔德：《曼斯菲尔德短篇小说选》，陈良廷、郑启吟译，上海：上海译文出版社，1988年，第47页。

② 曼斯菲尔德：《曼斯菲尔德短篇小说选》，陈良廷、郑启吟译，上海：上海译文出版社，1988年，第36-52页。

她们那种将现实生活等同于童话世界的天真心理和一定的虚荣心。在这部作品中，人物没有姓名，只用一个称呼“她”表示，这表明小家庭教师身上所具有的特点并非一人所有，而是代表着一类人。

第二节　中期作品第三人称叙述

在中期创作中，曼斯菲尔德在作品《夜深沉》(1917)、《莳萝泡菜》(1917)、《雷金纳德的一天》(1917)中均运用了第三人称叙述模式。“受限制的全知叙述者”不完全认同人物叙述者的有限视角叙述，但有时候“受限制的全知叙述者”是完全认同人物叙述者的，当人物叙述者感到困惑或后悔时，“受限制的全知叙述者”同样对整个事件采取观望态度。例如，《莳萝泡菜》，在小说的结尾处，当人物叙述者薇拉(Vera)看清对方“他”的真实面目而决然离去时，“受限制的全知叙述者”毫不惋惜地进行了最后的叙述，对人物叙述者似有赞同之意。也就是说，“受限制的全知叙述者”也在观望、观察整个事件的发展，而且对人物叙述者的态度也时时有变。这就构成了整部作品微妙而复杂的叙述效果，不失为曼斯菲尔德的一部精品之作。

《莳萝泡菜》是曼斯菲尔德创作于中期的一部重要作品。这部短小的作品之所以引起众多研究者的兴趣，离不开其深刻的内涵，有学者认为这部精短作品流露出曼斯菲尔德强烈的女性意识[①]。

“受限制的全知叙述者”有时候和人物叙述者是完全一致的，当人物叙述者陷入对美好往事的回忆时，“受限制的全知叙述者”的叙述也充满着对美好的向往；当人物叙述者突然对自己曾放弃了过往的这段恋情产生了些许后悔之情时，“受限制的全知叙述者”也产生了期待，也在紧张地观望着；到了最后，当人物叙述者突然清醒地意识到眼前的这位昔日恋人和曾经一样自私、自大、虚伪而又自我的时候，内心的最后一点火花彻底熄灭了，“受限制的全知叙述者”也同样清醒过来，用一种置之度外的冷漠口气结束了这部小说。“受限制的全知叙述者”和人物叙述者的融合其实和曼斯菲尔德的一段悲剧经

① 覃丹：《论〈莳萝泡菜〉的女性叙述策略》，《广西教育师院学报》，2008年第4期，第101-103页。

历分不开，小说的很多细节也和真实发生在曼斯菲尔德人生里的经历相一致。曼斯菲尔德在父母的安排下与一个她并不爱的男人有过婚约，但她于婚礼当天离家出走，此后，她遇到了一个名叫弗朗西斯·海曼的男人并与之相恋，甚至到了谈婚论嫁的地步，可是弗朗西斯·海曼的父母无法接受曼斯菲尔德有过婚姻的事实，并不认同这段恋情，弗朗西斯·海曼因此放弃了这段感情，曼斯菲尔德曾多次写信给他，他都没有再回，也没有过任何联系。这段感情在某种程序上伤害了曼斯菲尔德。六年后，曼斯菲尔德在一家餐馆与弗朗西斯·海曼很偶然地相遇了，这段经历就这样促成了曼斯菲尔德的小说《莳萝泡菜》。小说的开头似乎很平淡，但在这平淡中，却暗示着“受限制的全知叙述者”和人物叙述者内心泛起涟漪。因为对这段经历是在乎的，所以人物叙述者可以“一下子就从他那种‘特有的’样子上把他认出来了。”请看“受限制的全知叙述者”和人物叙述者的叙述转换：

> AND then, after six years, she saw him again.（六年后，她又看到了他。） He was seated at one of those little bamboo tables decorated with a Japanese vase of paper daffodils. （他坐在一张小竹桌旁，桌上摆着一只将纸水仙花的日本花瓶。）There was a tall plate of fruit in front of him, and very carefully, in a way she recognized immediately as his "special" way, he was peeling an orange.（他面前放有一个高脚水果盘，他正在细心地剥一只桔子，她一下就从他那种“特有的”样子上把他认出来了。）①

这段话是这部小说的开头第一段，总共有四个句子，在这四个句子中，第一句和第四句是“受限制的全知叙述者”的叙述视角，第二句和第三句是人物叙述者薇拉的叙述视角。在这一段的叙述中，“受限制的全知叙述者”和人物叙述者薇拉的叙述声音是完全一致的，平静中带着些偶遇的惊喜。接下来，“受限制的全知叙述者”和人物叙述者共同完成对这部作品的叙述。两个六年前相恋过的爱人，在一家餐厅里偶遇了，男方显然生活得较为富裕，女方“年纪大了”，怕冷，孤独一人，处境并不是很好。男方显然是在享用过丰

---

① 曼斯菲尔德：《曼斯菲尔德短篇小说选》，陈良廷、郑启吟译，上海：上海译文出版社，1988年，第216页。

富的午餐后正在悠闲地品尝饭后水果，当他看到薇拉走过来时，他似乎是大吃了一惊，忙问她是不是还没有吃午餐，薇拉应当是还没有吃午餐：

> “薇拉，”他惊叫着，“多奇怪。真的，我一时认不出你来了。你不坐？吃了午饭吗？要点咖啡吧？”
>
> 她犹豫了，可当然，她是想要的。
>
> “啊，我喜欢咖啡。”她说着在他对面坐了下来。①

从文本中读者得知，昔日的恋人其实只是请薇拉喝了一杯咖啡，而且当薇拉看透男人的自私与薄情并一走了之时，这个男人念念不忘的仍然是这杯花了他钱的咖啡。

> 她走了。他坐在那儿，好像遭到雷轰一般，惊讶得无法形容。……然后他叫了女侍者来结账。
>
> “那奶油没有动过，”他说，“请不要叫我付钱。”②

小说至此结束，这最后一笔，完全是“受限制的全知叙述者”的叙述视角，带着嘲笑与讽刺。

在整部小说的叙述中，“受限制的全知叙述者”始终没有进入到男方的内心，也没有从男方的视角来完成这部作品的叙述，这一方面暗示着“受限制的全知叙述者”和人物叙述者薇拉一样，始终进入不到男方的内心世界，在其内心深处，其实是没有人物叙述者薇拉的一席之地的；另一方面也暗示着“受限制的全知叙述者”对男方人物的完全不认同。“虽然作者给予‘他’足够的话语权，但始终拒绝以‘他’为内视点对故事进行讲述，甚至连‘他’的名字都没提到，也几乎没有描述他的心理活动和外表形象。……一直远离男主人公的内心世界。”③

在这部小说的叙述中，“受限制的全知叙述者”已经不再具有“特权视

---

① 曼斯菲尔德：《曼斯菲尔德短篇小说选》，陈良廷、郑启吟译，上海：上海译文出版社，1988年，第216页。

② 曼斯菲尔德：《曼斯菲尔德短篇小说选》，陈良廷、郑启吟译，上海：上海译文出版社，1988年，第224页。

③ 张春芳：《曼斯菲尔德〈莳萝泡菜〉的叙事策略》，《天津外国语学院学报》，2009年11月，第16卷第6期，第62-66页。

角”。很多时候，“受限制的全知叙述者”已经全然隐身了，而人物叙述则成了文本主要的叙述视角。这种转换是很自然的，甚至根本就没有引起读者的注意，就完成了叙述视角的转换。比如，作品的前面一个部分，“受限制的全知叙述者”一直在叙述着男主人和薇拉的对话，只是叙述对话而已，没有对任何一方的心理活动作描述。当对话一直进行下去的时候，“受限制的全知叙述者”突然将叙述视角交给了人物叙述者薇拉。

> "The colder," she laughed. But she was thinking how well she remembered that trick of his—the trick of interrupting her —and of how it used to exasperate her six years ago.①

“受限制的全知叙述者”通过“But she was thinking”这样一句话，就巧妙地隐身了，而交由人物叙述者薇拉来完成叙述。于是，文本的叙述就转交给了人物叙述者，读者得以走进人物叙述者的内心深处，感觉到人物叙述者对男主人公的态度，她对他那种心里除了自己没有任何人的性情感到一种深深的失望，而这也正是薇拉六年前离开男主人公的原因所在。

> “怕冷了，”她笑起来。但她心里却在想，她才清楚地记着他这套花招呐，——打断她的话的花招——六年前，就是这样老惹她生气来着。当时，她常常感到，她说话说到一半的时候，好像他突然之间把他的手放到她的嘴上，转过身去，注意别的事情了，接着，拿开他的手，流露出刚才那样有点露骨的微笑，又对她注意起来……我们现在准备好啦，就这样吧。②

上面这段叙述全部是人物叙述者的视角，视角回到了“过去”，这段叙述暗示着薇拉对眼前的男主人公的失望与无奈。但当读者急于探究男女双方曾经的交往细节时，“受限制的全知叙述者”并没有继续隐身，让读者继续陷入人物叙述者薇拉对过去的叙述，而是重新回归到文本的叙述中来，耐人寻味的是，“受限制的全知叙述者”有意识地选择回避男主人公的内心世界，而

---

① A. Alpers, *The Stories of Katherine Mansfield*, London: Oxford University Press, 1984, p.271.

② 曼斯菲尔德：《曼斯菲尔德短篇小说选》，陈良廷、郑启吟译，上海：上海译文出版社，1988年，第217页。

只有选择地叙述男主人公的“对话”。这其实也暗示着，无论是“受限制的全知叙述者”，还是人物叙述者薇拉，都只看得到男主人公的样子、衣着，只听得到他的长篇大论，而对其真实的内心世界是一无所知的。在作品中，男主人公在对话中总是占有绝对的主导地位，很多话题都是由他引起的，话题的转移也是由他完成的。这也就是说，在对话中也好，在交往中也好，男主人公一直都处于主导地位，人物叙述者薇拉处于一个被动的弱势地位。同人物叙述者薇拉站在同一个角度的“受限制的全知叙述者”同样在叙述的过程中处于被动的地位。

例如，当男女主人公分别六年后在餐厅里偶遇时，男主人公主动问人物叙述者薇拉是否吃了午餐，然后或许他很后悔自己的提议，马上说要不要来一杯咖啡，女主人公一开始接受了他的邀请，当她发现这其实只是男主人公的客套话，他并没有真心想要请她吃顿饭，只是为他自己叫了一杯咖啡时，她口气冷淡地说：“不，谢谢。什么也不用。”而听闻此言的男主人公，此刻一定是内心松了一口气，继而有点儿“露骨地微微一笑，又拿起了桔子……”其实此刻“受限制的全知叙述者”和读者都已经看出来男主人公虚伪、吝啬、自私的本性，叙述者薇拉却还处于观望的态度，选择继续坐下来，叙叙旧。

> “薇拉，”他惊叫着，“多奇怪。真的，我一时认不出你来了。你不坐？吃了午饭吗？要点咖啡吧？”
>
> 她犹豫了，可当然，她是想要的。
>
> “啊，我喜欢咖啡。”她说着在他对面坐了下来。
>
> “你变了。你变得真厉害，”他说着，以热切而兴奋的眼神一个劲地盯着她瞧。“你看起来气色挺好，我以前从来也没见过你这样好的气色。”
>
> “真的，”她揭开面罩，解开了高高的毛皮领子。“我感到不大舒服，我受不了这天气，你知道。”
>
> “哦，对了。你讨厌冷天气……”
>
> “讨厌死了，”她在打颤。“最糟的是，人年纪大了。……”
>
> “对不起，”他打断了她的话，拍拍桌子招呼女侍者。“拿点咖啡和奶油来。”然后对她说：“你真的不吃点东西？要点水果怎么样？这儿的水果挺好。”
>
> “不，谢谢。什么也不用。”

"好，那就这样吧。"他有点露骨地微微一笑，又拿起了桔子，"你刚才说——人年纪大了……"[①]

从这段对话可以看出，男主人公一直占据着绝对的主导地位，因此，当人物叙述者薇拉进入对往事的回忆时，马上就被男主人公的对话打断了。话题的转移也是由他来完成的，接下来，"受限制的全知叙述者"再次隐身了，然后一直由男主人公所说的话来完成对文本的叙述。当他说话的时候，人物叙述者一直处于倾听者的位置，同时，"受限制的全知叙述者"和读者一样，也处于旁观者和倾听者的角色。男主人公开始说着他们的往事，他回忆着他们曾经有过的片断，他的回忆同时也激起了人物叙述者薇拉的回忆，她想起来他曾经向她说过，"……因为我知道，我会爱你爱得太厉害——太厉害了。我将遭受多大的痛苦啊，薇拉，因为你决不会、决不会爱我的"。可正当人物叙述者薇拉也陷入对往事美好的回忆，而且感觉眼前的这个人似乎比曾经的他要好一些时，"他现在看来无疑比那时好得多了。他已经毫无那种做梦般地发愣和犹豫不决的神情。现在，他有一种在生活中找到了自己的位置，并且对占有这个位置充分有把握和自信的神情，这种神情至少是给人深刻印象。他一定还赚了钱。他的衣着令人羡慕，这会儿，他还从口袋里掏出一个俄国烟盒来"，男主人公却再次话题一转，以一种炫耀的口气谈到了他去俄国的旅行，"我真的把我们设想的旅行计划都实现了，是的，我们谈起过的地方，我全都去了，还在那些地方待了好久……最近三年，我都是在旅行上花掉的。西班牙、科西嘉岛、西伯利亚、俄国、埃及……"当他提到俄国的时候，他提到了人物叙述者薇拉过去常常弹奏的船夫曲。当他得知薇拉已经把钢琴卖掉时，他根本就没有去问一下曾经的情人的生活为何变得如此窘迫，而是自顾自地继续谈他的俄国之旅。

"……你还记得你过去常常弹奏的船夫曲吗？"
"记得。"她说着在心里弹奏起来了。
"你现在还弹这支曲子吗？"

---

① 曼斯菲尔德：《曼斯菲尔德短篇小说选》，陈良廷、郑启吟译，上海：上海译文出版社，1988年，第217页。

"不弹了，我没有钢琴。"

他一听吃了一惊："那你那架漂亮的钢琴怎么啦？"

她微微做了个苦脸："卖了。早就卖了。"

"我现在没有时间去顾它了。"她说。

这事他就不再说下去。"河上的生活，"他继续说道，"才别有风味呐……"[①]

接着，他谈到了俄国，他很清楚，俄国是人物叙述者薇拉向往的地方，"凡是俄国生活中的东西，几乎都叫你喜欢，"他这样热烈地跟薇拉谈着，他谈俄国的生活、在俄国的野餐、俄国的莳萝泡菜，而她仿佛就看到了他所描述的一切，看到草地、黑丝绒一样的大海、月光下的野餐，还有他提到的莳萝泡菜，还似乎尝到了它的味道，"酸得够呛"。男主人公继续说着，他认为在这个世界上，"你是唯一真的确实活着的人"，他似乎才是真正了解薇拉的人。

接着，人物叙述者薇拉的内心全部被打动了，这时，"受限制的全知叙述者"和人物叙述者薇拉一样感动了，"曼斯菲尔德采用内部聚焦的视角来讲述莳萝泡菜的故事。以女主人公薇拉为聚焦人物让读者频繁进入她的内心，从女主人公的角度对事件进行回忆、观察和思考，对人物进行描写和判断。这种单声道的叙述效果实则是作者通过叙述者之口表达他对故事中的事件和人物的态度和所持立场，是作者价值观和世界观的一种体现"[②]。

哎，老天！她干了什么啦！她怎么竟会这样抛弃她的幸福。这人可是唯一了解她的人啊。太晚了吗？可能太晚了吗？她是他手指头里捏着的那只手套啊。……[③]

当薇拉为自己曾经拒绝过这段感情而感到后悔的时候，"受限制的全知叙述者"也和人物叙述者薇拉站到了一边，接下来，"受限制的全知叙述者"

---

① 曼斯菲尔德：《曼斯菲尔德短篇小说选》，陈良廷、郑启吟译，上海：上海译文出版社，1988年，第220页。

② 傅翀：《精巧的构思，丰富的意蕴——对凯瑟琳·曼斯菲尔德〈莳萝泡菜〉的功能语篇分析》，《当代外语研究》，2012年第9期，第40-43页。

③ 曼斯菲尔德：《曼斯菲尔德短篇小说选》，陈良廷、郑启吟译，上海：上海译文出版社，1988年，第223页。

用“低声”“温和”等词语来叙述这两个人物的对话。一方面，用“低声”表现并暗示了人物叙述者薇拉的悔意，而从薇拉的谈话中，读者似乎可以断定她极有可能同男主人公重修旧好；另一方面，“受限制的全知叙述者”用“温和”一词叙述了男主人公的谈话，这同之前文本中“受限制的全知叙述者”的“露骨地微微一笑”“奇怪地似笑非笑地笑一笑”“漫不经心地说”“口气中确实有点嘲笑味道”等叙述形成了鲜明的对比，“受限制的全知叙述者”同人物叙述者薇拉一样，“怒火真的渐渐地、渐渐地消失了，除此以外，他看上去更像六年前的他了……”

> “可是，事实上你没有朋友，你从来没有和人家交过朋友。这我多么了解，因为我也是没有朋友的。现在还是那样吗？”
>
> “是的，”她低声说。“还是那样，我照样很孤寂。”
>
> “我也一样，”他温和地笑笑，“还是那样。”[①]

正在这时，让读者和“受限制的全知叙述者”都没有料到的是，男主人公突然“迅速地手一挥，把手套递还给了她”。“受限制的全知叙述者”之所以在这时候的叙述中选取“突然”一词，是因为“受限制的全知叙述者”其实和人物叙述者薇拉一样，对面前这个男人的内心世界是一无所知的。其实这次邂逅对男主人来说是一件无足轻重的事，无非是他生活中的一个小小插曲而已，不会在他的内心深处激起任何涟漪，他说的那些话也好，做出的那些夸张的动作和表情也好，只是一种虚伪的表演罢了。当男主人公将手套还给人物叙述者薇拉时，“受限制的全知叙述者”和人物叙述者都从幻想一下子回到了现实。“受限制的全知叙述者”用“他的椅子在地板上‘吱’地擦了一下”，暗示着文本中的人物都从想入非非的幻想回到了现实，这时，人物叙述者再次叙述了男主人公的对话，“但当时对我来说是那样神秘的事情，现在可很清楚了。对你来说，当然也……，这无非是我们都是那样自私自利的人，那样只顾自己，那样全神贯注于我们自己的事，我们心里没有一个能容纳别人的角落。……”这是整个文本中“受限制的全知叙述者”第一次通过男主人公的对话来到他的内心世界，其实这个男人对自己的内心世界是非常清楚的，他就是那种“那样自私自利的人，那样只顾自己，那样全神贯注于我们自己的事”的人，通过文本中他多次强行打断人物叙述者薇拉谈话的现象，已经很好地说明了他“心里没有一个能容纳别人的角落”，也正是在这个时候，人物叙述者薇拉彻底清醒并毅然离开。“受限制的全知叙述者”这时并没有叙述人物叙述者薇拉的内心，这也就暗示着，薇拉那丰富的内心世界从此不会再为面前的这个男人打开了，她的内心也绝对不会再为眼前这个自私、“心里没有一个能容纳别人的角落”的男人而动心了。“受限制的全知叙述者”对人物叙述者薇拉的离开是持以赞同态度的，接下来，“受限制的全知叙述者”用一种很平静的口吻叙述了文本的结尾部分，当然，其间也暗藏着对男主人公的嘲讽之意：

> 她走了。他坐在那儿，好像遭到雷轰一般，惊讶得无法形容。……然后他叫了女侍者来结账。
>
> “那奶油没有动过，”他说，“请不要叫我付钱。”

很多学者都注意到曼斯菲尔德对叙述技巧及叙述人称的重视，“在创作初期，曼斯菲尔德常常采用第一人称‘全知全能’的叙述角度，叙述者往往凌驾于整个故事之上，洞悉一切，随时对人物的思想和行为做出解释，对发生的事件进行评价，虽然这种视角可以使作者对故事情节及人物形象随意地进行加工处理，但过多的干预和介入会使作品和读者之间产生距离，从而降低了作品的真实度和可信度。为了使自己的作品更加客观，不带任何偏见和个人喜好，曼斯菲尔德后来改用第三人称叙事视角，以提高作者的客观可信度，增强作者的权威性。《莳萝泡菜》即是一个很好的例证。作者从女主人公薇拉的视角出发，用她的思维方式、她的眼光来观察和思考，融入她的内心，很少评论和干预，不断地制造悬念，读者随着她的视角来逐步认识男主人公‘他’①”。

曼斯菲尔德《莳萝泡菜》的叙述技巧引起了很多学者的关注，“传统小说中，作者往往是个全知者，可以从全知全能的视角来逐一展示故事发展的方方面面，读者也能够以一个局外人的角度来透视人物、事件的任何微小细

① 张春芳：《曼斯菲尔德〈莳萝泡菜〉的叙事策略》，《天津外国语学院学报》，2009年11月第16卷第6期，第62-66页。

节，以及获知所有信息。而曼斯菲尔德在《莳萝泡菜》中采取了有限叙述视角，通过薇拉的内心世界，对往事的回忆，让读者通过蛛丝马迹对主人公的过去与现在有个全面的了解”[①]。《莳萝泡菜》同时也是曼斯菲尔德有意识对传统第三人称叙述技巧进行改造的一个很好的例子，同时，也为其后期作品中第三人称叙述技巧的完美呈现作了一个有益的尝试。当然，我们也可以看出，在《莳萝泡菜》中，“受限制的全知叙述者”并没有掩饰其对人物叙述者的感情，“受限制的全知叙述者”的叙述情感也常常受到人物叙述者的情绪的影响。

第三节　后期作品第三人称叙述

“受限制的全知叙述者”完全认同（同情、赞许）人物叙述者的有限视角叙述，这是《巴克妈妈的一生》《布里尔小姐》《莫斯小姐的一天》《萝莎贝尔惊梦记》《没有脾气的男人》等作品中所采用的主要叙述模式。《巴克妈妈的一生》中的一段，就出现了曼斯菲尔德将人物的“声音”和全知叙述者[②]的“声音”交织在一起的叙述技巧：

> It was cold in the street. （大街上寒风瑟瑟。）There was a wind like ice.（冷气袭人。）People went flitting by, very fast; the men walked like scissors; the women trod like cats. （行人匆匆而过；男人走路就像剪刀在动，女人就像猫儿似的往前溜。）And nobody knew—nobody cared. （没有人知道——也没有人关心。）Even if she broked down, if at last, after all these years, she were to cry, she’d find herself in the lockup as like as not. （就算她要痛哭一场，忍了这么多年终于哭了出来，她多半也会先把自己锁在房里才哭的。）[③]

前三个句子正是作品人物巴克妈妈看到的大街上的情形，不仅如此，这

① 刘常轩：《〈莳萝泡菜〉中的时间叙事艺术》，《重庆科技学院学报（社会科学版）》，2012年第15期，第104-105页。

② 本节所提到的全知叙述者即“受限制的全知叙述者”。

③ A. Alpers, *The Stories of Katherine Mansfield*, London: Oxford University Press, 1984, p.407.

三个句子也是读者通过巴克妈妈的“语言”才得知的，我们细读这三个句子，发现这三个句子与后面两个句子之间有着明显的区别，从句型来看，这三个句子都是简单句。从语法上来说，简单句的构成法则一般有两种构成形式，表示人的动作行为时，可以用人称+谓语动词，如 He went to school，或人称+be（am,is,are,was,were），如 He is a teacher；表示某处有某物的存在的话，则用 there be 句型。这一段文字中的前三个句子都是简单句，第三个句子很长，有三个分句，但每个分句之间的关系是平列关系，它们之间的分号完全可以换成连接词 and，从而就可以成为一个句子。

第一个句子：It was cold in the street. （大街上寒风瑟瑟。）

属于 there be 句型。

第二个句子：There was a wind like ice.（冷气袭人。）

同样属于 there be 句型。

第三个句子：People went flitting by, very fast; the men walked like scissors; the women trod like cats. （行人匆匆而过；男人走路就像剪刀在动，女人就像猫儿似的往前溜。）

这个句子中所包含着的三个分句全部都是简单句，属于人称+谓语动词类型。

从句型上看，前三个句子属于简单句，不可能是作为文本叙述者的语言，因为文本叙述者作为一个事件的叙述者，显然比作品中的人物具有更高的文化水平，在其叙述文本的过程中，不可能单纯以最基本的句型来完成自己的叙述工作。因此，这三个简单句不是文本叙述者的“声音”，而是人物巴克妈妈的“声音”。从作品中可以得知，巴克妈妈是个典型的下层妇女，文化程度很低，最初来到伦敦做的是厨房女工一类的工作，因此虽然她出生在莎士比亚的故乡斯特拉福德，但是她对莎士比亚一无所知。巴克妈妈的下等人身份还从雇佣她打扫房间的“文人先生”的口吻中显现了出来，“文人先生”轻蔑地称巴克妈妈是“这些人”。从巴克妈妈所属的社会阶层和文化程度来看，她只能使用那些最基本的句型来表达自己的种种感受。

而后两个句子，即第四个句子和第五个句子，从句型上就同前三个句子有着明显的不同。

第四个句子： And nobody knew—nobody cared. （没有人知道——也没有人关心。）

第五个句子： Even if she broked down, if at last, after all these years, she were to cry, she'd find herself in the lockup as like as not. （就算她要痛哭一场，忍了这么多年终于哭了出来，她多半也会先把自己锁在房里才哭的。）

首先，从句型上看，这两个句子都属于复合句，即主从句，第四个句子的主从句是递进关系，而第五个句子则是假设关系。这是作为一个文化程度较高的文本叙述者的语言形式，同前面建立在基本句型上的简单句形成了对比。

其次，从句子中所用的词（名词、动词、形容词、副词）来看，前三个句子的用词也符合巴克妈妈的文化状况。在前三个句子中，用了 street、wind、ice、people、men、scissors、women、cats 几个名词；主要用了如下所列的几个动词：went、walked、trod；主要用了如下几个形容词及副词：very、cold、fast。同第四个句子和第五个句子中所用的那些较为冷僻的词相比较就会发现，前三个句子中所用的词都属于日常生活中常用的词，也是文化程度不高、受教育程度较低的人一般采用的词，具有口语化的特征，而后两个句子的用词则具有较强的书面语特征。

最后，从叙述人称来看，前三个句子中的叙述人物是藏而不露的第一人称，而第四个、第五个句子中则使用了第三人称 she。she 这个人称就将文本叙述者同人物拉开了一段距离。

从以上这几个方面可以看出，在这短短的一个段落中，叙述视角发生了变化，从人物的限知叙述视角转而成为全知叙述视角。因此，安德瑞·格瑞（Andrew Gurr）这样写道："视线所及的景象——冷冰冰的大街上的剪刀与猫——读者是通过巴克妈妈的眼睛才看到，可是，对巴克妈妈的内心，读者是通过曼斯菲尔德的文字才看到。巴克妈妈与作家完全是两个不同社会阶层的人，因此，她无法与作家使用同样的语言。"[①]

---

① A. Gurr, *Writers in Exile: The Identity of Home in Modern Literature*, Atlantic Highlands, N. J.: Humanities Press, 1981, p.42.

从叙述者的叙述过程中可以感受到文本叙述者对参与了一部分叙述工作的作品人物种种感受的认同与同情。从上文所引的这一段落中，读者可以觉察到后面的两个句子是对前三个句子中人物心理感受的补充和同情。而到了作品最后部分，文本叙述者的“声音”加强了，有时同人物的“声音”完全合在了一起，例如：

她非哭不可，她再也拖延不得，再也忍不住了。……她能上哪里去呢？①

“非哭不可”“再也拖延不得”“再也忍不住了”“能上哪里去呢？”这些既是人物的内心活动，同时又是文本叙述者的叙述。这时，文本叙述者完全同人物站在了一个立场上，完全放弃了书面语，转而采用最为简单直白的日常用语。

在《巴克妈妈的一生》《布里尔小姐》《莫斯小姐的一天》《萝莎贝尔惊梦记》《累妮儿》等作品中，叙述者的叙述“声音”常常同作品人物的有限视角交织在一起。一方面，为了更加贴近人物的内心世界；另一方面，也表达了全知叙述者对人物的认同感。在另一些作品中，全知叙述者的“声音”就表达得较为婉转了。例如，在《没有脾气的男人》中，全知叙述者的“声音”就表达得较为隐蔽。这部作品讲述丈夫罗伯特陪同妻子在异国他乡养病、处处照顾着她的故事。在作品中，曼斯菲尔德通过第三人称叙述者从不同角度展现了男主人公个性与自我的丧失，他对有求必应的妻子照顾得格外细心，看似毫无埋怨，却如行尸走肉一般痛苦。从作品中罗伯特与妻子的对话可以看出，妻子不仅从时间上紧紧地控制着罗伯特，而且也企图从精神上和思想上去控制罗伯特，进而将他的自我慢慢抹杀。另外，从罗伯特的应答中，也可以看到罗伯特努力从妻子那里将自己的那一点自我给抢救出来：

（1）“啊，你来了，出了什么事，什么拖住了你？你瞧，茶在这儿哪。”

---

① 曼斯菲尔德：《曼斯菲尔德短篇小说选》，陈良廷、郑启吟译，上海：上海译文出版社，1988年，第71页。

"谢谢。"他在另一把椅子上落座。"不，什么都不吃。"

"哦，你一定得吃一片，午饭你吃得那么一点点……"

(2)"你一定知道肉豆蔻是什么香味吧？——知道吗？罗伯特？"

他也朝着她笑笑。"那我该怎样向你证明我知道呢？"

(3)"你把那椅子朝这里挪一挪，好吗？离得太远。"

但是。他没有动。

(4)"你知道，你有时非常荒唐，"她说，

"我就是这样的，"他回答。

(5)"……你去多久？"

他掏出表来。"现在四点半刚过。我五点一刻就回来。"

"五点一刻就回来，"她重复了一遍。[①]

当罗伯特与妻子在一起时，他是个有求必应、唯唯诺诺的男人，在旅馆里别的客人看来，"他不是一个男人"。无论在妻子的眼里，还是在他人的眼里，罗伯特的自我业已消失得一干二净。但是，从罗伯特的叙述视角可以得知，罗伯特完全是一个极为敏感、充满着思考的人。当罗伯特终于得到一段独处的时间（半个小时）时，他意识到自我在妻子面前慢慢丧失了，并因之而感到莫大的痛苦：

他望着那个站在绿荫下的男人，怎样直起身来，用一只手抓住黑黑的一嘟噜（葡萄），用掖在腰带上的刀子一割，便把那一嘟噜放在扁平的船状筐子里。那个人自由自在、一声一响地劳动着……[②]

引文中加黑点的部分即人物的叙述视角。当罗伯特看到一个正在割葡萄的农民时，他注意到并强调了这个人的"自由自在"。罗伯特何以只注意到这个，并将自己的意识加到正在工作的男人身上呢？这是因为，罗伯特自己最缺少的即"自由自在"，而他最期盼的也正是"自由自在"，罗伯特意识到自己的不自由，因此陷入痛苦的思索之中。作品虽然没有进入罗伯特的心里向

---

① 曼斯菲尔德：《蜜月》，文洁若译，北京：外国文学出版社，1988年，第148-165页。

② 曼斯菲尔德：《蜜月》，文洁若译，北京：外国文学出版社，1988年，第158页。

读者展现他痛苦的思索，但从罗伯特在看完割葡萄男人的工作之后的动作，“他倚着一堵墙，划了根火柴”，可以想到罗伯特内心的痛苦。正在罗伯特为自己的处境和自我的丧失进行着痛苦思索的当儿，“时钟敲响了”，他再次回到现实中来。接下来的一个段落表明了罗伯特没有能力也没有权利从这种彻底丧失自我的处境出挣脱出来，虽然他的灵魂暂时还是自由的，可以思索，也可以遐想，可是，他的身体、行为已被婚姻中无形的束缚占领了，而它们还将慢慢吞食他的灵魂。

同《巴克妈妈的一生》等作品相同，《没有脾气的男人》也采用了将全知叙述者同人物有限视角叙述交织的叙述方法。但在两者交织的叙述过程中，全知叙述者对人物的态度并不明确，其“声音”较为隐蔽。然而，隐蔽并非等同于消失，或许正是因为隐蔽，这个“声音”才显得尤其重要。细读作品中全知叙述者的叙述可以发现，这个隐蔽的“声音”含义丰富，而且完全站在了人物叙述者的立场上，对人物叙述者的认同与同情丝毫不亚于《巴克妈妈的一生》中的全知叙述者对“巴克妈妈”的同情。

在《没有脾气的男人》中，作品通过全知叙述者与人物有限叙述视角交织在一起的叙述方法，展现了人物罗伯特为妻子取来短斗篷并将斗篷替妻子披上肩等事件。除了这些，罗伯特还应妻子的请求，陪同她一块坐在阳台上，虽然罗伯特没有拒绝，但从“他竭力忍住一个哈欠”等描述中可以得知，罗伯特并非心甘情愿。就在罗伯特耐着性子陪同妻子枯坐时，全知叙述者却完全跳出了罗伯特无法跳出的场所，向读者展示了一番外面花园的景观：

> 太阳还老高老高。花园里每一片叶子、每一朵花都摊开了，一动也不动，好像精疲力竭了，微颤的空气里充满着醇美、浓郁的馨香。仙人掌那肉质的厚叶子里伸出一根沉香茎，上面累累开着仿佛奶油切成的苍白的花；棕榈那高举着的尖形叶片上，亮光闪闪；花坛里开着宛如蜡制成的猩红的花朵，一些黑昆虫在上面发出嗡嗡声，一株有着黑玉斑的巨大、艳丽、枯黄的攀缘植物，缠绕在墙上。[①]

① 曼斯菲尔德：《蜜月》，文洁若译，北京：外国文学出版社，1988年，第155页。

暂时跳出罗伯特与妻子枯坐阳台及两人在阳台上的交谈的场景，而向读者展现了一幅色彩艳丽、生机勃勃的画面，全知叙述者的用意何在呢？就在全知叙述者显然还想向读者展示花园里的景象时，罗伯特妻子的话将其叙述打断了：

> “我完全用不着披斗篷，”她说，“实在太暖和了。”于是，他帮她脱下来，挎在胳膊上。[①]

全知叙述者那充满着热情的、对花园的叙述重新回到了罗伯特与妻子的相处场景中来，而这时，全知叙述者的叙述节奏显然也就变得缓慢、平稳。当全知叙述者得以从罗伯特与妻子同处的场景中暂时脱离片刻时，其叙述节奏轻快而活泼。从中可以得知，全知叙述者对罗伯特妻子的态度同罗伯特对妻子的态度全然一样，都时刻期盼着可以从妻子身边暂时逃离。从全知叙述者对罗伯特妻子的态度来看，他完全站到了人物罗伯特的立场上。此外，从全知叙述者对花园景象的描述来看，他是以外部世界的自由、美丽与生机反衬出人物罗伯特那毫无自由，缺乏生机与乐趣的生活。

当罗伯特终于得到半个小时的独处时间时，全知叙述者与人物叙述者的叙述节奏完全一致，同作品前半部的缓慢、平稳形成了对比。罗伯特得到半个小时的独处时间，一个人去公寓外散步时，如同换了一个人，从全知叙述者的叙述视角来看，罗伯特的行动迅速而敏捷：

> （1）门里长着枝叶茁壮的天竺葵，他略弯着腰，望着前方，迅速地从它们旁边走过，攀上丘陵。
>
> （2）走啊——走啊——走啊，他一直向前走。……穿过公园……接着又踱进了较穷困的地区。
>
> （3）爬上丘陵的顶巅；拐了个弯，镇子便消失了。
>
> （4）他俯瞰一道深谷，尽底下是一片干涸的河床，东一处，西一处……。[①]

当半个小时的独处时间终于过去，全知叙述者和人物同样感到意犹未尽

---

① 曼斯菲尔德：《蜜月》，文洁若译，北京：外国文学出版社，1988年，第157页。

的失望：

> 时钟敲响了。他猛地转过身来。几点啦？五点？过一刻啦？他又原路折回去。当他穿过大门时，只见她正望着。她站起来，摆摆手，慢慢迎过来，拖着沉甸甸的短斗篷。她手里拿着一小枝芥菜花。[①]

引文中的叙述是全知叙述者与人物有限视角叙述的交织混合，“时钟敲响了。他猛地转过身来”是全知叙述者的叙述，“猛地转过身来”既表现了人物的心态，又表明了全知叙述者对人物一定的同情。“几点啦？五点？过一刻啦？”是人物的有限视角叙述。而“他又原路折回去”表现出全知叙述者与人物再次回到最初那种缓慢、疲倦的状态中。最后一句“她站起来，摆摆手，慢慢迎过来，拖着沉甸甸的短斗篷。她手里拿着一小枝芥菜花”是全知叙述者与人物视角的重合，在这样的重合叙述中，这个“慢慢迎过来”“拖着沉甸甸的短斗篷”“手里拿着一小枝芥菜花”的妻子显然是作为一个不受欢迎的对象而重新回到全知叙述者和人物的叙述视角中来的。

在《没有脾气的男人》中，全知叙述者的“声音”是极为重要的，这是因为，全知叙述者的隐蔽“声音”表现了人物罗伯特的隐蔽“声音”，罗伯特对妻子的厌恶就表现得极为隐蔽，虽然他在内心深处有意识地淡化对妻子的厌恶，但是，从行动中依然可以透露出来。例如，从罗伯特去取妻子的披肩这一事件中的行动、心理、叙述视角可以得知罗伯特的厌恶心理：

> （1）他两眼扫视了一下光线刺眼的房间。披肩究竟在哪里！
>
> （2）他大步走过房间，抓起那条灰色网眼披肩，接着出去，“砰”的一声带上门。

句（1）是透过罗伯特的视角进行描述的，“光线刺眼的房间”（glaring room）中的“光线刺眼”（glaring）形容房间的明亮，但也暗示了罗伯特此刻的烦躁心情，接下来的一句间接引语证实了罗伯特内心极度的不耐烦。在句（2）中，“砰的一声带上门”中猛而重的动词完全可以表现出罗伯特当时极度

① 曼斯菲尔德：《蜜月》，文洁若译，北京：外国文学出版社，1988年，第159页。

厌恶的心理。可是，同全知叙述者竭力掩饰着自己的“声音”一样，罗伯特也竭力掩饰着自己的真实想法，而勉强应付着妻子：

（1）他转着小指上的图章戒指，直勾勾地朝前望着，茫然眨巴着眼睛。

（2）“不，谢谢，不要啦。茶真的不错，”他慢声慢气地说。

（3）……他拘谨地把胳膊伸给她……

（4）这当儿，他竭力忍住一个哈欠，他们就一道走下台阶。

（5）他没有回答，他照往常那样慢条斯理地微笑着说：……[①]

在《没有脾气的男人》中，曼斯菲尔德通过全知叙述者的隐蔽的“声音”来暗示主人公没有表露出来的隐蔽心态。其叙述过程复杂而有趣，完全表现出曼斯菲尔德第三人称叙述模式极为丰富的内涵意义及别开生面的叙述技巧。

出现在第三人称叙述中的第三种情况是，“受限制的全知叙述者”完全不认同人物叙述者的有限视角叙述，如《幸福》《一杯茶》《摇摆》就出现了两个截然不同的叙述声音。《幸福》中的叙述视角处于不断转换的过程中，由全知叙述者的叙述和人物的有限视角叙述交织完成。但这种交织的叙述同样也是一种极为矛盾的叙述过程，这是由于全知叙述者的叙述内容与人物有限视角的叙述形成了矛盾。

在《幸福》中，主人公贝莎向读者叙述了自己的“幸福”，她之所以“幸福”是因为她是“丈夫的妻子”“孩子的母亲”“朋友的密友”“客人的女主人”。她认为自己具有以上的地位，而读者也是从她的讲述中得知这样的地位。可是在全知叙述者的叙述中，贝莎一一失去了所有她感到骄傲的东西，既失去了一直以为自己具有的地位，又失去了一直具有的优越感。小说一开始，就由人物的叙述讲述了自己的“幸福感”，“心花怒放——无比幸福——浑似突然吞下了当天下午一片灿烂的阳光，于是它就在胸膛里燃烧……”贝莎认为自己“幸福”的根源在于她和丈夫“彼此相亲相爱”“朋友呢——都是时髦人物”等。但随着小说的开展，在全知叙述者的讲述中可以发现，上述的这些东西其实并不存在。首先，贝莎作为母亲的身份就被剥夺了，当她去看她的

① 曼斯菲尔德：《蜜月》，文洁若译，北京：外国文学出版社，1988年，第148-165页。

小婴儿，并想抱抱婴儿时，被奶妈拒绝了：

(1)……贝莎看奶妈那副模样，就知道嫌她到育儿室里来得不是时候。

(2)贝莎原想问问她，让孩子抓一条陌生狗的耳朵是不是有点危险，但她不敢问。她垂手站在那儿看着她们，活像个穷姑娘站在抱着洋娃娃的阔小姐面前。

(3)……贝莎不禁大声说道："哦，奶妈，让我来喂她吃饭吧，你把洗澡的东西收拾好。"

"我说，太太，她吃的时候可不该换人喂，"奶妈还是那么轻声轻气地说话。"乱了套，恐怕她就不得安宁。"①

从全知叙述者讲述人物贝莎这一事件可以观察到，人物视角叙述与现实生活并不符合。其次，曼斯菲尔德以全知叙述者和人物有限视角叙述交织的方法叙述了贝莎家宴请宾客这一事件的全过程。在这个叙述过程中我们发现，贝莎口中的"朋友呢——都是时髦人物，谈笑风生，有作家，有画家，有诗人，还有热心于社会问题的人士——一个个都是他们愿意结交的"，其实只是些不入流的、自以为是艺术家的可笑人物：

(1)诺曼·奈特太太，这位太太正脱下那件怪有趣的桔黄色大衣，下摆和前身都印着一排黑猴儿。……有趣的是她这会儿脱掉上衣，看上去当真像一只聪明伶俐的猴儿。

(2)"好一个萧瑟的秋色啊！"诺曼先生在小贝的摇篮车前歇下来念道，"摇篮车推进门厅里——"他挥了挥手，没能把引用的那句词说下去。

(3)门铃响了，来的是苍白瘦削的埃迪·华伦，跟往常一样，满脸烦恼透顶的神气。

(4)"不知道你有没有看过比尔克斯的新诗《客饭》？"埃迪轻声说，"写得好极了，头一行就美得不得了：'为什么老是吃番茄汤？'"②

---

① 曼斯菲尔德：《曼斯菲尔德短篇小说选》，陈良廷、郑启吟译，上海：上海译文出版社，1988年，第174页。

② 曼斯菲尔德：《曼斯菲尔德短篇小说选》，陈良廷、郑启吟译，上海：上海译文出版社，1988年，第179页。

在全知叙述者与人物有限视角叙述的交织中，不仅这些客人的本性在读者面前暴露了出来，而且，贝莎在客人面前的女主人身份受到质疑，当贝莎在接待客人时，这些客人对贝莎的问话就是"男主人怎么还不来"。在全知叙述者对客人的一段又一段的叙述中，根本就没有出现过贝莎的任何一句话，也就是说，她只能作为一个旁听者、旁观者而存在，换言之，即一个局外人。她要么就是"听"客人的谈话，要么就是"看"客人的衣着与神情，因为无法插入、无法渗入、无法融入，贝莎的心理活动就特别多。作者用大段大段篇幅展现贝莎的心理活动，而这些心理活动又完全是一个处于旁观位置的观察者的心理活动，因为她的心理活动全是以客人为主的。"他们的汤匙一起一落的，用餐巾轻轻擦擦嘴，把面包撕开，不停地持叉举杯，谈天说地。"至此，贝莎的女主人地位在读者面前失去了，再次让读者确定，贝莎的"幸福感"出自一厢情愿的假想。

最后，随着作品中的重要人物贝莎的"好友"富尔顿小姐出场，全知叙述者与人物叙述完全处于矛盾之中。在贝莎的叙述中，我们得知贝莎将富尔顿小姐视为世上最亲密的朋友，"两心相照，都是从另一个世界来的人儿，不知到这个世界来干什么好"。当贝莎一挨到富尔顿小姐那条冰凉的胳膊时，"心头那股幸福的火焰又给扇旺了"。可是，全知叙述者的叙述中所透露出来的信息却恰恰相反，"贝莎摸不透她"。在全知叙述者的叙述中，我们还发现，贝莎的亲切甚至讨好同富尔顿小姐的冷漠无礼形成对比，全知叙述者一再强调富尔顿小姐的"冰凉"：

（1）富尔顿小姐那副冷冰冰、懒洋洋的嗓门问道，"你们家有花园吗？"

富尔顿小姐的口吻是多么高雅，贝莎只有恭敬从命的份儿了。她穿过房间，拉开窗帘，打开了那些长窗。

（2）贝莎一挨到富尔顿小姐那条冰凉的胳臂……

（3）像所有的金发女郎一样冷冰冰……[1]

① 曼斯菲尔德：《曼斯菲尔德短篇小说选》，陈良廷、郑启吟译，上海：上海译文出版社，1988年，第184页。

全知叙述者叙述中的富尔顿小姐是个高深莫测的危险人物，贝莎对富尔顿小姐的认识同现实并不符合。而在全知叙述者与人物叙述的交织中，也暗暗嘲笑、讽刺贝莎的天真与武断：

……不过贝莎突然一下子就明白了，如同她俩四目对视已久，早就互通衷曲，如同彼此都已经跟对方说过，“原来你也是这样？”她知道珀尔·富尔顿在搅动灰色汤盘里那红艳艳的汤时，心中的感受一定和自己的感受一样。[1]

虽然读者早已从全知叙述者的叙述声音中感受到富尔顿小姐对贝莎的威胁，以及贝莎丈夫哈里与富尔顿小姐的私情，但贝莎还一直从自己的观察中认为丈夫哈里厌恶富尔顿小姐。在以下这一段中，全知叙述者不仅表现了哈里与富尔顿小姐善于掩饰、极富心计，而且讽刺了贝莎的愚蠢：

看见他这副模样，贝莎领会到哈里不仅讨厌富尔顿小姐，而且的确嫌恶她。富尔顿小姐回话说：“不，谢谢，我不抽烟。”一听那口气，她就领会到富尔顿小姐也感觉到了，而且很伤心呢。[2]

作品的最后，曼斯菲尔德通过全知叙述者与人物视角交织的方法将富尔顿小姐与哈里的私情展现出来。从全知叙述者的叙述口吻中可以发现，他并不同情贝莎，没有出现像《巴克妈妈的一生》中那种全知叙述者和人物叙述合而为一的焦虑的声音。相反，面对人物贝莎人生的破裂，全知叙述者却以极为平淡的口吻叙述了花园里的那棵贝莎曾自比为自己“幸福”人生象征的梨树：

可是那棵梨树还是照样那么可爱，照样繁花满树，恬然静立。[3]

---

① 曼斯菲尔德：《曼斯菲尔德短篇小说选》，陈良廷、郑启吟译，上海：上海译文出版社，1988年，第181页。

② 曼斯菲尔德：《曼斯菲尔德短篇小说选》，陈良廷、郑启吟译，上海：上海译文出版社，1988年，第185页。

③ 曼斯菲尔德：《曼斯菲尔德短篇小说选》，陈良廷、郑启吟译，上海：上海译文出版社，1988年，第1页。

面对人物焦虑的“这可怎么办好”的呼叫，全知叙述者的叙述声音却平淡、恬然、毫不焦虑。这样的叙述声音其实暗示着贝莎的悲剧全是自己一手造成的。从全知叙述者的叙述中我们得知，贝莎虽然已经是30岁的人了，可是还像个孩子一样不懂世事，“贝莎·扬虽然已经是三十岁的人了，可是她有时候还是这样，不肯好好走路，偏要连奔带跑”，我们还知道，贝莎是个粗心大意的人，“她一面奔向台阶，一面在提包里掏钥匙——照例她又忘了带钥匙”。贝莎的行为虽然带着点孩子气，可是她的内心深处同样有不可告人的阴暗面，通过全知叙述者的叙述我们得知，对贝莎造成直接威胁的富尔顿小姐是生活空虚无聊的贝莎在某个俱乐部里“发掘”的朋友；我们还知道，贝莎之所以同富尔顿小姐交往，也并非出于好意，而是借富尔顿没有丈夫、没有家庭、没有工作、没有钱的处境来衬托出自己的“幸福”，贝莎很乐于听丈夫哈里当着自己的面嘲笑富尔顿小姐：

> “哦，出租车来了。”贝莎笑了，脸上带着点儿东道主的神气，凡是她发掘的女朋友新奇、又神秘的时候，她脸上总是摆出这副神气。“她成天在出租车里过日子。”
>
> “如果她那样下去就要发福了，”哈里冷冷地说，一面打铃吩咐开饭。“金发女郎最怕发福了。”
>
> “哈里——别这样说，”贝莎抬头笑着警告他。[①]

贝莎将富尔顿小姐引入自己的家，同《一杯茶》中的罗斯玛丽·费尔将一个路上遇到的乞女领回家来的目的一样，借别人的痛苦为自己的“幸福”再加上一勺糖。贝莎的残忍并不亚于《一杯茶》中的罗斯玛丽，罗斯玛丽将乞女领回家来，就是想让乞女看看，“这温暖、柔和、明亮、芳香的屋子，这一切，都是她消受惯了的，她就像个富家小姑娘在自己家里的育儿室一样高兴，要吃有吃，要玩有玩”。不仅如此，罗斯玛丽还想打听乞女的悲惨经历，当她让乞女饱餐一顿之后，心想“是打听的时候了”。贝莎与罗斯玛丽完全一样，全知叙述者也讲述了贝莎一直存有向富尔顿小姐打听其经历的想法，“叫

---

① 曼斯菲尔德：《曼斯菲尔德短篇小说选》，陈良廷、郑启吟译，上海：上海译文出版社，1988年，第181页。

人恼火的是，虽然她们常在一起，多次见面也曾谈过心，贝莎还是摸不透她”。

《幸福》采用全知叙述与人物有限视角叙述的第三人称叙述模式，将贝莎的愚蠢、天真、无聊、残忍、可悲可笑等一一展现了出来。同时也展现了全知叙述者不仅没有表现出对人物的同情，相反，却以间接的方式表现出对人物的嘲笑、挖苦、讽刺与批判。这种全知叙述者完全不认同人物叙述的第三人称叙述模式同样也是《一杯茶》《摇摆》等作品中所采用的叙述方法。

综上所述，在曼斯菲尔德采用的第三人称叙述模式的众同作品中，因为不同的叙述情景而具有三种形式。这三种形式的不同，建立在全知叙述者与人物叙述者二者叙述声音是否一致的基础之上。

第三章
多重视角叙述艺术论

多重视角叙述指的是在同一部作品中，通过不同人物的叙述视角来完成文本叙述结构的建构，让人物不同的叙述视角组成一个立体的“叙述群”。多重视角叙述不同于第一人称叙述及第三人称叙述，这是因为，在第一人称叙述模式中只能出现一个叙述视角，“我”既是作品中的一个人物，同时又担负着作品故事、事件、场景的讲述人的工作，具有讲述功能，没有“我”这一具有双重身份的叙述人兼讲述人存在的话，就不可能有整部作品的存在。那么，也可以这样说，读者对作品故事、事件或人物的了解，主要是通过“我”这个第一人称叙述者的叙述来实现的。在第三人称叙述中，出现了两个叙述者的叙述，一是受限制的全知叙述者的叙述，二是作品某一人物，通常即文本中的主人公的有限视角叙述。总的说来，读者是通过受限制的全知叙述者和主人公的有限叙述视角的叙述来实现对作品、事件和人物的了解的。

然而，在曼斯菲尔德的三部篇幅较长的小说中，却出现了一种新的叙述模式，即具有多重叙述视角的“叙述群”。作品中的众多人物都可以作为某一事件、场景、人物对话的叙述者。三部作品都分为十二个部分，每一部分中的叙述视角却又因为担负讲述功能的叙述者的个性、心态不同而展现出不同的叙述节奏和叙述声音。同时，出现在第三人称叙述模式中的受限制的全知叙述者实现了隐退，“尤其在后期小说中，从一种意识到另一种意识会变得难以辨别，曼斯菲尔德采用多元视角的叙述，使小说更接近戏剧形式，让人物自己说话，没有了全知叙述者特权视角，《已故上校的女儿》《序曲》《在海湾》就是最典型的例子。”[①]

多重视角叙述是现代主义作家使用较频繁的叙述技巧。例如，福克纳的《喧哗与骚动》就运用了多重视角叙述手法，透过康普生三兄弟的意识流展现康普生世家30年的衰亡史，小说叙述视角的转换对作品人物凯蒂和小昆丁形象的刻画具有很大作用，它从人物不同的视角展现出其心理活动的一个个侧面，从而组接起一个个人物形象。班吉的可怜无助、昆丁的敏感脆弱、杰生的尖酸刻薄、凯蒂的惨痛悲哀，种种情态心绪都通过叙述视角的转换及叙述镜头的切换得以展现。不仅福克纳的《喧哗与骚动》如此，现代主义诸多作品显然放弃了旧有的叙述方式，不再只采用叙述者无所不知、无处不在的角度来叙述。再如，菲茨杰拉德（F. S. K. Fitzgerald）的名作《了不起的盖茨比》就在书中主人公盖茨比之外，设置了“尼克”这样一个叙述者，从而使盖茨比的故事显得更加真实生动，同时使得小说叙述文本中出现了三个叙述声音。曼斯菲尔德的小说创作显然也具有这样的叙述技巧，例如，在《时髦婚姻》中，就通过威廉的视角来叙述伊莎贝拉的转变；不仅如此，在《序曲》《在海湾》《已故上校的女儿》中，曼斯菲尔德设置了一个“叙述群”，即作品不存在主人公，每个人物都是作品的主角，都担负着作品叙述者的工作，同时，“他”的叙述视角展现出自己的内心世界和其他作品中人物的生活，然而，“他”又出现在其他作品人物的叙述视角中，即作品人物互为叙述者。

曼斯菲尔德的《序曲》和《在海湾》常被评论家用来与伍尔芙的《海浪》相比，两者的共通之处首先就在于出现在叙述文本中的多重视角。在《海浪》中，“伍尔芙反对传统小说家全知叙述的单一视角，采用多个人物视角交叉叠和的叙述法，这样刻画出来的人物就比较全面，客观世界的形形色色也能通过人物的感受渗透过来，与主观世界交织起来，构成一幅立体画面”[②]。

曼斯菲尔德在《已故上校的女儿》中所采用的多重视角叙述技巧显然比《序曲》更为成熟、也更为复杂，其中的多重视角叙述需要读者有高超的艺术

① S. R. Daly, *Katherine Mansfield*, Revised Editon, New York: Twain Publishers, 1965, p. 60.

② 袁可嘉：《欧美现代派文学概论》，桂林：广西师范大学出版社，2002年，第282页。

欣赏能力。“要阅读这则作品，读者不仅仅需要那种可以平衡悲喜因素的能力，更需要高超的艺术欣赏能力，方可把握住人物在不同时空中表现出来的时悲时喜的心理”[①]，从某种程度上看，的确是眼睛在做一种奇妙的跳跃运动（eye game），唯有如此，读者方可在曼斯菲尔德这独创的文体形式中品味到作品中的妙趣。正是多重视角的叙述技巧，使得曼斯菲尔德的短篇小说引起读者和学者的关注。

第一节　早期作品多重视角叙述

创作于 1910 年的作品《布莱申马舍太太赴婚礼》算得上是曼斯菲尔德运用多重视角叙述手法进行叙述的第一篇作品。比起中期、后期作品中对多重视角叙述手法的娴熟运用，《布莱申马舍太太赴婚礼》中对这一手法的运用略显生涩，但也有其特色。也正是从这部作品开始，曼斯菲尔德开始有意识地在自己的小说创作中采用一种新型的叙述方式，如果没有早期创作中的尝试与开拓，必然也就没有中期、后期小说创作中对多重视角叙述技巧的娴熟运用。

《布莱申马舍太太赴婚礼》这部小说的情节并不复杂，文本讲述的是一个妻子跟随处于社会底层的“邮递员”丈夫去参加婚礼的故事。这个故事以布莱申马舍太太为丈夫准备行装并跟着丈夫去参加婚礼开始，用多重视角的叙述手法叙述了布莱申马舍太太的心理变化，她从一开始的忐忑、憧憬、兴奋到最后的失落、无奈、悲哀的心理状态。这部作品的女性意识及女性对自身处境的无奈接受引起了学者的关注，“布莱申马舍太太让自己的生命屈从于他人的意志，她尽管朦胧中觉得这一切有些不对劲，却无力反抗。她的生存状态是传统下层女性境遇的一个缩影”[②]。这部作品的确表达了曼斯菲尔德对女性命运的思考，她借人物叙述者之一布莱申马舍太太之口问道，“这一切

① J. F. Koberl, *Katherine Mansfield: A Study of the Short Fiction*, Boston: Twayne Publishers, 1990, p. 66.

② 官雪梅：《从女权到女性——浅析凯瑟琳·曼斯菲尔德作品女权意识的转变》，《西南民族大学学报（人文社会科学版）》，2012 年，S1，第 44 页。

都是为了什么？难道女性的命运就是满足男性和社会的需要，就是不断地生孩子吗？”这部作品因此具有强烈的批判性，同时探讨了女性的人生出路。但更加值得注意的是，在这部作品中，曼斯菲尔德对小说文本的叙述手法做出了有益的尝试和开拓。也就是说，早在 1910 年，曼斯菲尔德就开始有意识地对旧有叙述模式做出自己的革新，传统短篇小说中那种因为只有一位叙述者而使作品的叙述多多少少带有局限性的状况得以改变。在曼斯菲尔德的短篇小说中，“因为叙述视角是时时有变的，可以从这个人物的叙述视角变到那个人物的叙述视角，这就使得作品的各个角度、各个人物的心理与个性特征，事件的种种细节全部展现在了读者的面前”①。

在《布莱申马舍太太赴婚礼》这部小说中，不仅有零聚焦（zero focalization）叙述视角（零聚焦叙述视角也被称作“全知全能的叙述视角”，零聚焦叙述者的观察位置处于故事之外，不但知道人物的现在和过去，还知道人物的想法和内心感受），而且文本里出现了“受限制的全知叙述者”的叙述视角，以及人物叙述者布莱申马舍太太的叙述视角，更为精彩的是，作品还有其他人物的叙述视角。就这样，各个不同的叙述视角穿插成为一个叙述“网”，使得这部作品读来极为真实生动。在这部作品中，曼斯菲尔德动用了“转换式内聚焦”（variable inter-nalfocalization），“转换式内聚焦”指事件是由不同人物的不同视角所呈现出来的。

作品开头第一句话是 getting ready was a terrible business，毫无疑问，这是邮递员的妻子、一个有着五个孩子的家庭妇女布莱申马舍太太的叙述视角，因为她的整个生活都围绕着家务、丈夫、孩子，洗衣做饭让她劳累不堪，所以她才会有 terrible business 这样的感叹。人物叙述者在这里没有说 a terrible thing，而是用的 business，一方面表现出人物的心理，另一方面又暗示出人物那疲于应对生活的现状。接着，“受限制的全知叙述者”开始叙述布莱申马舍太太开始为自己的丈夫准备婚礼穿的衣服，这时候，“受限制的全知叙述者”和读者一样，并不知道布莱申马舍太太在做这些事情时的心理状态，“受限制的全知叙述者”叙述的只是她的动作而已，这也暗示了布莱申马舍太太在日

① S. R. Daly, *Katherin Mansfield*, New York: Twain Publishers, 1965, p. 51.

常生活中有意识地回避自己的情感和内心世界，人物在男性的世界里已经彻底失语了，“她”或“她们”如同机械的机器一样做着那些冗长而烦琐的事务。“受限制的全知叙事者”在叙述的时候，没有一笔带过，而是用详细的笔墨叙述了一个家庭妇女的劳作：

（1）擦亮布莱申马舍先生制服上的纽扣；
（2）用热熨斗将他那件最讲究的衬衫熨平；
（3）刷了刷他的鞋子；
（4）还在他那条黑缎领带上缝了一两针。①

作为同样要去参加婚礼的一员，布莱申马舍太太先准备的是丈夫出席婚礼的着装，对自己的衣着，只是让女儿把自己要穿着出席婚礼的衣服“挂在炉子前面”。这样的叙述视角，其实就是暗示着婚姻与家庭中的布莱申马舍太太已经主动地失去了自我，成为家庭中的一个附属品，她存在的意义就只是为自己的丈夫服务。而她的丈夫是一个怎样的人？虽然“受限制的全知叙事者”没有明确向读者交代丈夫的性格，但通过对其出场的描述已经巧妙地表现出他那种自私、粗俗、自高自大的性情与习气。这个邮递员的出场是这样的：

（1）“喏，我的衣服在哪儿呢？”布莱申马舍先生嚷道，他边把空信囊挂在门后，边跺着靴子上的雪……
（2）“当然，什么都没有准备好呢……”
（3）“喏，”先生说，“简直转不开身。你到走廊里去换衣服吧，我需要灯光。”②

“受限制的全知叙事者”不带任何情感地叙述了这位先生的出场，寥寥几笔，就将一个既粗俗又自私的男人成功地刻画了出来。他一回到家就大喊大叫地问他的衣服，然后马上指责自己的妻子“什么都没有准备”，当妻子将准备好的衣服拿给他时，他没有一句感谢的话，反而让太太到走廊去换衣服，因为他“需要灯光”。当布莱申马舍太太摸着黑在走廊换自己的衣服时，他又对着她喊，“喂，来替我扣上这个扣子”。最后还要“在太太的帮助下穿起大

① S. R. Daly, *Katherin Mansfield*, New York: Twain Publishers, 1965, p. 51.
② 曼斯菲尔德：《蜜月》，文洁若译，北京：外国文学出版社，1988 年，第 16 页。

衣，然后等着太太点灯”。在整个过程中，“受限制的全知叙事者”如实叙述了这个男人对妻子的颐指气使，他以对待仆人的态度对待着自己的妻子，当他对妻子说话时，甚至没有任何的称呼，只有一个“喂”。原文中用的是 here, come and fasten this buckle，here 一词不仅表现出男人的粗俗无礼，更表现出妻子在他心目中是没有任何地位的。

当他们走出家门去赴婚礼时，“受限制的全知叙事者”隐身了，而将叙述视角交给了人物叙述者之一的布莱申马舍太太，下面这一段是“受限制的全知叙事者”和人物叙述者之一布莱申马舍太太叙述视角的交融：

> Snow had not fallen all day(雪并没有整天下个不停); the frozen ground was slippery as an ice-pond（冰冻的路面像冰池一样滑溜）. She had not been out of the house for weeks past（她已经好几个星期没走出房门了）, and the day had so flurried her（这一天她又过于紧张）that she felt muddled and stupid—felt that Rosa had pushed her out of the house and her man was running away from her.（以致感到昏头昏脑——恍惚间好像萝莎把她推出了屋子，而丈夫要逃开她似的）[①]

显然，这一段有两个叙述视角，“受限制的全知叙事者”叙述的都是客观的事物和事实，如“雪并没有整天下个不停”“她已经好几个星期没走出房门了”“这一天她又过于紧张”；而人物叙述者之一布莱申马舍太太的叙述则带有主观意识，更多的是自己的内心感受，如“冰冻的路面像冰池一样滑溜”，因为此时此刻人物正走在下过雪的地面上，只有人物才能感知下过雪的地面像“冰池一样滑溜”，而在她的内心深处，她的丈夫是一直“要逃开她似的”。同以往的作品不同的是，这部小说中不只出现了两个叙述视角，除了“受限制的全知叙事者”的叙述、人物叙述者之一布莱申马舍太太的叙述之外，还有其他叙述者的叙述。

例如，当布莱申马舍一家来到举办婚礼的加斯陶斯家时，叙述视角就转换成布莱申马舍先生的叙述视角。他看到加斯陶斯家“洋溢着喜庆气氛”，在这个小邮递员的视角里，“每扇窗户都灯火辉煌”，壁架上挂着枞枝编成的

① A. Alpers, *The Stories of Katherine Mansfield*, London: Oxford University Press, 1984, p.43.

“环”，敞开的大门用树枝装饰起来，东道主在大厅里“盛气凌人”地朝女侍嚷嚷，“要着威风”。作为一个粗俗的小邮递员，他的视线里不可能容纳太多的具有内涵的事物，因此，他看到的无非就是“一杯杯啤酒”“一盘盘的杯碟”“一瓶瓶葡萄酒”，在他的叙述视角里，在场的人无一不是“脚不停步地跑来跑去”。这时，用小邮递员布莱申马舍先生的叙述视角对婚礼现场作了介绍后，“受限制的全知叙事者”又回到文本中来，接着叙述下面的故事，下面的叙述视角是“受限制的全知叙事者”和布莱申马舍先生的叙述视角的巧妙交融：

> 布莱申马舍先生完全被这大气派唬住了，竟忘记了做丈夫的权利：当他竭力抢在所有的人头里上楼而硬把老婆往扶手推挤时，居然道了一声歉。[①]

在这个段落里，出现了两个叙述声音，一个来自“受限制的全知叙事者”，另一个来自布莱申马舍先生。“大气派”“所有的人头里”“做丈夫的权利”“居然”均来自布莱申马舍先生的叙述声音，因为在这样一个处于社会底层的小邮递员看来，婚礼现场的灯光、葡萄酒就是一种“大气派”。他虽然处于社会底层，但是他明显地意识到自己作为男性远远优于女性的家庭地位和社会地位，所以“做丈夫的权利”出自其叙述视角是很自然的事情，当他向自己的妻子道歉时，在他内心深处感到很不应当，所以用了“居然”一词。布莱申马舍先生“完全”“被这大气派唬住了”“竭力”“硬把老婆往扶手推挤”则来自“受限制的全知叙事者”的叙述声音，在看起来很平静的叙述中，读者完全可以体察到“受限制的全知叙事者”的叙述声音所暗含的讽刺与嘲弄。接下来的叙述更加精彩，依然是“受限制的全知叙事者”的叙述视角和人物叙述者之一布莱申马舍先生的叙述视角的融合：

> 布莱申马舍先生一走进举行婚礼的大厅的门，同事们便喝彩相迎，他太太把饰针扶扶正，十指交叉，摆出邮递员的妻子和五个娃娃的妈妈所应有的款儿。大厅可真漂亮。三张书桌拼在地板的一头，这样就腾出了供跳舞的地方。……[②]

① 曼斯菲尔德：《蜜月》，文洁若译，北京：外国文学出版社，1988年，第17页。
② 曼斯菲尔德：《蜜月》，文洁若译，北京：外国文学出版社，1988年，第17页。

同事们“喝彩相迎”，他太太“十指交叉摆出邮递员的妻子和五个娃娃的妈妈所应有的款儿”是人物叙述者之一布莱申马舍先生的叙述视角，在其叙述视角中，读者能感到他那沾沾自喜的心态。当新郎新娘出现时，在布莱申马舍先生那既粗俗又带着男权意识的叙述视角看来，新娘“看上去像是个刚从冰箱里拿出来的蛋糕，就等着被利利索索地切成一小块一小块的，以供她身旁的新郎享用”。以一个男性的目光来看，女人存在的意义就是为男人服务，所以在布莱申马舍先生的叙述视角中，新娘就该被当做蛋糕一样，“就等着被利利索索地切成一小块一小块的，以供她身旁的新郎享用”。曼斯菲尔德虽然不是激进的女权主义作家，但她所具有的女性意识，以及对男权的厌恶与反抗也是很明显的。

接着，当布莱申马舍太太向大厅走过去时，“受限制的全知叙事者”又将叙述任务转换到了布莱申马舍太太的叙述视角，她知道“自己会尽情地享受一番”，她一闻到喜庆日这种“熟悉的味道”，就会“精神焕发”“浑身暖和起来”。“尽情享受”“精神焕发”“浑身暖和起来”都是布莱申马舍太太的叙述视角，读者也因此得以走进她的内心，感受到她此刻那种愉悦的心情，但是，这一刻愉悦的心情很快就被打破了，当屠夫的妻子鲁普太太告诉她，她裙子后面的钩子开了，并且露出里面的白棉纱衬裙时，她感觉到自己的愉悦被打破了，她感觉“真可怕”。这时，“受限制的全知叙事者”用“布莱申马舍太太边说边咬着嘴唇，倒在椅子上”这句话表现了布莱申马舍太太内心受到的冲击，她原有的那点儿愉悦心情很轻易地就被人破坏了。但是，彻底将她的好心情毁坏干净的是其他妇女的对话，在这段对话中，布莱申马舍太太得知新娘是被一个过路的客人给甩了的，这个过路的客人是来兜售纽扣的，长得简直是“一头猪”，但正是这么一个家伙，居然在玩弄了这个姑娘之后把她给甩了，可怜的女人生下了他的孩子，最后只有带着这个长大的孩子嫁人，而她所嫁的这个男人，也是一个粗俗不堪的肮脏男人，“两个月也不换一次衬衫”“房间的气味很大”，最后，一个妇女以一种幸灾乐祸的口吻说，“她跟着这个男人有好日子过哩”，因为，在这些女人看来，“每个做妻子的都得有份罪受”。

这时，“受限制的全知叙事者”叙述了人物叙述者之一、但同时也是中心人物的布莱申马舍太太的动作：

> 布莱申马舍太太低头看着她的啤酒，把泡沫吹出个小眼。
> “婚礼不该是这样的，”她说，……[①]

接着，“受限制的全知叙事者”的叙述视角又回到了人物叙述者之一布莱申马舍太太的叙述视角，布莱申马舍太太被夹在两个肥胖的女人之间，所以她“根本指望不上有人会请她跳舞”，她望着一对对舞伴在旋转，“忘记了自己已经有了五个娃娃和丈夫”，在其内心深处，“觉得差不多又像是个少女了”。在她看来，“乐声悲怆而优美”“她不敢正视任何人，只微笑着，嘴角上神经质地稍稍发颤”，人物正陷入自己的自由想象空间之中，觉得自己脱离了繁重的家务、孩子、丈夫，重新又成了曾经的少女，突然之间，她的幻想被现实打破了，原来是自己的丈夫正要向来客介绍一对新人，他那故意做出的夸张的怪相，使得在场的人都哈哈大笑，他将一个大的咖啡递给那一对新人，里面是一只婴儿的奶瓶和一对装着瓷娃娃的摇篮，新娘看到这个只是“小声”地叫了一下，又把它盖住了，而新郎则夺过来，在大家面前摆弄着那些“宝贝”，这时，“那间闷热的屋子仿佛被笑声震得直摇晃”，在布莱申马舍太太的叙述视角下：

> 布莱申马舍太太并不认为这有什么好笑。她环视着一张张笑脸，倏地觉得都那么陌生。她恨不得回家去，再也不出门。恍惚间她觉得这些人都在嘲笑她，人数甚至比屋子里的还多——他们统统在嘲笑她，因为他们远比她要强有力……[②]

“觉得陌生”“恨不得回家去”“再也不出门”“这些人都在嘲笑她”“统统在嘲笑她”“他们远比她要强有力”，这些叙述声音都来自人物叙述者布莱申马舍太太的内心世界。怀着憧憬和期待来参加这个婚礼的布莱申马舍太太内心深处涌起深深的失落，她认为，“婚礼不该是这个样子的”，她也很反对将女性作为繁衍后代的生育机器，她厌恶这样的生活，所以她认为其他人“远比她要强有力”，她在少女时代对人生的憧憬再一次被现实打破了，因此，当所有人都在哈哈大笑时，她根本就笑不出来。当读者得以一窥布莱申马舍太太的内心世界时，文本的叙述者又转换成了“受限制的全知叙事者”的叙述

① 曼斯菲尔德：《蜜月》，文洁若译，北京：外国文学出版社，1988 年，第 20 页。
② 曼斯菲尔德：《蜜月》，文洁若译，北京：外国文学出版社，1988 年，第 22 页。

声音，“受限制的全知叙事者”这样叙述布莱申马舍一家结束婚礼后回家的情形，这其中也穿插有人物叙述者布莱申马舍太太的叙述视角：

> 他们默默地走回家去。布莱申马舍先生大步流星地走在前面，她打着趔趄走在后边。从火车站通往他们家的那条路惨白而渺无人迹——一阵冷风刮掉了她的兜帽，她的脸便裸露在外面了……[①]

在这段叙述中，“从火车站通往他们家的那条路惨白而渺无人迹”毫无疑问是布莱申马舍太太的叙述视角，同时也暗示着她的心情非常低落，同前文中的“默默地走回家”相呼应，同时与文本一开始他们怀着期待的心情去赴婚礼形成了对比。到了家之后，布莱申马舍太太像往常那样照顾着已经睡着了的孩子，帮婴儿换了尿布，然后她在心里劝慰自己，“从古至今都是这么回事，整个世界都是一样”，同时她又认为，“可这太愚蠢啦”。文本的结尾处，叙述视角再次转换，换成了布莱申马舍太太、布莱申马舍先生和“受限制的全知叙事者”的叙述视角的交融：

> 然后，连婚礼的那段记忆都淡忘了。当布莱申马舍先生脚步蹒跚地走进来时，她躺在床上，像是准备挨打的孩子那样，用胳膊捂住脸。[②]

“连婚礼的那段记忆都淡忘了”是布莱申马舍太太的叙述视角，“脚步蹒跚”则是“受限制的全知叙事者”的叙述视角，而“她躺在床上，像是准备挨打的孩子那样，用胳膊捂住脸”则是布莱申马舍先生的叙述视角。短短一句话，就融合了三个不同的叙述视角，为读者呈现出不同的叙述声音，而且这种融合是极为巧妙和自然的。这样的尝试与开拓为曼斯菲尔德中、后期的创作提供了必要的基础。

第二节　中期作品多重视角叙述

创作于 1917 年的《序曲》在曼斯菲尔德短篇小说创作中占据着极为重

---

① 曼斯菲尔德：《蜜月》，文洁若译，北京：外国文学出版社，1988 年，第 22 页。
② 曼斯菲尔德：《蜜月》，文洁若译，北京：外国文学出版社，1988 年，第 23 页。

要的地位。从题材上来看,《序曲》这部作品表明曼斯菲尔德在经历了探索后终于找到了最适合自己的创作题材，这个创作题材离不开新西兰海湾，小说作品中的情节与场景都以新西兰海湾为背景而展开。同时，小说不再以表现一个“故事”为主要目的，更多的是想要表现一种悠闲的富有诗意的生活。从创作形式上，尤其是叙述模式上来看，这部作品是曼斯菲尔德第一部采用了多重视角叙述的作品。《序曲》是曼斯菲尔德最为成功的作品之一，同时也是备受批评家推崇的优秀之作，小说以伯纳尔一家从城里搬迁到郊区一座宽敞舒适的新居开始，展现了这个大家庭真实生活的画面。“小说由十二个部分（片断）组成，每个部分（片断）之间的衔接是通过象征性物体或行为的不断重现而实现的”[①]。

《序曲》最引人注目的莫过于作品中那游移无定的叙述视角所组成的多重视角叙述效果。《序曲》“像一幅移动的画面，空间变换倒在其次，视角的流动才是最突出的。叙述者在这部作品中几乎让人难以觉察，而人物的视角得到了空前的解放和彰显——轮流停留在不同的人物身上,由他们进行不同的‘看’。曼斯菲尔德仿佛化身成了所有的角色，散落在叙事的各个地方，用不同的视角，像编织那样交织成一个动荡的叙述过程”[②]。在这部小说中，全知叙述者显然也受到了一定的限制，其叙述不再无所不知、无处不在。有些人物的内心世界只是这个人物自己明了，叙述者自己主动地与笔下的人物保持一定距离，而读者只能通过人物自己某一刻的表现得以了解人物的内心世界。每一个人物都以自己的思想活动来表现自己，这些人物组合起来就成为一个“叙述群”，这也就是埃瑞克·阿尔伯彻·麦斯所说的“多重视角叙述”[③]。

《序曲》打破了过去小说中以单一的叙述视角来叙述故事的叙述手法，为短篇小说的创作开辟了新的道路。关于在这一文体中所出现的极为新颖的多重视角叙述方式，曼斯菲尔德曾这样说过:“我是一架照相机，而我的选择

---

① C. A. Hankin, Katherine Mansfield and Her Confessional Stories, In R. B. Nathan, *Critical Essays on Katherine Mansfield*, London: Macmillan, 1983, p. 13.

② 宋晓萍:《双重流放者:曼斯菲尔德的漫游和写作》,《外国文学研究》, 2000 年第 3 期, 第 95 页。

③ E. A. Mimesis, trans. Williard A. *Trask Garden City*, New York: Doubleday, 1975, p. 471.

取决于我对人生的态度。”[①]

《序曲》由十二个部分构成，这十二个部分实际上正是十二个生活片断。第一部分叙述全家准备离开旧居。这一事件主要以伯纳尔家庭的一个孩子凯西亚的叙述视角来叙述，其间也穿插有另外几个人物，如琳达、伊莎贝尔、帕特、外祖母的叙述视角，这一部分的叙述节奏较快。第二部分叙述凯西亚到老房子的情形，以凯西亚的叙述视角完成叙述，叙述节奏和缓。第三部分叙述罗蒂和凯西亚坐着马车去新家的途中，主要以凯西亚的视角完成叙述，同时还穿插外祖母的视角，这一部分的叙述节奏平稳和缓。第四部分表现了五个不同的场景：外祖母带着孩子去睡觉、贝丽尔独自一人在月光下遐想、斯坦利与琳达在入睡前的一番对话、仆人帕特的小屋、夜间的花园等。五个场景分别以不同的视角进行叙述，例如，第一个场景主要以凯西亚的视角完成叙述，而最后一个场景则交由叙述文本中的全知叙述者来完成叙述，由于五个场景分别具有不同的叙述视角，其叙述节奏也各不相同。第五部分叙述了琳达清晨醒来的浮想，以琳达的视角进行叙述，叙述节奏缓慢。第六部分叙述视角几番转变，从外祖母费尔菲尔德太太的视角转到贝丽尔的视角，再转到琳达的视角，最后以凯西亚的视角将主要场景从厨房移到花园，叙述节奏缓慢。第七部分叙述了男主人斯坦利·伯纳尔下班回家、全家人的晚餐情形、贝丽尔在餐室里的遐想三个场景，叙述视角也经过几番转移，由斯坦利的视角转化为贝丽尔的视角，这一部分的叙述节奏较快。第八部分展现的是孩子在花园玩耍这一场景，由全知叙述者的叙述完成，叙述节奏平稳。第九部分展现帕特杀鸭这一场景，由伊莎贝尔、凯西亚的视角和全知叙述者的叙述完成，叙述节奏轻快。第十部分以女仆艾丽斯的叙述视角完成叙述，叙述节奏较快。第十一部分展现了两个场景：斯坦利与贝丽尔在餐室下棋、琳达与费尔菲尔德太太在月光下散步，两个场景均以琳达的叙述视角来完成叙述，这一部分的叙述节奏较慢。最后一个部分展现的是贝丽尔的内心世界，由贝丽尔的视角完成叙述，属于快节奏叙述。《序曲》中的十二个部分看似孤立，也可独立成篇，但其间却有着种种或密或疏的联系。例如，第一部分、第二

① J. Meyers, *Katherine Mansfield: A Biography*, London: Hamish Hamilton, 1980, p. 261.

部分、第三部分之间存在着时间顺序与逻辑关系；第五部分和第十一部分之间则是相互承接的关系；而在第二部分和第六部分之间，虽然从小说前后来看它们相隔得不近，但其实就是同一个部分中的两个分支而已。《序曲》十二个部分中的叙述视角各不相同、时时有变，有时明明是同一件事或是同一个场景，会因为叙述者不同而呈现出不同的面貌或具有不同的意味。

可以从《序曲》第一部分的第一段来领略曼斯菲尔德多重视角叙述技巧：

> 轻便马车上已经没有罗蒂和凯西亚的容身之地了。帕特把她们举起来放在行李上面，但是她们还是坐不稳当；外祖母的膝上已堆满了东西，要琳达·伯纳尔抱着个胖胖的孩子坐车，她根本吃不消。伊莎贝尔神气地同新来的听差一起坐在赶车人高高的座位上。

显然，这短短的一段文字中已融入了多个人物的视角。“轻便马车上已经没有罗蒂和凯西亚的容身之地了”是谁看到的？“她们还是坐不稳当”又是由谁的视角看到的？“外祖母的膝上已堆满了东西”“琳达·伯纳尔抱着个胖胖的孩子坐车，她根本吃不消”及伊莎贝尔的“神气”显然出自不同人物的视角。考伯勒指出，《序曲》中开头那个句子并不是一个典型旧有传统小说中的故事讲述者的开头方式或设句方式，而是一个魔法师对一位处于阅读过程中某一个读者的视野突如其来的一个“中途拦截”（interception）[①]：

> 轻便马车上已经没有罗蒂和凯西亚的容身之地了。（或：马车里，连一点儿空地都没有，容不下洛蒂和凯西亚了。）

这样的句子不仅仅直接进入了读者的视野，而且还直接进入了他们的情感思想之中。我们可以将乔伊斯两部早期作品开头的句子同曼斯菲尔德的开头方式作一番比较。这里所取用的乔伊斯的两部作品，均来自《都柏林人》（*Dubliners*），一部是《姐妹俩》（*The Sisters*），另一部是《一次偶遇》（*An Encounter*）。《姐妹俩》以这样一个句子作为作品的开头：

> 这一次他的希望又落空了：这是第三次打击了。

---

① J. F. Kobler, *Katherine Mansfield: A study of the short Fiction*, Boston: Twayne Publishers, 1990, p. 33.

《一次偶遇》的开头句子是：

让我们了解了《狂野西部》这部书的人是乔·迪伦。

尽管这两个句子都是在行为进行中得以展开的，而且只作客观的叙述，并没有加以任何的主观评论，但读者马上就会意识到，无论是《姐妹俩》还是《一次偶遇》，都带有极其鲜明的乔伊斯小说的独有特征与标志，即小说始终以第一人称的叙述者来进行叙述。然而曼斯菲尔德的作品却不是这样，那么，究竟是作品中的哪一位人物看到并表述出马车上已经“没有一点儿空地”给那两个小姑娘了呢？《序曲》这部作品中的任何一个参与到这一行为和场景中的人物都能看到空间拥挤这一事实，可是，读者到这时却依旧无法知道作品中的这些人物到底是谁。只有随着作品的继续开展，读者才会知道是何人参与了这一事件、行为、场景，而对那些将如此开场视为正在自己眼前所进行着的一幕剧的某一场景的读者，会较快地把握其作品的魔力之所在。这幕剧中的人物可以通过自己的眼睛发现马车上的拥挤，同时，读者通过读这样的一个句子，也可以通过自己眼睛得知同样的一个事实。这样，曼斯菲尔德即达到这样的艺术效果：作品中的人物对某一场景、某一事件、某一行为的把握并不先于读者，作品人物与作品读者是在同一时间对某一场景、某一事件、某一行为从不知到知，或从知之甚少到较为熟悉。在作品中，并没有出现在旧有短篇小说中所存在着的那种无所不知的全知叙述者，这些全知叙述者总是先于作品的读者了解某事件，并叙述出已然发生过的某事件或某场景。也就是说，这样的全知叙述者具有一定特权。在曼斯菲尔德的作品中，被叙述、被展现的某事件或某场景都不是曾经发生过的事件或场景，而是正在读者眼前进行的某事件或某场景。我们可以再次将乔伊斯作品开头的句子同曼斯菲尔德作品开头的句子作一番比较：

这一次他的希望又落空了：这是第三次打击了。（There was no hope for him this time; it was the third stoke.）

马车里，连一点儿空地都没有，容不下洛蒂和凯西亚了。（There was not an inch of room for Lottie and Kezia in the buggy.）

在乔伊斯的这部作品中，整个叙述背景就是讲述，而且是在讲述发生过的某一事件，叙述者先于读者了解事实，读者的地位处于被动的接受地位，在没有用眼睛去看、用头脑去想之前已经接受了重要的信息。而在曼斯菲尔德的作品中，虽然时态用的是一般过去时，但整个场景却活灵活现地展现在读者面前。“马车上已经没有地方容得下洛蒂和凯西亚了”这样一个信息，是同时被作品中的人物和作品外的读者获知的，不存在谁先谁后的问题。读者的地位同作品人物的地位一样，都处在事件发生时了解事件的地位。正如考伯勒所言：“曼斯菲尔德作品的行为与事件都不是已发生的，而是正在进行之中的。”（The action has not previously taken place; it is taking place.）[1]

然而，作品中叙述视角却又是时时有变的，并不是所有的人物都可以参与到每一个发生的事件之中，也并不是作品中任一人物都可以通过自己的视角看到同一个事物行为，或者说在相同的场景、事件前作出一个相同的反应。例如，在开头的句子之后即紧跟着这样一个句子：

> 要琳达·伯纳尔抱着个胖胖的孩子坐车，她根本吃不消。

这样的一个句子有着极为明显的暗示意味，叙述者进入了作品人物琳达·伯纳尔的意识和思想之中，而这个人物的思想与意识却是整个场景中其他人物所无法了解的，因此，这幕场景的观看者当然也是不可能通过自己的视觉而了解到的。但场景的观看者，或者说作品的读者却可以接收到这样的一个暗示：琳达·伯纳尔正在怀孕期间，因此，要她长时间地抱一个孩子是很危险的事情。在这个句子中，叙述视角发生了极为微妙的变化，其间，“胖胖的”这个形容词显然是通过作品人物琳达的视角作出的叙述，而“她根本吃不消”则是作品叙述者的视角。

作品开头的几个句子都很短，而且没有任何主观介绍或评述，然而对正在“观看”的读者而言，他们的思维当然也是活跃其间并不断根据自己所“看到”的场景或人物作出有趣的判断。读者会想，“胖胖的”孩子是否是琳达本人的孩子？从琳达的叙述视角来看，她对这个孩子似乎有着不易被人觉察的厌烦，从这个孩

① J. F. Kobler, *Katherine Mansfield: A Study of the Short Fiction*, Boston: Twayne Publishers, 1990, p. 15.

子身上，读者自然会联想到作品第一句中出现的那两个孩子，从这两个孩子的名字上可以得知这是两个小女孩，而且她们的年纪似乎相近，读者马上会猜测到这两个孩子也是这个正在怀孕的女子的孩子。这时，出现一个名为“帕特”的人物，这个名字可以是男名也可以是女名，读者马上可以通过这个人物将两个小女孩子“举起来放到行李架上”的举动得知“帕特”这个人物绝对不可能是女性。

在第一部分中，当凯西亚和罗蒂因为马车太挤而被留在了旧邻居家时，有这样一段叙述：

> 马车辘辘地顺着大路跑了。伊莎贝尔非常得意，鼻子翘老高，似乎整个世界都不在话下。

这段叙述交织有三个不同的叙述视角。“马车辘辘地顺着大路跑了”是邻居塞缪尔·约瑟夫斯太太的视角；“伊莎贝尔非常得意，鼻子翘老高”是凯西亚的视角，“似乎整个世界都不在话下”则是伊莎贝尔的视角。

《序曲》的叙述技巧既是一种创新，也是一种尝试。在这部作品中，曼斯菲尔德也在必要的时候采用了传统的、全能的、无所不知的叙述者的叙述方式。“为了通过作品中众多人物的头脑与心理来表现出种种事件与场景，曼斯菲尔德还是在某些地方采用了无所不知式的叙述者叙述方式，这种叙述方式的有利之处是可以采用好几个叙述视角；无论是事件的发生发展还是人物的意识活动都没有她的生硬闯入；她对事件、人物、场景也不做一字评论。”[①]《序曲》中的多重叙述视角当然还显现在全知叙述者的叙述中，虽然《序曲》叙述者少了旧有传统小说中那种指导性的叙述腔调（guiding voice），但全知叙述者对不同人物所给予的投射是不同的，如对琳达的叙述就多于也深入于对一家之主斯坦利·伯纳尔的叙述。尽管作品中那位不知名的叙述者也会在偶然之间进入斯坦利的思想之中，展示其思想流程，诸如在作品中表现斯坦利从城里办公室坐着马车回家那一段，然而显而易见的是，无论从深度来说还是从数量上而言，曼斯菲尔德对琳达内心世界的涉及都远远多于对斯坦利内心世界的叙述。当她的笔触深入琳达的内心世界时，是更为严肃也是更为

① S. R. Daly, *Katherin Mansfield*, New York: Twain Publishers, 1965, p. 51.

细致的，对斯坦利的内心世界的叙述总故意带有那么一点点嘲笑，看起来也要肤浅一些。我们可以将对两者内心世界的叙述进行一番比较：

> （1）住在乡下真好，他一下班马上就急于离开洞穴似的城镇；坐上马车驰骋在清新而温和的空气里，他一直在想，他的家就在那一头。那里有花园、田野、三头上等奶牛，还有足够的鸡鸭供家庭食用，这样赶路心里是美滋滋的。（对斯坦利内心生活的叙述）
>
> （2）她为什么拼命想活下去呢？这确实是一种疯狂的感情，她自嘲自解地想着。（对琳达的内心生活的叙述）

显然，斯坦利看似生机勃勃的生活和那种极为表面的快乐都同琳达深深埋藏在内心的不快乐形成鲜明的对比。就在读者知晓琳达的内心世界时，作为琳达丈夫的斯坦利却对此一无所知。曼斯菲尔德对这两位人物的内心世界所设置的叙述风格和叙述视角是不同的，这是一种随人物变化而相应变化的叙述技巧。尽管如此，要想听到这位不知名的叙述者的叙述腔调并不容易，因为在其叙述中并不带有主观的指导性意味（guiding voice）。读者可以从这种有轻重之分的叙述中感觉到曼斯菲尔德对人物的态度，却无法从叙述者的叙述字句中找到相应的可以证明其推测的证据。

当伯纳尔夫妇在他们搬到新居的第二天清晨，在一个明媚的早上醒过来时，斯坦利“非常高兴”。他那种显而易见既浅薄而又带着点沾沾自喜的思想被叙述者展现在读者面前，“这样的天气更使他觉得这桩买卖做得称心如意。不知怎的，他似乎觉得他把这美好的天气也一起买下来了——连房子带土地一股脑儿都买下来了，价钱还特别便宜”。读者读到此处会立即意识到这个人物的思维有时并不特别理智，而毫无疑问的是人物斯坦利自己对此也有所意识，所以他很快就停止想象马上从床上跳起来去沐浴。尽管他的想法带着点显而易见的可笑性质，但这个人物的个性就是通过这样的句子轻易地被展现在读者面前。他的一些想法常常会同他的务实心理产生矛盾，最后，往往是务实心理占了上风。在作品后面一个部分中，在斯坦利坐着马车从城里回到乡下家里的过程中，叙述者也为读者展现了这个人物的内心活动，叙述者通过这个人物的一个小小的想法就将人物身上的世故同他偶有的自然而然产生的行为或心理的矛盾揭示出来，而最后还是世故、务实的一面占了上风。斯坦利在回家的路上买了一篮新鲜樱桃，樱桃尝起来极是美味，他一时想给为他驾车的帕特一把樱桃，“的确，他真愿意给坐在上面的那家伙尝尝新”，但这样的想法还没有成为现实，马上就有了另外的想法“——不过，还是不给为好。最好等他干一阵再说”。叙述者对斯坦利这个人物的叙述会让读者意识到这个人物对自己的那种务实性的生活是极为满意的，另外，当他一考虑到没有务实因素在内的事件时，他就“无法思维下去”。

全知叙述者可以随时跳出某一人物的视角来到另一个人物的视角之中，这种叙述方法是一种极为自由的叙述方法。伊恩·戈登这样谈论曼斯菲尔德的叙述方法，“曼斯菲尔德在1915年以后写的小说，在结构上放弃了早期作品那种多少有点机械的循序渐进的叙事方法。她把自己采用的新结构称为‘序曲’方法——自然展开，完全开放。这些小说都是有机整体，像活组织一样，由多细胞组成，而不是机械的结构”①。

在《序曲》中，全知叙述者还会时不时地潜入某一人物的思想之中，在此做一个短暂的停留，将文本的叙述任务全部交给人物，借这个人物的视角来叙述该人物所看、所思、所想。在《序曲》中，全知叙述者就进入凯西亚的视角之中，正是从凯西亚的叙述视角，我们发现了那些树、那些低矮的灌木、那些开放或没有开放的花朵，而所有的事物和人也都在她的视野里留有痕迹。而当我们在曼斯菲尔德的作品中与凯西亚在一起时，我们所看到的这个世界就是凯西亚的世界。在她那敏锐而细微的孩子般的感情与感受中，在她那纯净如水的视野中，我们的感受能力也变得敏锐。我们是在通过一个孩子的头脑来品读种种行为与思想，而这个头脑是一个自由的、没有任何偏见与怀疑的、也没有任何畏惧与恐惧却充满着想象的激情的头脑。我们就站在她的身边，走进了她的生活与她的世界，当然这个小小的孩子也落入我们的眼帘之中。在《序曲》中，凯西亚为了逃开姐姐伊莎贝尔的控制而说上一句“我随便走走”，就这样开始了她独自一人到花园的冒险，这其实也是读者的一次冒险。“曼斯菲尔德有时会来到凯西亚的头脑之中，并在那儿待上一会，

① 伊恩·戈登：《未发现的国土：凯瑟琳·曼斯菲尔德新西兰短篇小说集》，上海外国语学院新西兰研究中心译，1991年，第14页。

会待上一两页左右。这时我们读者所读到凯西亚的头脑与视角简直是一次绝妙而轻松的旅行。她的头脑所呈现出来的话语并不是她自己的，而是借助于曼斯菲尔德的帮助才涌现出来的，但是，她所关注的事物、景象，她的视角，她的思想逻辑，她的情感反映，却全部是凯西亚自己才有的。”[①]当叙述者进入到人物的头脑之中，那些视角与语言就完全是某一个人物的，试比较琳达的浮想与凯西亚的浮想就可以发现其间的毫不相同的叙述基调，“在她的作品中，她总是让人物通过他的语言、动作来展现他自己的思想，而不是让这些人物成为她所设置的舞台上的木偶”[②]。

在《序曲》中，虽然叙述视角是多重的、变化的，却并不会让读者感到无法接受。这主要是因为“尽管整部小说的构成是通过多重叙述视角的叙述，但是，叙述的焦聚总是不断地锁定一个中心人物或者作品主人公”[③]，如此这般，读者方可分享到作品中心人物独有的人生经历与内心世界。在很多时候，人物或事件是通过不同人物的视角得以揭示或表现，而这时，叙述风格也总是与作为此时此刻的叙述者的某个人物的个性、语言风格相符合。其结果是，读者可以从不同的角度来看某一人物或事件，同时，因为叙述视角时时发生变化，时时有新的更易，读者就不会产生厌烦。

《序曲》中所采用的多重视角叙述的叙述方法成就了这部作品，“甚至可以说，《序曲》的魅力大部分来自中心移动产生的效果；叙述从一个角色转到另一个角色，似乎叙述者无所不知，同时又根本不存在一个统一、固定的叙述者”[④]“多重视角叙述方法不同于传统的“全知型”叙述视点。在凯瑟琳·曼斯菲尔德后期的作品《序曲》中，作者完全置身事外，没有插入一句评述性语言。叙述者也是隐藏在故事中人物的背后，通过人物的言行来传递信息，即采用多重视角的写作方法”[⑤]。

---

① G. S. Hubbell, “Katherine Mansfield and Kezia”, *Sewanee Review*, Vol 35, No. 3, 1927, p. 330.

② J. F. Koberl, *Katherine Mansfield: A Study of the Short Fiction*. Boston: Twayne Publishers, 1990, p. 15.

③ G. Boddy, *Katherine Mansfield, the woman and the writer*. New York: Viking Penguin Inc, 1988, p. 169.

④ 宋晓萍：《双重流放者：曼斯菲尔德的漫游和写作》，《外国文学研究》，2000 年第 3 期，第 95 页。

⑤ 邢艳：《凯瑟琳·曼斯菲尔德创作中叙事角度的变化》，《沙洲职业工学院学报》，2007 年 3 月，第 10 卷第 1 期，第 63 页。

第三节 后期作品多重视角叙述

创作于1921年的《已故上校的女儿》集中体现了曼斯菲尔德多重视角叙述手法的成就，同时，这部作品“集中体现了现代主义技巧的运用，它突破了时间顺序并使用内心独白技巧，在英语短篇小说的实验改革中起了开拓作用”①。

时间与空间是《序曲》和《在海湾》中的重要因素，因为时间与空间一经转移，叙述视角马上就转换，从一个中心视角移动到另一个中心视角。时空因素对叙述的影响及在多重视角叙述中的重要性，在《已故上校的女儿》中表现得最突出，曼斯菲尔德本人也承认她对这部小说无论是在形式还是内容上都极为重视。在完成这部作品中的某一章节时，她曾致信默里，告诉他这部作品中所采用的表现形式即文体形式，正是在作品《序曲》中运用的文体形式。同时，在这部作品中所延续的“序曲”方法显然比在《序曲》中用的同类方法更加具有技巧性与艺术性，是“序曲”方法的巩固与强化，也是“序曲”方法的进一步完善。②

一

《已故上校的女儿》主要内容意在表现一对老处女姐妹终其一生都无法逃避她们的父亲为她们所设置的情感牢笼，无论是生活上、思想上，还是情感上，这姐妹俩都是父亲的奴隶。哪怕父亲已经离开这个世界，姐妹俩却还是无法摆脱父亲加在她们身上的枷锁。为了表现这一主题，曼斯菲尔德用了一种别开生面的形式，“曼斯菲尔德创造出这样的一种形式，即她以那种看似极为混乱的对时间的处理方式来提供这样的一种暗示，如果说在严格的钟表时间里她们或许可以得到些逃避其父情感之狱的机会的话，那么，在这样飘忽不定的时间之中，她们连这一点点机会也失去了”③。

---

① 侯维瑞：《英国文学通史》，上海：上海外语教育出版社，1999年，第603页。

② J. M. Murry, *The Letters of Katherine Mansfield*, New York: Knopf, 1929, p. 359.

③ F. Koberl, *Katherine Mansfield: A Study of the Short Fiction*, Boston: Twayne Publishers, 1990, p. 66

在作品中，全知叙述者的叙述完全将严格的钟表时间打乱了，不给予人物任何逃避的机会。时间是这对姐妹无法控制的，同时无法控制的还有她们的意愿，作品对时间的处理方式使得时间时而呈现倒叙状态，倒叙的形成主要来自作品人物的意识与思想,作品人物虽然无法把握本应当属于自己的“时间”，但是，她们却通过意识与思想活动使“时间”打破了严格的钟表时间，并因之而形成倒叙，这不能不说是一种讽刺与嘲弄；时而重返此刻，完全是作品人物不可把握应对的，甚至，就连读者也无法把握作品中的时间，不知他们所读之处是过往事件还是此刻即时发生的事件。

在人物的意识中，时间往往是前后穿梭、无法固定的，而全知叙述者、人物的叙述都按照一定的时间进行叙述，这就使得叙述同时受控于具体的时间。因而，处于不同“时间”的叙述，无论是叙述视角还是叙述节奏都不可能完全一致，这是作品中多重叙述视角得以形成的一个最为重要的基础。

作品中曼斯菲尔德对时间的取用与设置是极为大胆的，有时只是通过人物某一瞬间的意识活动就将“此刻”拉回到“过去”，或者将“过去”某一刻拉向“将来”。“惯例中的时间与时态的取用渐渐关系不大了。这种对时间的灵活处理方式是曼斯菲尔德在其后期创作中有意识地采用的方式。”[①]

对《已故上校的女儿》中的时间处理方式与技巧，曼斯菲尔德在《日记》中这样写道：

> 我感到这篇故事特别需要时间上往复来回的微妙变化，需要柔和轻捷和一切皆处于萌芽状态的感觉和不受人物角色局限的幽默感。”[②]

《已故上校的女儿》中的“时间”完全被打碎了。叙述者的叙述看似毫无规则可依，但实际上却自有深刻含义，不仅给读者一种支离破碎的感觉，让读者有如读到文字碎片，从而感知一种诡异风格，与作品基调相呼应，因为作品表现的就是人性中的暗面，以及人性中的暗面所导致的充满着阴郁、诡异气息的生活；而且，也暗指两姐妹的人生——属于她们的生命的任何一

① G. Boddy, *Katherine Mansfield, the Woman and the Writer*, New York: Viking Penguin Inc, 1988, p. 170.

② P. Waldron, “Katherine Mansfield’s Journal”, *Twemtoetj-century Literature 20*, No. 1, 1974, p. 229.

分、任何一秒都被她们的父亲霸占了、打碎了。可以这样说，在《已故上校的女儿》中，“时间”是一个极为重要的角色，如果没有这个角色的参与，整部小说则失尽光彩。《已故上校的女儿》中的“时间”与《在海湾》《序曲》等中的“时间”是不同的。《在海湾》《序曲》中的“时间”虽然也没有遵循严格的钟表时间来叙述，但并没被打碎，读者不会将前面的“时间”和后面发生事件的“时间”混同起来，几个部分完全可以接合在一起而没有突兀之感。可是在《已故上校的女儿》中，“时间”全部被打碎了，无法拼接组合，甚至在一个部分、一个段落中也有好几个不同时刻的“时间”同时存在。

《已故上校的女儿》中叙述方式的设置也同作品中“时间”的处理方式一样，充满着暗示。文本即“故事”，是由一个多重的视角被呈现、叙述出来的，作品以一种多重叙述方式来完成对文本的叙述。在对文本的叙述过程中，叙述视角发生了重要的变化，从一个匿名的、不为人知的叙述者慢慢游移至那对老处女姐妹的视角而开始叙述。让人感兴趣的是，要将这对姐妹实际上真正说出来的语言和她们并没有开口表达出来的想法作个区别的话，几乎是难而又难的事。作品的叙述者随意地进入她们的头脑之中便开始叙述，时而是人物头脑中对未来的一番设想，时而是人物头脑中对过往的一些回忆，但叙述者这样随意地进入叙述却不给读者任何的暗示与提醒。因此，三种时刻的叙述——过去、现在、未来交织融合在一起，再加上叙述视角的几经多变，构成多重视角叙述方式与叙述风格。在叙述过程中，叙述者的叙述腔调与叙述态度和那种看似混乱不堪的叙述时间与叙述视角形成了鲜明的对比。叙述腔调与叙述态度显得冷静、忧郁，不仅平衡了看似混乱不堪的叙述时间与叙述视角，同时，也形成了作品中那种甘苦甜涩交织融合的基调，在一定程度上体现了这样的暗示，某人的“幸福”建立在对别人“幸福”的剥夺之上；某人的苦涩却成就了别人的甜蜜，这一出发生在家庭中的闹剧与喜剧实际上正是一出实实在在的悲剧。卡莱尔·汉森（Clare Hanson）和安德瑞·格瑞都提到过，“阅读这则小说的读者需要有一个平衡能力，能将悲悯与喜剧的因素作一番平衡与组合”[①]。曼斯菲尔德在致同时代作家威廉·格埃迪（William

① C. Hanson and A. Gurr, *Katherine Mansfield*, New York: St. Martin's Press, 1981, p. 93.

Gerhardi）时这样说过，她在作品中是将这对姐妹视为“带有可笑性质的一对人物，但是在她们的生活中，又潜藏着悲剧的美，能将这样的悲剧的美表现出来，是我正在努力要做的事”[①]。

整部作品由“经线”与“纬线”交织而成，而其间的每一部分、每一场景也有各自的“经线”与“纬线”。在“经线”与“纬线”的交织过程中，某种时刻，诸如现在或过去，已然形成，但其形成之后又马上被另外的穿梭而来的“经线”与“纬线”所打断、代替，没有哪一条“经线”与“纬线”的交织是永恒。如果有哪两条“经线”与“纬线”的交织是永恒的话，整部作品的“线”的流程就会受到破坏，因此，这张由细细密密的数不清的“经线”与“纬线”交织而成的“网”就会出现一个破口。文体形式本身就是对作品的暗示与象征，这种特殊的“网”恰恰正是作品人物佩尼姐妹的生活状态。而这张“网”无论是过往还是现在，无论是将来还是此刻都无法被打破。这张“网”何以形成？其悲剧的意义就在于，“网”的设置者——佩尼姐妹的父亲去世这一事件的发生还是无法使这姐妹俩从“网”中出来，她们的生活还是同父亲在世时的生活一样。这张充满着混乱但又自有规律的“网”是永远存在的。

整部“网”状体小说显然围绕着一个中心事件进行，即佩尼姐妹的父亲去世这一事件。小说起始部分第一个句子的叙述时刻即两姐妹的父亲去世这一事件发生后一个星期的某一时刻。在第二个句子中，叙述者则叙述了这两个人在这一整个星期内的每天晚上都无法入睡，其头脑不停地思索、忧虑、迷惘，但叙述者对其所叙述的这两个人却并不提及其姓名或身份，读者对叙述者的叙述对象知之甚少。接下来的一个句子则通过对某一个夜晚的叙述而使读者得以进入这一整个星期之内每个晚上的其中一个夜晚，而这个夜晚中所发生的一切显而易见也就是这一整个星期之内每个夜晚中所发生过的一切的一个代表。

同《序曲》《在海湾》一样，《已故上校的女儿》也有十二个部分。在作品的第一部分，叙述者并没有确切向读者指明这场人物间的对话发生在这一

---

① J. M. Murry, *The Letters of Katherine Mansfield*, New York: Knopf, 1929, p. 361.

星期之内的哪一天晚上，而姐妹的交谈则两次谈到“明天”，“明天”这个“时间”处于两可之间，有可能是发生了交谈事件的这一个星期之内的某一天，也有可能并不属于这个星期之内，因为人物的这场对话是否真的发生在这个星期之内的某一个晚上，或许只是发生在这个星期之内的某一天晚上两个人物中之一的记忆中事件的回放（flashbacks），这并不确切是否被读者所获知。在这一句叙述中，时间的三种瞬间状态完全交织在了一起。句子出现的“明天”也因此有了三种可能性——在该句子的叙述之前已然发生过的一个时间；在该句子的叙述之后即将发生的一个时间；在该句子的叙述过程中的一个共时。

时间的不确定同人物思想的不确定是相互配合的。作品中的两个主要人物，即“已故上校的女儿”——佩尼上校的两个女儿乔丝菲与康斯蒂，这两姐妹的思想处于极不确定的状态。在整部小说中，她们所展现出来的思想具有既愚蠢可笑又令人怜悯的特点，是典型的迟疑、麻木、让人同情的女性所有具的思想特征。这样的思想状态也正是多年来，或者说终其一生受到佩尼上校奴役的结果。佩尼上校对这对女儿的奴役是从其思想入手的，他对女儿的控制也是从思想上进行的。他对这对女儿的侵害显而易见是成功的，甚至当肉体已离开这个世界，他在思想上对她们的控制依然存在。她们那极不确定、支离破碎的思想状态即为明证。

这对姐妹在父亲多年来的控制之下已经全然成了两个废物，当她们的父亲去世之后，两姐妹的新问题又来了，她们原本请前来照料佩尼上校的安德瑞丝小姐在家中住一个星期，现在却不知如何开口请她离去。她们现在面临的生活中的重大难题并不是因为她们的慷慨而引来的麻烦，而是她们不知如何开口请安德瑞斯小姐离开这个家。因此，她们只得一拖再拖，不敢开口，不敢有任何举动。

这对姐妹生活中的复杂最初在这部小说的第二部分中被展现了出来，叙述者叙述了“某一事件”以强化人物生活中的复杂状态，而这“某一事件”实际也正是这对姐妹每天都要遇到的事件，即她们每天的用餐问题。她们的女仆凯特在这一部分中出场了，起先也处于叙述者的叙述对象范围内，其后极巧妙地于某一瞬间被置换出来，转身一变而成为叙述者。在这样的一个句子中，曼斯菲尔德表现了她那妙趣横生的多重视角叙述技巧：

那个骄傲的小凯特，像个洋洋得意的公主一样，走过来看看这两只讨厌的老猫现在又想要些什么东西。

在这个句子中，人物的主观思想活动同客观存在的事实交融在了一起。女仆凯特的“年轻”“小”是客观存在的事实，但是，凯特本人并没有认为自己是“洋洋得意的公主”，那姐妹俩也没有这样称呼过她。然而，“洋洋得意的公主”正是这姐妹俩叙述视角下的产物，即暗指这两姐妹对凯特的态度就像对待“公主”的态度，并不敢任意指使她为她们服务。同样，年老（old）是客观存在的现实，这姐妹俩当然知道她们的年纪很大，但她们本人从来也不会认为自己是“两只讨厌的老猫”；“两只讨厌的老猫”是女仆凯特的叙述视角，她虽然不会当面如此这般称呼这姐妹俩，但她对待她们的态度就是对待“两只讨厌的老猫”的态度。这一个短短的句子中，叙述视角变了两次，从叙述者到其中一个受述者，再从其中一个受述者到另外一个受述者，这多变的叙述视角不仅提示出人物各自不同的心理，更揭示出受述者之间的关系，人物之间的关系得以展现。如果读者将这个句子视为一个其间包含着叙述者态度的句子的话显然是不对的，这个句子带有极大的客观因素，在现实生活中，这姐妹俩的种种行为正如同两只失去生命活力的“老猫”，而这位女仆凯特必然也在她们背后这样称呼过她们。这个句子的丰富性就在于它用了不多的字词表现了三方面的内涵：凯特的心理、姐妹俩的心理；姐妹俩与女仆凯特之间的关系。在这个句子中，叙述者所起的作用只是作一种如实的报道（report），并没有创造（create）的因素，即叙述者相当于某一事件的报道者（reporter），而不是某一事件的创造者（creator）。在这个句子中，叙述者以这种不带有任何主观或创造性质的叙述腔调将自己同作品人物拉开了距离，叙述者对所发生的某一事件未做出任何判断，也对整个事件没有任何控制能力，只不过是做一种如实报道性质的叙述 （reportorial statement）。第二部分以一个带有比喻性质的叙述方式的句子作为结束，将安德瑞丝小姐的笑声形容为“犹如汤勺击打在装药的玻璃瓶子上”，这显而易见是一个比喻，这个比喻同样合乎如实报道性质的叙述，因为报道者也可以使用比喻性质的语言。

第三部分介入了“时间”这个重要的叙述因素，这一部分其实是对整部作品的十二个部分作的总结和概括。在第三部分中，“时间”回到了发生形成整个作品的起始“时间”，也即佩尼上校的死亡时刻。如果没有这一事件的话，整个作品将无从开始，但叙述者并没有按照钟表时间将上校死亡这一事件放到第一部分来叙述，其中自有原因。一方面，这一事件显然是作品中两位重要人物竭力回避的事件；另一方面，表明其父之死对这对姐妹生活的影响不大，他依然在思想上奴役着被他奴役了一生的女儿。叙述时间显然是回到了以“现在”这个“时间”为标准的“过去”的某一时间，而叙述者对这一事件的叙述并不是一个概括性的叙述，相反，只取用了这一事件中的一个小小的细节之处作为叙述内容。这个被取用的叙述内容是护理人员安德瑞丝小姐在佩尼上校弥留之际坚持要陪同在弥留者身边，同时，这两姐妹则不约而同地产生这样的思想：父亲去世之后，安德瑞丝小姐的工作也结束了，她们怎么开口让她离开这个家。紧接其后，叙述者再次进入两姐妹的思想之中：她们在想，父亲会同她们说些什么。然而，叙述者马上又跳出受述者的头脑深处而再次叙述了一个复杂的融合有客观报道式的叙述与人物主观心理叙述的句子：

> 他一个字也没对她们说，一个字没有，没有！

这个句子中的前半部分“他一个字也没有对她们说”是如实报道式的叙述方式，但后半部分“一个字没有，没有！”却是叙述者进入到佩尼上校的内心，让受述者佩尼上校作了叙述者。这“一个字没有，没有！”是受述者佩尼上校对姐妹俩的态度，表明了他的复杂心理，他虽然终其一生在思想上奴役她们，但他却极为厌恶和反感这对被奴役而失去思想、生命力与活力的木偶一样的俩姐妹。第三部分以这样的叙述句子作为结束，虽然在整部作品中放在第三个部分，但其间的叙述“时间”按钟表时间来看却应当是整部作品的起始时间。

在第四部分中，作为重要的叙述因素而介入的“时间”与第三部分所介入的“时间”并不一致，而且产生了极大的跳跃，从第三部分中佩尼上校的弥留之际的起始时间一下子就换置为“目前”这一“时间”状态，在“目前或者说“现在”的时间状态中，叙述者完成了对某一事件的叙述，即叙述牧师来访的情形。

第五部分中的“时间”相对于第三部分的“时间”是“将来时间”，而相对于第四部分中的“时间”则是“过去时间”。毫无疑问，从第五部分的内容来看，叙述内容展现的是第四部分的叙述事件“牧师来访”这一事件之前发生过的另一事件，因此，相对于第四部分而言，第五部分的“时间”再次退回以前，叙述的事件是“葬礼举行的情况”。读者之所以可以作出这样的判断是因为在第四部分中曼斯菲尔德提及了葬礼的情形，那么，显然第四部分的“时间”是第五部分的“时间”的将来时刻；反之，第五部分的“时间”则是第四部分“时间”的过去时刻。第五部分对第四部分而言起到补叙的作用，第五部分以葬礼的安排作为起始句子：

好了，无论如何，一切都安排妥当了，只是她们俩都不大相信她们的父亲再也不会出现在她们面前了。

这一部分所用的叙述技巧也是“闪现”(flashback)过去某一时刻的技巧。曼斯菲尔德在小说中不仅采用了瞬间闪现技巧，而且比乔伊斯和伍尔芙采用得更早，且形式也更趋多样、复杂，“曼斯菲尔德对‘闪现’或‘顿悟’的探究可能是现代主义作品中最复杂和最完整的”①。

第六部分的“时间”则自第五部分中的“过去时间”而回到“目前”或者说“现在时间”。相对于第五部分而言是“目前”，因为第六部分以这样一个句子作为起始句子——“两天之后的一个早上，她们甚至敢于没有敲门就走进了父亲的房间”。“两天以后”是以葬礼举行的时间为标准的“将来时刻”，但因为葬礼的时刻是属于倒叙中的“时间”，因此，这个“两天之后的一个早上”即“现在时刻”。而在这个句子中的“她们甚至敢于没有敲门就进入父亲的房间”再次表明“进门”这一事件发生在父亲死去之后，因为在父亲生前，这姐妹俩是无论如何也不敢不敲门就进入父亲房间的。在第六部分中，叙述者叙述这姐妹俩整理父亲的遗物等情形。第六部分是整部小说的中心部分，从文字上看也是最长的一个部分，这一部分表明已经死去的佩尼上校依然在思想上、心理上控制和奴役着这姐妹俩。她们还完好地保持着其父亲在世时

---

① S. Sandley, The Middle of the Note: Katherine Mansfield's “Glimpses”, In R. Robinson, *Katherine Mansfield: In from the Margin*, p. 72.

的一切生活习惯，她们并不习惯不经父亲同意就进入他的房间，并担心父亲会不会因为她们不敲门就进入他的房间而生气。第六部分揭示了这样一个事实，在姐妹俩的生活中，佩尼上校永远也不会死，她们永远也逃不开父亲的奴役之网。

在作品的第七部分中，“时间”同样是一个重要因素。“在作品的第七部分中，曼斯菲尔德巧妙处理了两个重要因素，一是这对姐妹的心理状态这一因素，二是时间这一因素，这两个因素正是这部小说的重要构成部分。”[①]在第七部分中，一开始是延续前一部分，即第六部分的“目前”这个“时间”状态，在处理父亲的遗物时，姐妹俩的思想过程主导着叙述时间的运行。第七部分以讨论父亲留下来的一只表是否要留给弟弟本尼的孩子，即佩尼上校的孙子卡里尔这一事件作为这一部分的结束。

第八部分中的“时间”是最为复杂的。这一复杂性首先表现在第八部分中存在着“时间”的几个状态：“目前时间”“过去时间”“以过去为依据的将来时间”“以现在为依据的将来时间”。第八部分的起始句子延续着第七部分的场景，即姐妹俩在处理父亲遗物时的情形与对话，以乔丝菲没有对康斯蒂关于这只表的某一言谈作出应答作为第八部分的开始。这时，叙述者的叙述“时间”是“目前”，接着，叙述者叙述乔丝菲因为康斯蒂言谈中所提及的内容而突然想起卡里尔。这时，叙述者把叙述任务交给了人物，让人物叙述某一事件或场景，在人物的叙述过程中，“时间”发生了变化，从前一句中的“目前”经过一个“闪现”而回到过去的某一时刻。乔丝菲认为，作为佩尼上校唯一的孙子，卡里尔理应得到这只表，并联想到卡里尔这个人物的某些情形。接着，“时间”再次发生了变化，乔丝菲开始想象在将来的某一时刻，卡里尔得到这只表的情形，显而易见，“时间”一下子就来到“将来”的某一时刻。而这个以现在为依据的将来时刻，“时间”的变化还在继续，而这个继续的动力与起源来自乔丝菲的思想。乔丝菲在想象卡里尔得到这只表之后，极有可能到家中来和她们一起喝下午茶，这时，“时间”所处的状态还是以目前为依据的“将来”时间，因为卡里尔来家中喝下午茶这一事件并没有真正发生，

---

① J. F. Koberl, *Katherine Mansfield: A Study of the Short Fiction*, Boston: Twayne Publishers, 1990, p. 72.

无论在过去的任何时刻还是在现在的任何时刻，这一事件和相关场景都没有发生，只发生在作品人物的思想之中。接着，“时间”再次发生变化，乔丝菲再次想到卡里尔曾说过的话，他说他将无法来参加葬礼。卡里尔说自己“将无法来参加葬礼”显然是发生过了的事件，而且是在葬礼举行之前发生的事件，但这一事件和言谈的发生一定是出现在佩尼上校死亡这一事件之后。这里所用的“时间”同前一句的“时间”相比发生了明显的变化，是以过去某一时刻为依据而定的“将来时间”。这时乔丝菲脱口而出的一句话显然是针对卡里尔的这一言谈而说的，“当然是要考虑一下的”，乔丝菲说这句话时，叙述任务再次交由全知叙述者，而叙述时间又回到了“目前”。与乔丝菲同处一室处理父亲遗物的康斯蒂当然是听不懂这句话中的复杂含义的，但她认为乔丝菲的意思是要将这只表给卡里尔。因此，叙述者叙述了康斯蒂对这句话的回答，“他得到这只表会很高兴的”。这时的“时间”再次回到了“目前”这个时间状态，叙述任务交给全知叙述者，“当然，一旦他回到英国的话，他就会来同她们一起喝一次茶的。卡里尔来家中喝茶对她们来说可是桩大事”。第八部分就此结束，第八部分的最后一句话正是第九部分内容的一个引子。

第九部分承接着第八部分，以姐妹俩对佩尼上校的孙子卡里尔来家中喝茶为主要的叙述内容。卡里尔来到家中与俩姐妹一同喝茶并去看望佩尼上校的场景显然发生在佩尼上校还没有死亡的某一时刻，场景时间属于“过去”时间。第九部分的叙述中融合有讽刺因素，叙述了姐妹俩对卡里尔到家中喝茶的回忆。在喝茶过程中，她们问卡里尔他的父亲本尼是否还像以前一样喜欢某一种点心，卡里尔说他不大清楚，这时，这对姐妹感到极为震惊：

“在这种事情上你对自己的父亲居然一点也不知道!”

叙述者以这一场景表达出这样的讽刺意味，虽然这姐妹俩对她们的父亲在喝茶时喜欢吃哪一种点心极为熟悉，但对父亲对她们的控制与奴役却一点儿也不知道。对自己的父亲“一点也不知道”的，恰恰正是她们自己。“时间”在整个第九部分中都是最远的一个过去的时间，发生在“一个星期之前”这个“时间”的之前的某一时刻。但通过姐妹俩的回忆，与现在“处理父亲的遗物”这一“目前”时间状态合二为一了。

在第十部分中，“时间”通过作品人物凯特走进房间而回到现实之中的“目前”时间状态。就在姐妹俩在父亲的房间中处理遗物时，女仆在门外的问话打破了她们的种种思想。她问她们鱼是要炸还是清蒸，不等这姐妹俩回答，就自作主张地说她要将鱼做成油炸鱼。接着，第十部分就围绕着姐妹俩商量如何辞退凯特而自己做饭吃这一事件展开。

在接下来的整个第十一部分中，她们都在进行着不会有任何结果的讨论，“时间”还是“目前”时间状态。第十一部分以乔丝菲习惯说的一句话作为这一部分的结束：“我们再等等看吧……”

在作品的最后一个部分中，两种“时间”状态再次融合在一起。第十部分中乔丝菲所说的话“我们再等等看吧……”并没有完成就被窗外手摇风琴的声音所打断。一听到手摇风琴的声音，她们的第一个反应就是慌忙去拿些钱将窗外奏乐的流浪艺人赶走，否则她们的父亲会因为这声音而生气并用手杖击打地板。叙述者对这一场景与事件的叙述显然是以“过去”这一时间状态为叙述时间的；然而就在手摇风琴响起来之后，这姐妹俩没有听到父亲用手杖击打地板的声音，她们再次意识到，以今天为依据来看，她们的父亲已经去世有一个星期之久了。康斯蒂看着她最为喜爱的那樽佛陀（Buddha），内心涌现出一种带着点甜蜜的苦涩（a pleasant pain），而这样的感觉，也正是曼斯菲尔德这部《已故上校的女儿》所要表现出来的类似的情感。她们看了看自己母亲的照片，在思索如果她还活着的话，她们的生活会不会与现在不同，“她们会结婚么？”叙述时间以这样的思索从“目前”的时间状态回到了过去，回到了极为遥远的过去，回到了她们尚处青春年华的时代。康斯蒂想起在她青春年少时的某一个晚上，月亮又大又圆，她一个人躺在月光下的地板上，将四肢尽量伸展，感觉自己来到了一大片海滩上，她幻想自己在歌唱，她幻想自己在看着那永不平息的海水在身边轻轻地荡漾。在作品最后一个部分的叙述中，人物的幻想以过去的某一个时间为叙述时间，但是窗外的阳光越来越亮，这提醒着她，所有那些失去的“时间”，所有的“时间”，无论是“过去”“现在”还是“将来”，都不是她自己的。只有在自己的幻想中，“时间”可以停留，没有变化。《已故上校的女儿》至此结束了，作品各个部分中处理时间的手法和整个作品包含着“时间”因素的多重视角叙述是当时实属罕见的艺术手法。

在《已故上校的女儿》中，“时间”作为一个重要的作品角色起了很大作用，如果没有“时间”的处理技巧，整部小说的网状结构就无以展开。诚如侯维瑞在《现代英国小说史》中所言：“故事在时间、空间上变换较大，过去和现在交织穿插在一起，谋篇布局常有扑朔迷离的气氛。这种处理时间的手法，在当前已非罕见。但《已故上校的女儿》写成于1920年，乔伊斯的《尤利西斯》要到两年之后的1922年才问世，伍尔芙的《达罗卫夫人》到1925年才出现。曼斯菲尔德的时间安排，在英语小说的实验改革中不能不说起了开拓作用。”[①]

《已故上校的女儿》被认为是曼斯菲尔德的集大成之作，这部作品不仅体现出曼斯菲尔德的时空处理技巧、意识流表现技巧、叙述技巧、文体构成技巧，更表现出曼斯菲尔德作为一位革新者的功力之所在。“对意识流技巧的运用、对时空闪现技巧的运用、对人物叙述视角的转换与表现——这些可以成为曼斯菲尔德短篇小说重要标志的特征在《已故上校的女儿》这部作品中得到了最明了的体现。其形式是‘序曲方式’的再发展，这部小说的文体形式是完全开放的。”[②]过去时刻与现在时刻的混杂与交错通过作品人物的意识而得以实现，不会让人觉得矛盾或不可思议。外部的叙述者几乎可以说是一个可有可无的角色，在这部作品中，“时空的存在是不确定的，随时转移的”[③]读者可以在片刻之间即进入小说的时空之中，成为这部作品的一个组成部分。

《已故上校的女儿》集中体现了曼斯菲尔德的叙述技巧。表现出曼斯菲尔德摈弃了传统的以全知的叙述者从外部描绘世界或以无所不知的叙述者从内部描写人物的两种叙述手法，严格地使叙述者（有时叙述者即作品中的某一人物）处于观察的中心，叙述者除了所见、所闻和所忆，对他人一无所知。如姐妹俩就对对方的想法与心理一无所知，同时姐妹俩对父亲的想法、心理也一无所知。在这部作品中，曼斯菲尔德通过多重视角叙述建立起一个立体的叙述视角，让叙述者（作品人物）在回忆、思想活动及对未来的预示所织成的复杂

① 侯维瑞：《现代英国小说史》，上海：上海外语教育出版社，1985年，第427页。

② G. Boddy, *Katherine Mansfield, the woman and the writer*, New York: Viking Penguin Inc, 1988, p. 168.

③ J. F. Koberl, *Katherine Mansfield: A Study of the Short Fiction*, Boston: Twayne Publishers, 1990, p. 66.

的联想之网中自由穿行，同时，也将过去、现在和将来并置在同一瞬间。“非但故事本身具有趣味，内容上极具挑战性，这则故事，即文本的文体形式也同样具有不可小看的挑战性。或者说，是对旧有小说文体形式的一种大胆的冒险。”[①]无怪乎哈代将这部小说称为“英国短篇小说史上的里程碑”[②]。

二

在曼斯菲尔德的后期创作中，另一篇运用多重视角叙述模式进行叙述的重要作品即《在海湾》。《在海湾》由十三个部分组成，各个部分的叙述视角都不相同。有学者认为，《在海湾》的叙述技巧和《序曲》一样，具有独特的叙述结构和形式，其叙述情节和叙述视角两个方面具有的陌生化效果，在很大程度上吸引了读者的兴趣[③]。

同创作于 1917 年的《序曲》一样，《在海湾》也有十二个部分。原文中《在海湾》是有十三个部分的。最后一个部分在很多译本中被融入第十二个部分中，同《序曲》一样，《在海湾》的结构也是“开放式”的，每个部分既可独立成章，又同其他部分具有不可分割的联系。《在海湾》不仅引起了读者的阅读兴趣，更是学者极为关注的小说文本之一，评论家认为，曼斯菲尔德对小说形式的开拓是可喜的，尤其是其 1917 年推出的以“序曲体”为基本文体创作出来的《序曲》《在海湾》《已故上校的女儿》等作品，不能不说是英国短篇小说史上的一个重要事件，其中，《已故上校的女儿》被哈代认为是“英国短篇小说史上的里程碑”[④]。值得注意的是，《序曲》创作于 1917 年，是一个可喜而成功的尝试；引起文坛重视的《已故上校的女儿》创作于 1921 年；而《在海湾》则要晚于这两部作品，创作于 1922 年。从时间上来说，《在海湾》诞生得最晚，从技巧的运用和对题材的选择上，《在海湾》是最为得心应手的。曼斯菲尔德本人对这部作品也极为重视，在创作《在海湾》时，她在日记中这样写道：“我将着手于一个不同的题材——一个长篇故事《在海

---

① A. Alpers, *The Stories of Katherine Mansfield*, London: Oxford University Press, 1984, Preface.

② G. Boddy, *Katherine Mansfield, the woman and the writer*, New York: Viking Penguin Inc, 1988, p. 154.

③ 王素英：《〈在海湾〉中的叙述陌生化》，《国外文学》，2010 年第 1 期，第 123-130 页。

④ A. Alpers, *The Stories of Katherine Mansfield*, London: Oxford University Press, 1984, preface.

湾》，里面的各种关系更为复杂，这便是问题所在。我几乎花了一个月的时间，才从《在海湾》的创作中恢复过来，我至少提笔开了三个头又撂下。可是我摆脱不了大海的呼喊，也忘不了贝莉儿撩拂她那秀发的情景。这一切都难以令人忘怀。”正因为“摆脱不了大海的呼喊”，曼斯菲尔德开始了《在海湾》的创作，这一部在形式上比《序曲》更加灵活开放的小说，同《已故上校的女儿》相比，其多重叙述视角的运用更加娴熟。《在海湾》的背景是惠灵顿港对岸的戴伊湾，取材于对自己新西兰早年生活的回顾，以彼此分割的一个个部分构成一天生活的完整画面，表现了一个颇有代表性的新西兰家庭从早到晚一天生活的基调与节奏，充满了生活情趣。

《在海湾》共由十三个部分组成，这十三个部分实际上正是十三个生活片断。第一部分叙述了海湾的清晨，同第十三部分海湾的夜晚形成了呼应，从时间上来说，这十三部分刚好就是一天之内发生的事情，不同只是曼斯菲尔德选取的叙述视角不同。第一部分的叙述节奏较快。第二部分叙述男主人斯坦利去晨游，遇到邻居乔纳森，以斯坦利的叙述视角完成叙述，叙述节奏也较快。第三部分叙述斯坦利全家人用早餐，这一部分的叙述由多重叙述视角来完成，这其中有男主人斯坦利的叙述视角、外祖母费尔菲尔德太太的叙述视角、女仆艾丽斯的叙述视角、小姨贝丽尔的叙述视角、孩子凯西亚的叙述视角、以及女主人母亲琳达的叙述视角。第三部分的叙述是多重叙述视角的交融，每一个叙述视角所表达出来的叙述情感都是不一样的，其中，父亲斯坦利的急躁、外祖母费尔菲尔德太太的平静与幸福、琳达的疲倦感、孩子的天真、贝丽尔的做作都表现得淋漓尽致。第四部分叙述了孩子在海滩上玩耍的场景。第五部分表现了小姨贝丽尔去海边游泳的场景、贝丽尔与肯柏太太的对话，这一部分的叙述主要由贝丽尔的叙述视角来完成。第六部分表现的是琳达在花园的场景，叙述了琳达的内心遐想，同时还开拓性地借用了琳达的婴儿的叙述视角来完成这一个部分的叙述，这部分叙述节奏较为缓慢，同时富于诗意，主要以琳达的叙述视角进行叙述。第七部分中的叙述视角几经转变，先由“受限制的全知叙述者”叙述了中午的时光，再转到外祖母费尔菲尔德太太的视角，最后转到小姑娘凯西亚的视角。第八部分叙述了女仆艾丽斯赴邻居的茶点会这一事件，这个部分的叙述由多重叙述视角来完成，主要是贝丽尔的叙述视角、女仆艾丽斯的叙述视角、邻居斯塔布斯太太的叙述视角的转换与交融。第九部分展现的是孩子在花园玩耍这一场景，由全知叙述者的叙述完成，叙述节奏平稳。第十部分叙述了邻居乔纳森来斯坦利家接自己的儿子回家，在花园里遇到女主人琳达而展开的一段对话，这一部分的叙述节奏很缓慢，由乔纳森的视角、琳达的视角和全知叙述者的视角叙述完成。第十一部分再次出现了动物的叙述视角，叙述了男主人斯坦利黄昏时分归家，这一部分的叙述由“猫”的叙述视角和“受限制的全知叙述者”共同完成，叙述节奏较快。第十二部分展现了小姨贝丽尔独居一室时的浮想，这一部分也开拓性地穿插有植物的叙述视角，给读者带来全新的体验，并引起读者的新奇感，这样的尝试在《序曲》和《已故上校的女儿》中都是没有出现过的，这一部分展现的是贝丽尔的内心世界，叙述节奏缓慢。最后一个部分，同第一个部分首尾呼应，由“受限制的全知叙述者”叙述海湾的夜晚。

同《序曲》一样，《在海湾》中的十三个部分看似孤立，其间却有着种种或密或疏的联系。例如，第一部分和第十三部分之间有着时间顺序关系；第二部分、第三部分和第十一部分则有着同样的线索，都是男主人离开家前的情形和他回到家的情形，这三个部分有着内在的联系，也可以成为一个整体。第四部分和第五部分其实是一个部分，分别表现了孩子和成人在海滩上的不同行为与心理，相对成人世界的复杂而言，孩子的世界充满着纯真与童趣。那么，当孩子长大成人，他们会不会也这样失去他们宝贵的童真？这两个部分之间的联系也是极有深意的。第六部分、第七部分和第八部分也有时间顺序关系，同样是中午时分，女主人琳达和婴儿在花园里，小孩子凯西亚和外祖母一起午休，而家里的女仆却兴致勃勃地赴邻居的茶点会。不同的人有不同的人生，也有不同的人生感悟，琳达在花园里思考着人生的意义；小孩子凯西亚和外祖母费尔菲尔德太太谈论人的“死”；而女仆艾丽斯和邻居斯塔布斯太太谈论的同样也是人生的“死亡”。这也就是说，这三个部分之间存在着相互承接的关系，所涉及的都是人生中的“生”与“死”的问题，虽然这三个部分的时间是平行的，但是内容上却是相互承接的关系。第九部分和第三部分也有着内在的联系，第九部分是孩子对成人世界的模仿。第十部分与第六部分、第七部分、第八部分三个部分也有联系，前三个部分探讨的是人生中的“死”，而第十部分则探讨了人生中“生”的问题，“生”与“死”是这几个部分之间的内在联系。第十二部分则直接进入小姨贝丽尔的内心世界。《在海湾》中的叙述视角时时有变，十三个部分中的叙述视角各不相同，有时明明是同一件事，或是同一个场景，但会因为叙述者不同而呈现出不同的面貌，或具有不同的意味。

第一部分由“受限制的全知叙述者”叙述海湾的清晨，但是同《序曲》《已故上校的女儿》不同，在第一部分的叙述中穿插着动物的叙述视角，如牧羊犬、山羊和猫的叙述视角。这一叙述视角的安排无疑是一个有益的开拓。由全知全能视角转化为“它”的视角进行观察，因此引起一种新奇的感觉，激发读者的阅读兴趣，这样的手法称之为“陌生化（defamiliarization）叙述手法”，这种“陌生化叙述手法”的运用在曼斯菲尔德的其他作品中是没有的，但是在《在海湾》中却被频繁运用，不能不说是曼斯菲德对小说文本叙述手法的一个开拓和发掘。“陌生化”是俄国形式主义文论家什克洛夫斯基（V. Shklovsky）提出的，但“陌生化”一词可以追溯到亚里士多德时期，亚里士多德并没有正式提出“陌生化”，但用的是“惊奇”“不平常”“奇异”等说法，“给平常的事物赋予一种不平常的气氛，这是很好的”。所谓“陌生化”，就是对常规常识的偏离，造成语言理解与感受上的陌生感。在指称上，要使那些现实生活中为人们习以为常的东西化为一种具有新的意义、新的生命力的语言感觉；在语言结构上，要使那些日常语言中为人们司空见惯的语法规则化为一种具有新的形态、新的审美价值的语言艺术。什克洛夫斯基在其著作《作为技巧的艺术》中写道：“艺术之所以存在，就是为使人恢复对生活的感觉，就是为使人感觉事物，使石头显出石头的质感。艺术的目的是要人感觉到事物，而不是仅仅知道事物，艺术的技巧就是使对象陌生，使形式变得困难，增加感觉的难度和时间的长度，因为感觉过程本身就是审美目的，必须设法延长。艺术是体验对象的艺术构成的一种方式，而对象本身并不重要。”①这段话素来被当作阐释“陌生化”理论精髓的经典段落。

在小说《在海湾》中，曼斯菲尔德不仅通过动物的叙述视角来叙述文本，

① 转引自王素英：《〈在海湾〉中的叙述陌生化》，《国外文学》，2010年第1期，第124页。

还借用了还不会说话的婴儿作为文本中的叙述视角之一，这在很大程度上丰富了《在海湾》中的多重叙述视角艺术技巧，同时为读者提供了新奇的艺术体验。“什克洛夫斯基十分关注小说家如何通过叙事角度来取得陌生化的效果。他指出托尔斯泰在短篇小说《霍尔斯托密尔》中，通过让一匹马担任第一人称叙述者的独特方式来使故事内容显得陌生。”[①]《在海湾》中的第一部分，曼斯菲尔德用了山羊、猫、牧羊犬的叙述视角来完成文本的叙述。比如，从牧羊犬的叙述视角，看到了牧羊人的穿着打扮、行为举止及其一系列动作，看着自己的主人，牧羊犬感觉到一种骄傲：

……那条狗望着主人，流露出为他骄傲的神色。……

从一条狗的视角来看自己的主人、羊群、海湾的清晨及周围的景色，无疑让读者感到一种阅读的新奇感，从而引发阅读兴趣。妙趣横生的是，狗的叙述视角并不是唯一的，接下来，叙述视角转移到一只叫作弗洛莉的猫的叙述视角，由这只猫来叙述它所看到的牧羊人、牧羊犬和羊群，而这只猫的叙述视角又和牧羊犬的叙述视角交融在了一起，形成了强烈的“陌生感”和崭新的艺术体验。

……这时候，第一位居民露面了，它是伯纳尔家养着的猫，名叫弗洛莉。它坐在门柱上，和平常一样大清早就在那里等候伯纳尔家挤奶姑娘的到来。她一看见老牧羊犬，赶快跳起身来，弓着背，缩进波纹斑斑的头里，浑身抖动了一下，好像表示她不会轻易接受别人的讨好。“呸！多么粗俗的家伙！”弗洛莉说。可是老牧羊犬连看也不朝上看，腿往两边一撇一拐，大摇大摆地走了过去。只有它的一只耳朵微微牵动了一下，表明它是看见猫的，在它看来，那只猫不过是年轻无知的女流之辈，不屑一顾。

牧羊犬不会感觉自己“老”，从前文中它的叙述视角里，读者没有感觉到这是一只上了年纪的狗，在其叙述中，只能感觉到它平静、骄傲的内心和对主人的依赖与信任，这个“老”的信息，是通过猫的叙述表达出来的。而“赶快跳起身来，弓着背，缩进波纹斑斑的头里，浑身抖动了一下，好像表示

① 转引自王素英：《〈在海湾〉中的叙述陌生化》，《国外文学》，2010年第1期，第127页。

她不会轻易接受别人的讨好”则完全来自牧羊犬的叙述视角，“那只猫不过是年轻无知的女流之辈，不屑一顾”也是牧羊犬内心的感受。这样借用动物的叙述视角和口吻来完成叙述文本的技巧无疑带来一种新奇的阅读感受，同时也营造了一种充满着童真之美的氛围，暗示读者这是一部节奏缓慢、充满着诗意与童趣的小说作品。海湾的美、“陌生化”的叙述手法所带来的新鲜感以及动物的叙述视角，都带来一种与众不同的艺术美感与享受。

美国《纽约时报书评》2003 年 3 月 16 日刊登汉普尔（Patricia Hampl）的文章《在黑暗中吹哨》（*Whistling in the Dark*），评介美国明尼苏达大学出版社出版的《凯瑟琳·曼斯菲尔德札记》（*The Katherine Mansfield Notebooks*）。文中谈道，“曼斯菲尔德的《花园聚会》是 20 世纪文学选集里必选的短篇小说……现在的读者更喜欢她的《序曲》和《在海湾》”[①]。文章没有说明其中的原因。但是可以猜测，汉普尔把《序曲》和《在海湾》并列一定是因为曼斯菲尔德的这两部小说在结构和叙述形式上具有不同于她的其他短篇的独特性。而现代人更喜欢读这两篇的原因或许是因为它们在结构和叙述形式上的独特性迎合了现代人追求新奇与陌生感受的口味，能够让读者的艺术享受更持久、更令人回味[①]。

《在海湾》第六部分的叙述手法值得一提，因为这部分的叙述手法不仅用了多重叙述视角的融合，用了“陌生化”叙述技巧，更让人耳目一新的是，曼斯菲尔德在这部分运用了“瞬间”“闪现”“顿悟”等技巧，让人物的自由联想与内心独白相结合，构成一种瞬间定格的艺术美感与升华，从而使得这一部分的叙述充满着诗意的美。在第六部分中，叙述视角几经转移，由远而近，从景物到人的内心，却又收放自如、流畅明快。

同乔伊斯和伍尔芙一样，曼斯菲尔德非常关注小说的技巧，这不仅是衡量革新的标尺，也成为小说解读的关键所在。“他们以不同的方式，拓展了短篇小说的形式，从而体现和表达了个人经验的社会结构之间互动的一种复杂的观点。”[②]的确如此，在这三位作家的早期创作中，他们都采用了一种以捕

① 转引自王素英：《〈在海湾〉中的叙述陌生化》，《国外文学》，2010 年第 1 期，第 123 页。

② D. Head, *The Modernist Short Story: A study in theory and practice*, Cambridge: Cambridge University Press, 1992, p. 139.

捉瞬间来揭示事物真相或者说人生真谛的写作技巧和手法，这也就是被乔伊斯总结为是“精神顿悟”（epiphany）和伍尔芙所提出的“重要瞬间”（moments of being）。对这一独特的创作技巧，曼斯菲尔德将之称为是“闪现”（glimpse）。虽然提法不尽相同，但这三位作家的创新意识是一致的。在很多小说中，曼斯菲尔德都采用通过捕捉她称之为“交现”的瞬间来构建其小说的叙事结构，并将中心主题推向高潮，这一技巧可见于《花园茶会》《在海湾》等重要作品中。

除了萨莉琳 · R. 戴利所提出的“发现瞬间”外，还有诸多小说批评家对曼斯菲尔德小说中所出现的“瞬间”有所关注。例如，加德纳 ·麦克菲尔（Gardner Mcphail）在《凯瑟琳 · 曼斯菲尔德和著名的多萝西 · 布莱特：艺术家的书信来往》中提出，在曼斯菲尔德的小说中，还存在有另一种瞬间，即“艺术瞬间”，他指出，“绚烂的人生和静止的瞬间是曼斯菲尔德长期的关注点”①，伯克曼进一步指出，曼斯菲尔德作品中的瞬间是由主要人物通过他（或她）自身内部或周围创造情景而产生的。②凯莱 · 波迪（Gillian Boddy）对曼斯菲尔德小说中的出现的“瞬间”作出了与伯克曼的论述相一致的评价，她指出，曼斯菲尔德的“瞬间”是在“某个特定时刻，人物或情景的突然闪现”③。总之，“瞬间”技巧是曼斯菲尔德的作品中用来揭示小说主要人物及其情感体验的重要创新技巧之一。

《在海湾》第六部分中不仅出现了“陌生化”的叙述技巧，如婴儿同母亲的对话：

> “既然我已在这里！”那愉快的微笑似乎在说：“你干吗不喜欢我？”
>
> 他的笑有点离奇而出乎意料，琳达自己也笑了，但是她控制住自己，对孩子冷冰冰地说了一句：“我是不喜欢孩子的。”
>
> “不喜欢孩子吗？”男孩不相信她的话。“不喜欢我！”他对着母亲傻头傻脑地挥动着手臂。
>
> 琳达离开椅子坐到草地上。

---

① G. Mefell, Katherine Mansfield and the Honourable Dorothy Brett: Acorrespondence of Artists, In R. Robinson, *Katherine Mansfiels: In from the Margin*, p. 66.

② S. Berkman, *Katherine Mansfield: A Critical Study*, New Haven: Yale University Press, 1951, p. 163.

③ G Boddy, *Katherine Mansfield, the woman and the writer*, New York: Viking Penguin Inc, 1988, p. 169.

"你干吗老是笑个不停？"她一本正经地说，"你要是知道我头脑里想的是什么，你就不会笑了。"

可是他只是调皮地挤挤眼睛，在枕头上翻转自己的小脑袋。他不会相信她的话的。

"你可瞒不了我！"男孩笑着。

这小东西的自信使琳达大吃一惊。……这话不对，要真诚些。她的感觉不是那样，根本不是那样，太新奇了，太……泪珠在她眼里游动，她对男孩用轻声的耳语说，"唉，我的小淘气！"

文本中的这个孩子只是一个仅有几个月大的婴儿，不可能和自己的母亲对话，所以这段对话其实是发生在人物内心之中的，曼斯菲尔德在这里用一个婴儿的叙述视角来表达自己的内心感受，这是一种让人耳目一新的叙述技巧，同时也给读者带来了强烈的陌生化的感觉，产生了一种阅读的新奇感。

但在第六部分，更引人注目并产生艺术美感的是曼斯菲尔德所采用的"瞬间"技巧，也就是萨莉琳·R. 戴利所称的"发现瞬间"①，加德纳·麦克菲尔将这一技巧称之为是"艺术瞬间"，他指出，"绚烂的人生和静止的瞬间是曼斯菲尔德长期的关注点"。②第六部分中所运用的"瞬间"技巧，使得曼斯菲尔德后期小说创作中的多重视角叙述技巧有了崭新的开拓，并引起很多学者与评论家的关注。第六部分的开始展现是琳达坐在门前草坪上度过了整个上午，但是，这个坐在草坪上的女人并不真的是"静止不动"的，她的浮想与内心独白使读者得以走进她的内心，并获得了一种对人生与生活的深层次的思考，曼斯菲尔德直接进入到其内心。当琳达坐在门前草坪上望着树叶隙缝处露出的蓝天时，她又注意到有一种淡黄色的小花不时坠落在她的身上，这时，琳达由花联想到人生：

……多美的花儿！真美呀！你如果把这种小花放一朵在手掌上仔细端详，就会发现它又小又精巧。每一个淡黄色花瓣都好像是出自一双纤手的精巧制品。中央那条小舌头使花瓣成了小铃铛形状。

---

① S. R. Daly, *Katherin Mansfield*, New York: Twain Publishers, 1965, p. 95.

② G. Mefell, Katherine Mansfield and the Honourable Dorothy Brett: Acorrespondence of Artists, In R. Robinson, *Katherine Mansfiels: In from the Margin*, p. 66.

> 把它翻过来看看，外侧是深铜色。开花时，花瓣凋落四散。人们谈话时常把落下的花瓣从衣衫上拂下，这种讨厌的小东西有时还落在人们的头发上。既然如此，又何必当初开花呢？所有这些白白浪费掉的东西，是谁不怕麻烦，或者有雅兴把它们搞出来呢？……真叫人不可思议。

“既然如此，又何必当初开花呢？”琳达的内心涌起这样一个问题，答案是什么，实际上并没有一个确切的答案，因为人生就是这样复杂和微妙，而琳达内心所涌现的浮想和思考正是充满着艺术美感的“发现瞬间”。下文中，琳达再次由眼前美丽的花朵联想到自己的人生与生活，这样的思考瞬间同样具有艺术美感：

> 康乃馨闪着银辉显得耀眼；金眼万寿菊闪闪发光；旱金莲盘绕着阳台柱子，金绿交辉。如果人们能长时间观赏这些花儿，不求一时新奇的满足，而是好好琢磨领悟，那该有多好！可是他们刚一静下来把花瓣分开，看到叶子的下端，现实生活就会来干预，把他们赶开。琳达躺在藤椅上感到轻松自如，觉得自己就像一片叶子。现实生活像风一样吹过来，她受到侵袭，开始动摇，不得不走开。天啊，难道天下事情永远是这样的吗？无法逃避吗？

人物琳达在这里发现了人们活着的一个误区，他们总是急急忙忙，却不肯闲下心来细细品味生活里的美，他们的童真之心、诗意之情，总是受到外部现实生活的干预，而真正的生活的美，却正在这样悠闲的时刻和细微的诗意之中，可是人们却全然不知，一心扎进现实生活之中。琳达的思考使得整个第六部分的艺术境界得以升华，并给读者留下了充满美感与诗意的阅读享受，同时引发读者的思考。同样的“发现瞬间”和“艺术瞬间”技巧也运用于《在海湾》的第十部分和第十二部分。这一技巧及“陌生化”叙述技巧的运用大大地丰富了曼斯菲尔德的多重叙述技巧，使得《在海湾》成为《序曲》《已故上校的女儿》这两部精品中短篇小说之后的另一部佳作。

综上所述，这三部篇幅较长的短篇小说都由十二个以上的部分组成，其中，《序曲》和《已故上校的女儿》有十二个部分，而创作于后期的《在海湾》则有十三个部分。每个部分都有着发生和发展过程，都是“正在进行、正在呈现、正在展示”的场景，都具有与前一部分不同的叙述者、叙述视角。多重视角叙述是这三部作品共同的叙述手法与叙述技巧。“曼斯菲尔德的三部优秀作品：《序曲》《已故上校的女儿》《在海湾》在形式上同长篇小说极为接近，因为这三部小说都被分成了十二个部分或事件，这显然是与众不同的创作形式。在这三部作品中的十二个部分或事件中的每一个事件都有自己的聚焦。”①

曼斯菲尔德中期、后期作品同前期作品相比，其叙述模式显然要复杂得多，考伯勒比较了曼斯菲尔德早期和后期的作品后指出，“早期作品在叙述模式上，缺乏后期作品中的多样性和复杂性”②。

曼斯菲尔德在这三部作品中所采用的多重视角叙述技巧正表明作为现代主义作家的曼斯菲尔德对艺术技巧的求新意识。“传统小说在表现上采用叙述者无所不知、无处不在的角度来叙述，呈现为一种直线推进式的叙述结构。千百年间陈陈相因，一仍其旧，发展至亨利·詹姆斯、康拉德、菲茨杰拉德，便另辟蹊径，作出了尝试性的实践，他们的作品中往往由书中主人公之外的另一个人物来担负叙述使命，实现了叙述者的‘转型’。”③

多重视角叙述方式在很大程度上形成了作者的引退局面，使作者可以作为一个“他者”，同读者站在同一立场，来观察其笔下的人物和生活场景。在20世纪之前的小说创作中，作者在所有小说中都会显示自己的身影。浪漫主义小说的作者在小说中张扬激情和理念，现实主义小说的作者在小说中所宣扬的道德和价值，都说明了“无论小说作者怎样掩饰自己的存在，他总是或隐或显地出现。……作者在创作小说的时候是作为个体而显身的。其整个创作无非是为了确立一个正面的、正义的个人形象，从菲尔丁到托尔斯泰，莫不如此”④。然而，20世纪小说的演变改变了小说作者的地位。从作者在作品中的出场身份或切入程度来看，现代派小说渐渐放弃了上帝的角色，而开始隐身、自我限制，甚至自行引退。一个小说作者不能完全地进入小说文本中，必须与之隔开一定的距离，把自己当作一个“他者”，站在边缘处来观察

① G. Boddy, *Katherine Mansfield, the woman and the writer*, New York: Viking Penguin Inc, 1988, p. 154.

② J. F. Koberl, *Katherine Mansfield: A Study of the Short Fiction*, Boston: Twayne Publishers, 1990, p. 3.

③ 高奋：《西方现代主义文学的源与流》，宁波：宁波出版社，2000年，第273页。

④ 王洪岳：《现代主义小说学》，南昌：百花洲文艺出版社，2004年，第57页。

自己作品的人物或主人公，这样才能产生审美关系。作者的地位降低了，可是读者的介入却被强化了。曼斯菲尔德多重视角叙述技巧恰恰使读者得以进入作品不同人物的内心世界，并由此作出自己的审视与判断，正如萨莉琳·R.戴利所言："这种让读者介入的多元视角，易产生视角的重叠现象，这是曼斯菲尔德对现代短篇小说最有影响的贡献。"①

① S. R. Daly, *Katherin Mansfield*, New York: Twain Publishers, 1965, p. 60.

结　　论

第一节　曼斯菲尔德与英国短篇小说的发展

> 就所起到的指导性影响而言，凯瑟琳·曼斯菲尔德之于短篇小说，犹如乔伊斯之于长篇小说。在乔伊斯和曼斯菲尔德之后，长篇小说和短篇小说就再也不能保持原样了。他们开拓了一条通往更高境界的道路，为其他人展示出更加广阔的视野。
>
> ——伊恩·戈登

一

曼斯菲尔德是英国短篇小说的继承者。

没有对优良传统的继承就不会出现有意义、有力量的革新。曼斯菲尔德继承了英国短篇小说的优良传统，这主要表现在以下三个方面。

首先，曼斯菲尔德短篇小说对平常生活的关注、对人民的关注、对自然的热爱与英国短篇小说一脉相承。关注平常人的普通生活是英国短篇小说的优良传统，英国短篇小说的发展始自乔叟（G. Chaucer）的《坎特伯雷故事集》[1]，《坎特伯雷故事集》歌颂了英国中世纪市民的生活。16 世纪，进入文

---

① 朱虹：《英国短篇小说选》，北京：人民文学出版社，1980 年，第 13 页。

艺复兴时期的英国文学受意大利文学的影响，开始出现反映日常生活的短篇故事。19 世纪末出现了乔治·吉辛（George Gissing）的短篇小说，其短篇小说所表现的皆是平凡人的平常生活，如《门房的女儿》等作品。英国短篇小说的优良传统即在平常的生活中挖掘美、表现美，而这正是曼斯菲尔德短篇小说的一大特点。纵观曼斯菲尔德的短篇小说创作，几乎每一则短篇小说皆来源于平淡生活中的平常事件。无论是创作初期的《罗莎贝尔惊梦记》还是封笔之作《金丝雀》，表现的都是普通人的平常生活、普通人的寻常事件、普通人的真实情感。

其次，曼斯菲尔德的短篇小说对田园生活的描绘与讴歌是对哈代短篇小说优良传统的汲取与继承。哈代的短篇小说“充满了田园风情，是世界文学中短篇小说的精品”[①]。曼斯菲尔德以新西兰海湾为背景而创作的一系列短篇小说不仅充满了田园风情，更是曼斯菲尔德本人田园梦的表达。如果说田园风情是哈代小说内容的一个表现方面的话，田园梦到了曼斯菲尔德这里，则成为最重要的内容与最深刻的思想内涵之一。在多年的创作生涯中，曼斯菲尔德始终将创作焦点集中在她的故乡——新西兰惠灵顿。惠灵顿是一个在当时欧洲大陆各大都市行列中都显得微不足道的普通城市。这个城市地域并不宽广，而且有着同样狭窄的地方观念，这在《达芙妮》中已有显现。然而，曼斯菲尔德却在相当数量的短篇小说中细致地描绘了这个普通城市的街道，如《蒂勒尔街的春天》《桑德斯胡同》；还描述了那里的学校、商店、教堂、公园等，深刻揭示了一个移民城市的孤独感和异化感。在曼斯菲尔德的很多小说中，惠灵顿构成了其小说的唯一创作背景，就此而言，曼斯菲尔德可算得上是一位“乡土作家”。但曼斯菲尔德的目的并不仅仅是要表现一个孤独的、与伦敦等大城市格格不入的小城，她更深的用意是在自己的小说创作中寻求一种在喧哗的大城市中已经消失的平淡的生活方式，以此来抗击第一次世界大战后那充满着痛苦与不确定感的城市生活。“曼斯菲尔德最重要的形式创新之一，是使 19 世纪审美主义关注的问题和世纪末的宿命论与由战争经验带来的（或强化的）文化、历史和社会分崩离析的碎片感结合起来。其结果是她

① 侯维瑞：《英国文学通史》，上海：上海外语教育出版社，1999 年，第 545 页。

的短篇小说明显地把开放性结尾和紧凑的结构主义，以及抒情声音的运用结合起来，捕捉战争过后人生的痛苦和毫无目的。”①在她所有以惠灵顿作为创作背景的小说中，无不弥漫着一种平静生活的幸福感，而在以伦敦等欧洲城市为背景创作的小说中，则弥漫着一种阴郁、寂寞的氛围。例如，在以城市为小说创作背景的《萝莎贝尔惊梦记》《布里尔小姐》《一个已婚男人的自白》中，主人公莫不孤独，被整个喧哗的城市排斥在外。与之形成鲜明对比的则是一系列以新西兰为创作背景的小说中所呈现出来的平静与美的氛围。正如默里在曼斯菲尔德《日记选》的序言中所写到的那样，“战争给她带来巨大的精神震动……她慢慢转向已逝去的童年，把童年当作尚未被污染的、远离导致战争的机械文明的一种生活模式。”②已流逝的新西兰的童年生活，于是成为曼斯菲尔德逃避战争环境、摆脱个人精神压力的去处，也成为她向往美好的寄托。对美好生活的向往、对童年生活的描述也是英国短篇小说中常出现的文学内容与主题思想。

最后，曼斯菲尔德的短篇小说也充满着批判的声音，这被评论家认为是对毛姆小说传统的继承。对人性暗面的揭露与讽刺，尤其是毫不留情地将英国社会中上层阶级生活中的暗面一一加以展现、揭露、讽刺，批判是两位作家作品的共同点。“毛姆的短篇小说往往从作品中某一人物的角度着眼，发掘人性的阴暗部分”③，例如，他的《半老徐娘》揭露出一个表面优雅的中上层阶级女性的无耻灵魂。曼斯菲尔德在短篇小说中也有着大胆而辛辣的揭露和讽刺，例如，《一杯茶》就以一个孤女的遭遇揭露和讽刺了中上层贵妇的伪善与自私，《时髦婚姻》则以几个细节揭露和讽刺了一位中上层贵妇的空虚、浅薄。不仅如此，她还高度集中地描绘了普通家庭中的婚姻关系和人际关系，以取得以小见大的效果，从而讽刺和揭露了中上层家庭那种看似幸福的婚姻关系中所存在着的可笑。例如，《理想家庭》就以尼夫老先生的顿悟揭示了其家庭成员的冷漠与自私，在这样的婚姻关系中，

---

① P. Dunbar, *Double Discourse in Katherine Mansfield's short Stories*, Great Britain: Macmilian Press Lid, 1997, preface.

② Journal of Katherine Mansfield, edited by J. Middleton Murry, perface.

③ 侯维瑞：《英国文学通史》，上海：上海外语教育出版社，1999 年，第 545 页。

尼夫老先生虽然表面上是一家之主，但实际上已沦为妻子和孩子的利用对象与剥削对象。他一生的努力只换来妻子和孩子奢华的生活方式，而最终他还成了他们眼中多余的人。曼斯菲尔德的《时髦婚姻》会让人联想到契诃夫的《跳来跳去的女人》，因为这两部作品都将讽刺矛头指向了那些嘴里说着漂亮话，想对现实生活做一番改造却又没有任何务实能力的中上层家庭中的女性。更引人注目的是，其小说中还有力地抨击了社会的黑暗面，例如，《莫斯小姐的一天》就生动而又无情地展现了一个有着音乐才华的年轻女子如何在走投无路后沦为妓女的整个过程。曼斯菲尔德虽然没有对此作任何评论，但从她那带有同情的笔触可以感受到，她对那个使一个渴望自食其力的女人变成一个妓女的罪恶社会的有力抨击。综上所述，曼斯菲尔德是英国短篇小说优良传统的继承者。

二

曼斯菲尔德也是英国短篇小说的革新者。

无论是从题材内容上还是从文体形式上，都有体现。

从题材内容上看，其一，曼斯菲尔德的短篇小说中介入了大量的心理描写，例如，《摇摆》就以种种艺术手法表现人物的内在心理。不仅如此，曼斯菲尔德的短篇小说中还涉及大量的诸如寂寞、空虚、畏惧、幻灭感、自我分裂、自我封闭等情感的描述，这些都是传统短篇小说不多见的。罗杰（Roger）还提到，曼斯菲尔德的小说记载了人物的记忆和情感的“无数个印象”，即冲动和转折的瞬间。伊丽莎白·伯恩则承认曼斯菲尔德的短篇小说的影响及其在短篇小说创作中所做出的有益的创新，她极为崇拜曼斯菲尔德能熟练地以人物的某一个瞬间里的意识活动来捕捉瞬间的启迪或变化了的感知[①]。曼斯菲尔德的小说中对人物心理及意识的把握无疑是成功的，其间不仅涉及人类诸多心理活动和意识，而且挖掘极深，能很好地展现人类意识活动变化状态的特征，因此，曼斯菲尔德的短篇小说在很大程度上可以称得上是心理短篇小说。在表现心理意识方面，曼斯菲尔德独步一时，她创造性地潜入人物的

① R. Robinson, Katherine Mansfield: In from the Margin, Louisiana State University Press, 1994, p. 5.

精神领域，将他们最真实、最自然的意识活动原原本本地展示在读者面前。更引人注目的是，曼斯菲尔德往往在小说的开端就将人物的心理及意识活动展现在读者面前，使读者也成为作品情节的参与者。这样的意识展现手法与技巧无疑是传统短篇小说家所难以想象的，也是他们望尘莫及的。其二，曼斯菲尔德以短篇小说的文体形式为载体，关注妇女生活，关注女性的生存状态与精神状态，如作品《萝莎贝尔惊梦记》《莫斯小姐的一天》《幸福》等。不仅如此，在她的作品中提出了诸多的妇女问题，并对妇女地位与妇女解放提出了有益的设想，其女权主义思想在《序曲》《在海湾》中均有所表现。这些都是传统短篇小说涉及不深的。因此，其短篇小说在很大程度上可以称得上是妇女短篇小说。

从文体形式与叙述技巧上看，其一，曼斯菲尔德提供了一种新型的短篇小说文体形式。传统的短篇小说的创作总是在很大程度上依赖于情节的发展，某些重大的事件或者情景发生了巨大的变化，以此来形成高潮，并继而推出了作品的结局。在曼斯菲尔德的短篇小说中，没有传统意义上的“开端”“结局”，甚至没有“情节”。有时作为作品线索的只是人物的思想，例如，《萝莎贝尔惊梦记》这部小说的“情节是静止的，其开展极为自由，不再严格地遵循钟表时间顺序，而是以人物的情感思想作为开展作品的线索”[①]。有的作品中作为文本主要框架的只是一些片断，如《在海湾》《傍晚》等。其二，叙述技巧灵活多样，具有革新意义。为了削弱传统短篇小说叙述中的叙事性，增强戏剧性与生动性，曼斯菲尔德尝试着将叙述者同作品分开。在其早期作品中，小说人物与事件总是借第一人称叙述者完成，这个叙述者往往是小说作品中的一个人物，并且也参与到小说作品的事件之中。到了中期、后期创作中，曼斯菲尔德将第一人称叙述转变为第三人称叙述，如《稚气可掬，然而出自天然》。在《萝莎贝尔惊梦记》中，出现了一个无所不知的第三人称叙述者，并在小说结束部分有一番评论。在作品《娃娃诞生那一天》中，曼斯菲尔德则尝试着将叙述视角转移为小说作品中一个次要人物——女仆的叙述视角，改变了以往那种无所不知的叙述者的叙述方式。《老泰》《小女孩》《米

① S. R. Daly, *Katherin Mansfield*, New York: Twain Publishers, 1965, p. 12.

莉》《求职女》《序曲》等则以那种不断转移的叙述视角向戏剧化更进了一步。传统短篇小说中那种因为只有一位叙述者而使作品的叙述多多少少带有些局限性的状况得以改变。在曼斯菲尔德的短篇小说中，“因为叙述视角是时时有变的，可以从这个人物的叙述视角变到那个人物的叙述视角，这就使得作品的各个角度、各个人物的心理与个性特征，事件的种种细节全部展现在了读者的面前”[①]。其三，在创作技巧的革新方面，曼斯菲尔德充分体现了一个现代主义者的实验精神和革新意识。她的艺术手法可称得上是光怪陆离、五花八门，甚至到了让人眼花缭乱的地步。乔伊斯、伍尔芙和曼斯菲尔德的短篇小说具有一个共同点，那就是他们都非常关注小说的技巧，这不仅是衡量革新的标尺，也成为小说解读的关键所在。“他们以不同的方式，拓展了短篇小说的形式，从而体现和表达了个人经验的社会结构之间互动的一种复杂的观点。”[②]的确如此，在这三位作家的早期创作中，他们都采用了一种以捕捉瞬间来揭示事物真相或者说人生真谛的写作技巧和手法，这也就是被乔伊斯总结为的“精神顿悟”和伍尔芙所提出的“重要瞬间”。对这一独特的创作技巧，曼斯菲尔德将之称为“闪现”。虽然提法不尽相同，但这三位作家的创新意识是一致的。在很多小说中，曼斯菲尔德都采用通过捕捉她称之为“交现”的瞬间来构建其小说的叙事结构，并将中心主题推向高潮，这一技巧可见于《花园茶会》《在海湾》等重要作品中。萨莉琳·R. 戴利将曼斯菲尔德在小说中所采用的这种“瞬间”或“闪现”技巧称为“发现瞬间”。[③]她继而指出，这种“发现瞬间”对读者所产生的启示要大于对小说人物所产生的启示，因此，“这种观众比人物更了解内情的技巧给小说增添了戏剧性的效果”[④]。除了萨莉琳·R. 戴利所提出的“发现瞬间”外，还有诸多小说批评家对曼斯菲尔德小说中所出现的“瞬间”有所关注。例如，加德纳·麦克菲尔在《凯瑟琳·曼斯菲尔德和著名的多萝西·布莱特：艺术家的书信来往》中提出，在曼斯菲尔德的小说中，还存在有另一种瞬间，即“艺术瞬间”，他指出，“绚

---

① S. R. Daly, *Katherin Mansfield*, New York: Twain Publishers, 1965, p. 51.

② D. Head, *The Modernist Short Story: A study in theory and parctice*, Cambridge: Cambridge University Press, 1992, p. 139.

③④ S. R. Daly, *Katherin Mansfield*, New York: Twain Publishers, 1965, p. 95.

烂的人生和静止的瞬间是曼斯菲尔德长期的关注点”[①]。伯克曼进一步指出，曼斯菲尔德作品中的“瞬间”是由主要人物通过他自身内部或周围创造情景而产生的。[②]凯莱·波迪对曼斯菲尔德小说中的出现的“瞬间”作出了与伯克曼的论述相一致的评价，她指出，曼斯菲尔德的“瞬间”是在“某个特定时刻，人物或情景的突然闪现”[③]。总的说来，“瞬间”技巧是曼斯菲尔德用来揭示或提示小说主要人物及其情感体验的重要创新技巧之一。

“曼斯菲尔德的两大成就在于：其一，她改变了英国短篇小说艺术，给予短篇小说一个全新的界定与地位；其二，她以其短篇小说的魅力而在英国文学史上占据着重要的一席之地。”[④]综而观之，曼斯菲尔德的“短篇小说的革新者”的称号当之无愧。

三

曼斯菲尔德的创作对英国短篇小说具有一定影响。

曼斯菲尔德的短篇小说“对英国短篇小说的实验改革起了开拓作用。……她的创作表明，在落后于欧洲大陆多年之后，短篇小说作为一门独立艺术终于在英国进入成熟阶段”[⑤]。不仅如此，罗杰·鲁滨孙等小说批评家还宣称，“凯瑟琳·曼斯菲尔德改变了英国短篇小说”[⑥]。从如此评论不难看出，曼斯菲尔德的小说创作对英国短篇小说的发展是有一定影响的，这表现在以下几个方面。

首先，曼斯菲尔德短篇小说所产生的影响表现在时空处理技巧上。曼斯菲尔德的小说创造性地运用了时间、意识和技巧三位一体的艺术原则。自从步入文坛以来，曼斯菲尔德有意识地将对时间的处理、意识的表现和技巧的

---

① G. Mefell, Katherine Mansfield and the Honourable Dorothy Brett: Acorrespondence of Artists, In R. Robinson, Katherine Mansfiels: In from the Margin, p. 66.

② S. Berkman, *Katherine Mansfield: A Critical Study*, New Haven: Yale University Press, 1951, p. 163.

③ G. Boddy, *Katherine Mansfield, the woman and the writer*, New York: Viking Penguin Inc, 1988, p. 169.

④ A. Alpers, *The short stories of Katherine Mansfield*, Oxford University Press, 1984, preface.

⑤ 侯维瑞：《英国文学通史》，上海：上海外语教育出版社，1999 年，第 603 页。

⑥ R. Robinson's Introduction to Katherine Mansfield: In from the Margin, edited by Roger Robinson, 1994, p. 2.

创新作为其小说实验的兴奋点与突破口。在处理时间问题上，她摆脱了传统短篇小说长期以来以严格的钟表时间作为文本时间的传统，摆脱了钟表时间对小说的影响，大胆地采用了以一天为框架或以一夜为框架来布局的小说模式。尤其突出的是在《已故上校的女儿》这部小说中，曼斯菲尔德常常以人物意识中的某一瞬间作为小说的主要框架。在《起风了》等优秀作品中，曼斯菲尔德创造性地将时间颠倒或重叠，用有限的时间展示无限的空间，并成功地将人物多年之前和多年之后的两个时刻，通过人物的意识活动在同一个时间片断中得以呈现。曼斯菲尔德还擅长记录时间的一瞬，然后将这一瞬通过重复的形式扩张开来，形成一个具有重要意义的陈述。这一表现模式对英国短篇小说史、英国文学史影响深远，直到20世纪50年代仍居于主导地位。乔伊斯在自己的短篇小说创作中运用了这一形式，并把同时出现的"瞬间"描写称为"显现"①；在《雅各的房间》中，伍尔芙也使用了同样的时空处理技巧。曼斯菲尔德的《已故上校的女儿》中所运用的时空处理技巧的成功使她得到哈代等作家的称赞。

出现在曼斯菲尔德小说创作中的"瞬间"技巧及用以描述这些"瞬间"的叙述手段给英国的短篇小说带来了一些重要的影响。在曼斯菲尔德的很多小说中，对"瞬间"的描写常常需要运用一些独特的叙述技巧来加以呈现，如内心独白、视角转换和对时空关系的巧妙操纵等都属于叙述技巧的范畴。在《序曲》《已故上校的女儿》等作品中，小说通过将时间变成以日为单位来描写生活，通过时态的转换和叙述视角的相互交织，小说人物就得以不停地穿梭于过去、现在和将来，在有意识与无意识中自由飞翔。在这些以特殊技巧创作出来的小说中，曼斯菲尔德首次将内心独白和"瞬间"技巧结合起来，《在海湾》的第六部分和《序曲》中的很多部分都是显著的例子。在这些小说中，曼斯菲尔德还表现出从有意识转换到无意识的倾向，尤其在后期作品中，从一种意识到另一种意识的转换是极其微妙的。而更显著的一个叙述技巧当属曼斯菲尔德的多重视角叙述，这在本书的第三章中业已有所论述，这一叙述技巧给予英国短篇小说以较大的影响。因此，萨莉琳·R. 戴利明确地指出，

① 罗志刚：《现代西方短篇小说的发展与变化》，《社科信息》（南京），1989年，第57-61页。

“这种让读者介入的多元视角，易产生视角重叠现象，这是曼斯菲尔德对现代短篇小说最有影响的贡献”[①]。

其次，曼斯菲尔德短篇小说所产生的影响表现在文体形式的处理上。例如，弗吉尼亚·伍尔芙的重要短篇小说《墙上的印记》首次采用了曼斯菲尔德短篇小说中常用的对话形式，“是曼斯菲尔德使弗吉尼亚打破了自己一直采有的艺术形式”[②]。情节在曼斯菲尔德的短篇小说里是无关紧要的。传统的从介绍背景人物，使情节发展到错综复杂，高潮后清楚明了的答案的图表结构让位于种种新的布局安排：情节起伏不大，甚至时而停滞不前，悬在半空。《起风了》是此类结构的典型之作，故事采取从中间突破的手法，没有传统短篇小说正式的开场白和人物外貌描写，也没有任何故事背景的介绍。曼斯菲尔德以一种崭新的文体形式的处理技巧使英国短篇小说在20世纪初呈现出新的面貌。正如伊丽莎白·伯恩所指出的那样，“如果曼斯菲尔德没有那样写的话，短篇小说的艺术形式或许处于初级阶段……我们将‘自由’小说的兴起归功于她；她使小说摆脱了传统模式的束缚，为后来者开辟了领域……永久地改变了我们对小说构成的所有看法[③]。”很多小说批评家明确指出，曼斯菲尔德的《序曲》和《我不会说法语》代表了英国短篇小说创作技巧上的突破，“这不仅对凯瑟琳·曼斯菲尔德本人，而且对英国短篇小说史来说，都意味着一个突破”[③]。

再次，曼斯菲尔德短篇小说所产生的影响表现在创作意识上。曼斯菲尔德在短篇小说的世界里发掘出潜藏在日常生活中永恒的美，其短篇小说所关注的均是些日常生活中的小事，如《新衣》《桑德斯胡同》等；但其间却闪现着独有的美，如《范姨》中质朴的亲情、《凯西亚与图依》中醉人的青春。“西方短篇小说发展到第三阶段，即20世纪初，短篇小说的内容从不寻常事件转向普通的日常生活，以前精心安排的情节成了不重要的部分。在乔伊斯、曼斯菲尔德和安德森那里，短篇小说成为一种表现日常生活经验的手段，主人

---

① S. R. Daly, *Katherin Mansfield*, New York: Twain Publishers, 1965, p. 61.

② 安东尼·阿尔珀斯：《曼斯菲尔德传》，冯洁音译，北京：东方出版社，1987年，第255页。

③ 转引自C. K. Stead, Katherine Mansfield and the Art of Fiction, In J. Piditch, *The Critical Response to Katherine Mansfield*, The New Review (vol. 41), p. 159.

公是到处可见的普通人。”[①]

最后，同乔伊斯一样，曼斯菲尔德的整个创作体现了“从诗歌开始并且以小说的诗化而告终的过程”[②]。从她的最后一部小说《金丝雀》，我们会联想到她的文坛问鼎之作《序曲》及处女作《安娜·布莱克》，这些小说共有的特点是它们都体现了明显的仿诗效果。尤其是在引人注目的《一个已婚男人的自白》中，曼斯菲尔德采用了诗歌般、具有优美旋律的语言来描绘主人公的精神顿悟。

除此之外，还应当提出的是，曼斯菲尔德对短篇小说这一文体形式是极为重视的。她也是在当时为数不多的、完全是在短篇小说的创作中取得盛名的作家之一。短篇小说作为一种文类显而易见在文学史上没有得到如长篇小说所得到的重视，正如汉金（C. Hankin）所言，“作为一种文类，短篇小说受到某种批评忽视：一方面，它是诗歌的穷亲戚，另一方面，它也是小说的穷亲戚”[③]。而曼斯菲尔德所作出的种种努力“扩大了短篇小说的疆界”[④]，使短篇小说那种被忽视的状态得以转变，短篇小说的内容和形式受到很多评论家的关注。正如小说批评家汉森所言，“凯瑟琳·曼斯菲尔德在英国短篇小说史中所发起的一场革命可以与乔伊斯在小说中所发起的革命相比美”[⑤]。

第二节　曼斯菲尔德文学史地位

我嫉妒她的作品，这是我唯一感到嫉妒的作品。

——弗吉尼亚·伍尔芙

凯瑟琳·曼斯菲尔德的作品每一篇都是精美的典范。

——戴维·丹彻斯

---

① 罗志刚：《现代西方短篇小说的发展与变化》，《社科信息》，1989年，第57-61页。

② 李维屏：《乔伊斯的美学思想与小说艺术》，上海：上海外语出版社，2000年，第273页。

③ C. Hankin, Fantasy and the Sense of an Ending in the Work of Katherine Mansfield: Modern Fiction Studies 24, No. 3. Purdue Research Foundation, West Lafayette, Indians, 1978, p. 183.

④ 朱虹：《英国短篇小说选》，北京：人民文学出版社，1980年，第13页。

⑤ C. Hanson, A. Gurr, Katherine Mansfield, London: Macmillan, 1980, p. 50.

一

在英国文学史上，曼斯菲尔德是英国现代主义文学史、英国短篇小说史中最重要的作家之一，是将现代主义特色完美演绎于短篇小说领域的创新者，是英国现代主义崛起时期的重要作家之一[①]。

首先，曼斯菲尔德的作品体现了现代主义创作意识。

如果说20世纪以前的文学是社会与历史的文学的话，20世纪文学则是人的文学，“它关注的更多的并不是宏大的社会场景与历史变革，而是人的精神与心理世界”[②]。在这样的文学思潮大环境下应运而生的现代主义认为，人的精神世界是一个极为复杂而丰富的内宇宙，是文学描写的主要对象，现代主义艺术家扩大了“现实”的含义。就本质来说，20世纪现实主义文学不同于19世纪现实主义文学的一个突出表现，就是从主要地描写客观现实生活逐步转向描写人的精神世界。

曼斯菲尔德的创作接受了现代主义文学的影响，在其创作中，从对事件与行为的关注转而成为对人的精神层面的深入剖析。在曼斯菲尔德的创作中，根本就没有出现过社会变革、社会重大事件的内容，曼斯菲尔德作品内容从外部大世界走向小宇宙——人及人的生存状态、精神状态。“人”在曼斯菲尔德的文学世界中不再仅仅是社会生活中的一粒尘沙，而是一个独立的小世界。对人的精神状态的关注使得其小说中有大量的心理描述，“曼斯菲尔德观察敏锐，注重心理表现。她所要着力表现的是人的内心世界”[③]，她竭力捕捉的是人的心灵对自我及人生产生顿悟的刹那。可以这样说，细致入微而不失真实的心理描写是曼斯菲尔德短篇小说得以成功的重要因素之一。

其次，曼斯菲尔德的作品体现了现代主义创作手法。

曼斯菲尔德对现代主义创作手法的汲取与发展表现在对情节的处理上。安东尼·阿尔珀斯对曼斯菲尔德有如下评论：“曼斯菲尔德的作品没有传统短篇小说的情节（plot）……作品看重的是在某一刹那间作品人物对自身的把

---

① 侯维瑞：《英国文学通史》，上海：上海外语教育出版社，1999年，第603页。
② 杨传鑫：《略论二十世纪世界文学》，《中央民族学院学报》哲学社会科学版，1990年，第121-126页。
③ 侯维瑞：《现代英国小说史》，上海：上海外语教育出版社，1985年，第429页。

握与认识。……这些作品无一例外都有现代意识……”[①]

除此之外，曼斯菲尔德的小说作品中有着大量的象征、暗示、比喻，出现频繁，似乎是随手拈来，却又处处精彩，这与同时代现代主义作家劳伦斯等人对她的影响不无关系。曼斯菲尔德同写下了《虹》《恋爱中的女人》等现代主义经典之作的劳伦斯等人交往甚密[②]。他们常在一起探讨文学，劳伦斯的作品既使用传统手法中常用的时间顺序和细节来表现社会关系和人物活动，又大量运用象征和自白式的叙述来展现内心精神世界与心理变化[③]，这同样也是曼斯菲尔德常用的创作手法。两位作家均在作品中以自然景物来象征社会意义或人的精神状态，“花是劳伦斯最常用的象征之一，和花朵一样，月亮也是一个反复出现的形象，通常用于象征女性的力量”[④]。花、月亮等自然物正是曼斯菲尔德的作品中最为常见的象征。“曼斯菲尔德在描述她笔下的事物与人物时，从来不采用那种直接描述的方式，她总是写得很模糊，并常常通过暗示、象征等手法来表现。”[⑤]

曼斯菲尔德作品中表现得最突出的现代主义创作手法是意识流手法。可以这样说，意识流手法的运用决定了曼斯菲尔德现代主义作家的定位及其创作的成功与否，如果没有对意识流手法的纯熟运用，就不会有曼斯菲尔德在短篇小说创作上的成就。“曼斯菲尔德短篇小说中的一个重要特征之一即在于她对意识流的运用技巧，在表现复杂的内心世界的种种微妙变化时，曼斯菲尔德确有技巧。”[⑥]

曼斯菲尔德最优秀的作品皆是创作技巧出色的精品之作，正是对创作技巧的追求，奠定了其在文学史上的地位。“曼斯菲尔德在创作中的创新与表现技巧对英国现代主义文学产生了极大的影响。”[⑦]

---

① A. Alpers, The short stories of Katherine Mansfield, London: Oxford University Press, 1984, p. 8.

② 弗莉达·劳伦斯：《不是我 而是风》，辛进译，北京：生活·读书·新知三联书店，1984 年。弗莉达·劳伦斯是劳伦斯的夫人。

③ 侯维瑞：《英国文学通史》，上海：上海外语教育出版社，1999 年，第 612 页。

④ 侯维瑞：《英国文学通史》，上海：上海外语教育出版社，1999 年，第 612 页。

⑤ G. Boddy, *Katherine Mansfield, the woman and the writer*, New York: Viking Penguin Inc, 1988, p. 167.

⑥ G. Boddy, *Katherine Mansfield, the woman and the writer*, New York: Viking Penguin Inc, 1988, p. 168.

⑦ G. Boddy, *Katherine Mansfield, the woman and the writer*, New York: Viking Penguin Inc, 1988, p. 182.

最后，曼斯菲尔德的作品体现出现代主义的重要特征。

曼斯菲尔德的创作贯穿有 20 世纪现代主义文学的一个重要特征，即悲剧意识。悲剧意识在现代主义文学中表现得极为明显，"现代主义文学流派是时代的产物，是 20 世纪的经济与社会文化思潮下的必然产物，概括而言，现代主义文学是西方现代工业社会的产物，是动荡不安的 20 世纪欧美社会的时代精神的艺术表达"[①]。战争给人带来的伤害远不止是肉体上的，科技的发展在给人带来便利的同时也导致了压抑，人与人之间变得疏远，人心迷离而寂寞。现代主义作家选择悲剧意识来解释所有他们无法解释的一切。悲剧意识是贯穿在 20 世纪现代主义文学中的一个最主要的基调，仅从诗歌来看，20 世纪初的诗歌早已没有了 19 世纪诗歌所特有的浪漫，如叶芝的《基督到临》、艾略特（T. S. Eliot）的《四个四重奏》《空心人》即一语道出 20 世纪一代诗人共有的悲观忧郁。这些诗作代表了西方现代主义作家对现实的一种悲观失望的观点。

20 世纪是个危机频频、灾难频频的时代，这表现在创作中就是在现代主义文学中四处弥漫的失落、寂寞、孤独和变形的失望——这些情绪也正是曼斯菲尔德的作品中所常见的情感特征。她写得最多的是寂寞，这样的寂寞在一个人的童年期皆已形成，如《洋娃娃的小屋》；在青春期也不请自来，如《第一次舞会》；而最让人感伤的是人的情感已无法与同类交流，只能向一只小鸟低声倾诉，如《金丝雀》。在 19 世纪作家那里大受欢迎的爱情在这里却受到冷落、遭到嘲笑，如《时髦婚姻》；爱情如烟雨般缥缈，如《夜深沉》；如昙花般稍纵即逝，如《爱随风逝》；像杯变了味的苦咖啡，如《莳萝泡菜》；更是一抹尴尬的灰色，如《陌生人》。这在曼斯菲尔德的作品中都得以深刻的表现，"曼斯菲尔德的优秀作品往往难逃悲伤黯然基调底色。"[②]

综上所述，从创作意识、创作手法、创作特征等三个方面来看，曼斯菲尔德是英国文学史上现代主义文学的重要作家之一。正是曼斯菲尔德等作家在英国现代主义崛起期所做的工作，才使得英国文坛在后期迎来了现代主义

---

① 郑克鲁：《外国文学史》. 北京：高等教育出版社，1999 年，第 100 页。

② A. Alpers, *The Stories of Katherine Mansfield*, London: Oxford University Press, 1984, p. 8.

的繁盛期，迎来了如劳伦斯、乔伊斯等作家的现代主义经典之作。曼斯菲尔德将现代主义同短篇小说完美结合，从而使英国短篇小说与时代紧密相连，对人的关注使她将内容引向普通人的寻常生活。“凯瑟琳·曼斯菲尔德之于短篇小说艺术，犹如乔伊斯之于长篇小说艺术。在乔伊斯和曼斯菲尔德之后，长篇小说和短篇小说再也不能保持原样了。他们开拓了一条通往更高境界的道路，为其他人展示出更加广阔的视野。”[①]

二

在英国文学史上，曼斯菲尔德是“短篇小说大师”。曼斯菲尔德的短篇小说显然扩大了英国短篇小说的疆界，这主要表现在以下两个方面。

（一）从内容与题材上看

曼斯菲尔德的新西兰小说是典型的家庭记事体小说，这在以往的短篇小说中是少见的。曼斯菲尔德以家庭生活入手创造了家庭记事体小说，她的短篇小说中的主要部分——新西兰小说以家庭记事体的文体构建出一个乌托邦的家园所在，这有些类似于哈代的田园乡村短篇小说，但要更加鲜明动人。以往的短篇小说总是独立成章，各个短篇小说之间没有明显联系，而在曼斯菲尔德的新西兰短篇小说系列中，贯穿着一个家庭，这个家庭无论以何种方式命名，总是这同一个家庭。通过家庭记事体这样的文体，曼斯菲尔德将短篇小说的创作引向了普通人的寻常生活。“1911 年 11 月出版的《在德国公寓里》短篇小说集中所收有的作品表明，那被称为曼斯菲尔德短篇小说特征的主题与技巧已然形成。尽管所涉不深，但出现在这部作品集中的某几部作品已表明，曼斯菲尔德开始挖掘新西兰小说题材。她已自最初的讽刺、攻击、辛辣悄悄转向了另一种融合有悲悯的评论，或者说，融合有批评的悲悯。”[②]曼斯菲尔德的短篇小说中介入了大量的心理描写，她的短篇小说轻情节而重内心情感，具有极大的抒情性。其在短篇小说中的心理描写之细腻、深刻并

① I. A. *Gordon: Katherine Mansfield*, 转引自侯维瑞：《现代英国小说史》，上海：上海外语教育出版社, 1985 年，第 431 页。

② S. R. Daly, *Katherin Mansfield*, New York: Twain Publishers, 1965, p. 28.

不输于长篇小说作家的宏伟之作中对人物心理的刻画。她的短篇小说作品所表现出来的20世纪人们体验着的种种情感与情绪也并不亚于20世纪现代主义诗作；儿童进入了曼斯菲尔德的短篇小说创作，并占有重要的一席之地，“曼斯菲尔德写了许多有关童年时代的短篇小说，这些小说表现出孩子自然、天真、纯净的内心世界与生存状态”[①]。她在小说这一文学题材中融进了散文化笔法和诗的意境，实现了散文、诗与短篇小说的完美结合。曼斯菲尔德在短篇小说中融入了诗与散文、戏剧的因素。她的有些短篇小说，读起来如同一则散文，这在几部记忆童年生活的作品中表现得尤其明显，但是，这些作品却又不是严格意义上的散文作品，如《童年的记忆》。曼斯菲尔德的短篇小说深刻关注了英国中下层妇女的生存状态与精神状态，如《女主人的贴身女仆》《幸福》等，极具社会批判意义。曼斯菲尔德的短篇小说中有大量的具有自传性质的素材，开拓了短篇小说的文体，“曼斯菲尔德的作品具有鲜明的自传体小说的种种特征”[①]。

（二）从创作形式和手法上来看

1. 曼斯菲尔德的短篇小说的文体形式具有开创意义

短篇小说的形式到了曼斯菲尔德这里，就“再也不能保持原样了”[②]。她对短篇小说形式的关注始于其创作初期。曼斯菲尔德所出版的第一部作品集《在德国公寓里》就以其与众不同的小说形式而引人注目，在这部作品集中共收入七部作品，其中有两部作品即表现出曼斯菲尔德极为关注小说的形式，她意欲以小说的形式来塑造出新型的短篇小说。传统短篇小说的形式被曼斯菲尔德打碎了，这不仅因其短篇小说已打破了传统短篇小说那种先介绍时代、人物的开头方式，更在于她提供了一种崭新的结局方式。

将莫泊桑（G. de Maupassant）、马克·吐温（Mark Twain）、契诃夫、欧·亨利（O Henry）的代表作品作一番比较，就会发现曼斯菲尔德短篇小说的结局

---

① J. F. Kobler, *Katherine Mansfield: A Study of the Short Fiction*. Boston: Twayne Publishers, 1990, Preface.

② I. A. Gordon, *Katherine Mansfield*, 转引自侯维瑞：《现代英国小说史》，上海：上海外语教学出版社，1985年，第431页。

的确另有特色。其别出心裁的小说结局方式在一定程度上对旧有短篇小说进行了革新。切瑞·汉金注意到曼斯菲尔德短篇小说的结局方式，他在其著作《现代小说研究》中写道："因为凯瑟琳·曼斯菲尔德对英国现代小说的发展有着极大的影响力，所以，有必要对她将小说推向结局的方式加以深入研究，对其小说结局方式的深入研究不仅可以加深我们对其短篇小说形式的认识，也可以对她的艺术审美有一定的把握。"①切瑞·汉金认为，曼斯菲尔德的结局方式中有一个显而易见的模式，那就是以"幻想"（fantasy）来推进或进入结局。她往往展现某一人物对某一事件的期待，而紧接着则是人物的梦想、幻想或期待与现实生活之间的矛盾，最后以人物期待的变化或幻灭作为作品的结局，这正是曼斯菲尔德短篇小说一个极为鲜明的特点。切瑞·汉金的这一观点确切地点出了曼斯菲尔德小说的创作形式、小说结局的重要特点，这样的特点在曼斯菲尔德的诸多小说作品中都得以体现，如《第一次舞会》《幸福》《阳阳和亮亮》《萝莎贝尔惊梦记》《求职女》《一杯茶》《布里尔小姐》《莫斯小姐的一天》等。笔者认为在这些作品中，对期待或梦想的幻灭又可以分成三种：其一，作品人物期待的幻灭，而读者的期待并未幻灭，因为读者对作品人物期待的幻灭早有心理上的准备，这样的幻灭虽然对作品人物是生命中的惊奇，但对读者而言却是情理之中的事，《求职女》就是这样的一部作品。其二，读者期待的幻灭，读者在读作品时也会在心理上产生梦想或期待，然而，小说中现实的发展却不以读者的期待心理为转移，读者所没有料到的事情发生了，推翻了在开始读作品时的推测、设想与期待，然而，作品人物却并不对这样的结局感到任何的吃惊，《一杯茶》就是这样的一部作品。其三，无论是作品人物还是读者，他们的期待全部落空了，幻灭感产生了，作品中真实的生活所导致的结局让作品人物和读者都吃惊不小，《幸福》就是这样的一部作品。对曼斯菲尔德小说的结局方式，切瑞·汉金分得更为细致，他将曼斯菲尔德小说的结局方式分为四种。他在《现代小说研究》中指出，从小说结局方式来看，曼斯菲尔德的小说可以分为四类：①作品主要人物的期待

① C. Hankin, Fantasy and the Sense of an Ending in the Work of Katherine Mansfield: Modern Fiction Studies 24, No. 3. Purdue Research Foundation, West Lafayette, Indians, 1978, p. 465.

落空，幻灭感产生，小说表现人物期待落空这一过程与经历；②一个即将到来的对某一期待的落空与幻灭因为主要人物行为或心理上的转变而转向了相反的方向，转向了于人物有利的境地；③期待的落空与心理上的幻灭感形成了，但这样的落空与幻灭感来自读者，与作品人物无关；④作品结局处的意外是现实生活的必要形成，不是读者与人物的行为与心理期待所能决定的。值得注意的是，曼斯菲尔德的那些优秀作品往往多用前两种结局方式，总是少不了期待的落空，梦想与期待心理在曼斯菲尔德的小说结局中起了很重要的作用。另外，那些并不太依赖于期待心理的幻灭的小说则往往多用后两种结局类型①。切瑞·汉金认为，曼斯菲尔德小说作品的结局方式是她那卓越艺术才能的集中体现，她以她那种悲而不鸣的结局将读者与作品人物的距离拉得更近了，他这样写道："在曼斯菲尔德那精湛的艺术技巧之中，有这样的一个才能尤其绝妙，那就是曼斯菲尔德可以在某部作品的结局中使得读者与作品人物从心理上联系在一起，作品人物的期待与期待落空时所产生的幻灭感全然就是普通人在现实生活中会产生的心理反应，这个时候，曼斯菲尔德以她的文字在作品结局时所唤起的，并不仅仅是读者对于作品人物的同情与怜悯，更是读者对他本人生活中所会遇到的希望或者恐惧的产生的本能反应。"①

长期以来，曼斯菲尔德即被诸多读者认为是一位对短篇小说文学形式的重视程度毫不低于对短篇小说内容的重视程度的作家，她总是寻找着更加绝妙的小说形式和表达技巧。在短篇小说文体形式的发展过程中，经历过极为重要的历程，自俄国的安东尼·契诃夫开始，经过英国的凯瑟琳·曼斯菲尔德，再经过美国的海明威（E. M. Hemingway），短篇小说的文体形式发生了翻天覆地的变化，不再只寻求成为一个讲故事的好手，而是更重视短篇小说表达出来的形式问题与表现的技巧和手法问题。曼斯菲尔德在短篇小说创作领域中开创了崭新的文体形式正是其作为一位"短篇小说大师"的重要原因之一。

2. 曼斯菲尔德的短篇小说的叙述手法具有开创意义

从表现手法上看，曼斯菲尔德所运用的叙述手法是一种与过去传统的短

---

① C. Hankin, Fantasy and the Sense of an Ending in the Work of Katherine Mansfield: Modern Fiction Studies 24, No. 3. Purdue Research Foundation, West Lafayette, Indians, 1978, p. 469.

篇小说截然不同的手法。首先，这表现在叙述视角的转移上，叙述视角总是极为巧妙地从叙述者的视角转至受述者的视角，这时，受述者的角色发生了变化，从处于被动地位的受述者角色转而成为叙述者的角色，先来的叙述者潜入作品之中，读者与作品人物，即受述者之间的距离被拉得更近了。这在曼斯菲尔德的诸多作品，如《布里尔小姐》《巴克大妈的一生》中有体现。

其次，曼斯菲尔德有时会悄无声息地潜伏进作品人物，即受述者的头脑之中，并在其中停留一段时间，然后，再悄无声息地走出受述者的头脑。这在其作品《序曲》《在海湾》《莫斯小姐的一天》中均得以表现。诚如安德瑞·格瑞在著作《没有家园的小说家》一书中所写的那样："叙述者悄然潜入受述者的头脑之中的这一艺术技巧是曼斯菲尔德的短篇小说创作中常用的一种艺术方式与艺术手法，这是曼斯菲尔德对旧有短篇小说形式的一种变革与更新。"[①]

曼斯菲尔德短篇小说中的叙述技巧堪称与众不同。例如，在《毒药》这部小说中，作品中的两个人物担当起整部作品的叙述者的工作，但这两个人物的叙述却又极为不同。其中的一个叙述者是男性，他承担的叙述工作完全是对"目前"发生的事件的叙述，而作品的另一个人物，也就是这位男子的情人，所承担的叙述工作完全是对"过去"或隐蔽内心的叙述。作品的叙述技巧同样是对人物关系的暗示，男子的天真与毫不设防，有着种种经历的女人的心计，跃然纸上。

在创作早期，曼斯菲尔德对直接内心独白的文学技巧就极为重视，在她的第一部小说集《在德国公寓里》中，有五部作品由第一人称的叙述者来叙述，有两部作品则由隐藏在文字中的匿名叙述者来叙述。从作品来看，就是自这个阶段开始，曼斯菲尔德正在慢慢摸索一种把作品人物内心的独白来作为另一种重要叙述的艺术技巧，这也就是直接内心独白的最初形式，最终，这样的形式成了曼斯菲尔德作品中最主要的叙述方式之一[②]。如果说小说集《在德国公寓里》还只是直接内心独白的一个雏形的话，那么，经过这个摸索阶段后，在 1911 年 11 月，稍晚于《在德国公寓里》出版的一部小说《摇摆》则

① A. Gurr, *Writers in Exile: The Identity of Home in Modern Literature*, Atlantic Highlands, N. J.: Humanities Press, 1981, p. 44.

② J. F. Koberl, *Katherine Mansfield: A Study of the Short Fiction*, Boston: Twayne Publishers, 1990, p. 8.

可以称为曼斯菲尔德运用直接内心独白极为成功的一部小说。作者以精彩的人物直接内心独白引领了整部小说的发展，直接内心独白的位置代替了传统小说中情节的重要位置，引人注目。曼斯菲尔德早期的两部小说《摇摆》和《烈焰》(*A Blaze*)都是她将注意力投放到直接内心独白技巧运用的表现。在这两部作品中，曼斯菲尔德以大段大段的直接内心独白的叙述方式表现出两个同样处于混乱状态中的女性。"《摇摆》中的直接内心独白堪称曼斯菲尔德首次成功地用直接内心独白作为作品叙述方式和叙述视角的成功之作。"[①]《烈焰》这部作品就其形式而言犹如一部独幕剧，除了人物对话和简短的叙述者的叙述句子之外，再也没有任何的情节。"这两部小说都可以表现出曼斯菲尔德正致力于从作品形式放手来构成新型的短篇小说。"[①]自曼斯菲尔德之后，英国的短篇小说开始受到欧洲的重视与关注[①]，"短篇小说大师"的称号，曼斯菲尔德当之无愧。

三

在英国文学史上，曼斯菲尔德是一位风格大师。

安东尼·阿尔珀斯认为曼斯菲尔德的风格"诡异多变"[②]，这主要是因为曼斯菲尔德的风格既鲜明突出，又难以把握。在其短篇小说创作中，有现实主义色彩、有浪漫主义情怀、有心理小说特点、有现代主义特质、有诗的味道、有散文的灵活，更有小说的独有魅力。这种种风格交融在一起，就形成了其短篇小说世界中的独有的风格，仿佛打上独特的烙印，无人可以替代但一眼即可认出。也正是这样"诡异多变"使得曼斯菲尔德的短篇小说给沉闷的20世纪初的英国文坛带来无以替代的新鲜气息，这种清新气息正是曼斯菲尔德在文坛上的通行证。"曼斯菲尔德的短篇小说确有某种异于他人的东西在其中"[③]，虽然单只这一点并不足以成就一位作家的伟大，但伟大的作家都有一种极为明显的个人风格。独特的风格，这几乎出现于曼斯菲尔德所有时期的创作之中。

首先，曼斯菲尔德短篇小说具有含蓄凝练的艺术风格。

---

① E. Schneider, "Katherine Mansfield and Chekhov", *Modern Language Notes* Vol. 50. 1935, p. 311.

② A. Alpers, *The Stories of Katherine Mansfield*, London: Oxford University Press, 1984, p. 8.

③ D. M. Davin, *Katherine Mansfield Selected Stories*, London: Oxford University Press, 1969, Preface.

曼斯菲尔德运用现代主义艺术技巧，如意识流、象征等手法，深入人物的内心世界与精神层面之中，更借人物的梦境来展现人物的潜意识，但对人物内心的剖析不加任何主观评议。其笔法深入而细腻，有时人物的一个表情、一则梦境，就表达出深刻丰富的思想内涵，可谓含蓄凝练，如《理想家庭》《女主人的贴身仆人》等作品。曼斯菲尔德受到象征主义诗歌的影响，在其短篇小说中设置诸多的象征、暗示、意象来表达作品重要的思想内容。例如，她在《幸福》中大胆地运用“梨树”来象征幸福的假象，而在《巴克妈妈的一生》中，则用“风”象征主人公坎坷的命运与人生，“风”的出现与描述也只不过短短几个字而已，她以人物在狂风中的心态暗示了人物在其人生中的挣扎心态。只是一个场景或一个片断，却起到了引领整部作品的功能与效果，可谓含蓄凝练，如《第一次舞会》《花园茶会》等作品。曼斯菲尔德短篇小说所具有的含蓄凝练的艺术风格与其叙述技巧不无关系，她以叙述视角在同一个句子的共存或转换而提示出重要的思想内涵，可谓含蓄凝练，如《已故上校的女儿》《陌生人》等作品。曼斯菲尔德运用现代主义时空处理艺术技巧，其作品中的时间与空间全然不受钟表时间的控制，可以通过人物一个记忆片断即使得从现在的时空回到过去的时空，又可以通过人物一句对话而使得过去的时空飞跃到现在的时空，可谓含蓄凝练，如《起风了》等作品。

其次，曼斯菲尔德短篇小说具有清新的艺术风格。

这样风格之形成有两个方面的原因：一是小说的形式特点决定了其风格特点。曼斯菲尔德素来重视小说的形式美，正是对形式美的美学追求使得曼斯菲尔德不仅在《序曲》《在海湾》中成功地开创了一种新型的散文体小说；还在其作品中将散文、诗、小说等三种文学形式紧密结合，成功营造出短篇小说中的诗意效果，具有鲜明的诗意短篇小说的特点。曼斯菲尔德以诗意的语言来创作短篇小说，“这些作品表现出来是全都一样：简单、洁净、毫无世故之累，看起来诚如孩子的游戏一般充满着自然简洁的美感”[①]，其短篇小说语言表达含蓄细腻，极富诗意美与想象美。例如，“平静地品尝温暖和煦的

① J. F. Koberl, *Katherine Mansfield: A Study of the Short Fiction*, Boston: Twayne Publishers, 1990, preface.

阳光在口中化掉后的味道”（见曼斯菲尔德小说《傍晚》中的描述），她以诗的语言营造出诗的意境，其风格隽永明净。“曼斯菲尔德抒写感情、铺垫气氛的方法分明是诗的想象、画的意境。抒情诗的韵味和气质构成了曼斯菲尔德行文风格的一个鲜明特点。”[①]二是小说的内容决定了小说的风格，风格不可离开内容而独立。曼斯菲尔德短篇小说的清新风格与其小说内容关系密切，她沿承了哈代的田园小说、乡土意识，曼斯菲尔德描述了新西兰海湾，描述了晨昏交错之间人们平静和美如同一首田园抒情诗一般的生活，如：

> 渔舟归来，渔人们相互大声说话而且吹着口哨。岸边的小伙子们在用低哑的声音唱歌。孩子在哭。小脸红红的小孩子，脚趾头里夹着沙子，他们被抱回家去睡觉。

这已不仅仅是新西兰海湾的一景，而是全人类生活追求的最高境界——一种悠闲、平静、安详、和美的生活。同哈代的乡土短篇小说的创作素材多取自“威塞克斯地区”一样，曼斯菲尔德的田园短篇小说多取材自新西兰海湾。曼斯菲尔德又受到华兹华斯等浪漫主义诗人自然观、美学观的影响，自1915年后所创作的短篇最醒目、给人印象最深的特征之一是对自然景色和外部环境的细微之处不惜笔墨的描述。她在作品中，以美的形式、美的语言来表现美的内容、美的思想，因此，美的风格的产生是必然的。

再次，曼斯菲尔德短篇小说富于音乐美、韵律美、节奏美。

曼斯菲尔德对风格的重视与追求还表现在对音乐性的美学追求上，她善于用音乐和声音形象点染气氛，营造出独特的艺术效果，例如，在《花朵》《音乐课》《第一次舞会》《布里尔小姐》《布莱申马舍太太赴婚礼》中，不止一次出现了乐队的演奏，用乐曲和旋律的变化来暗示出作品人物的内心变化。她又在文字中营造出怡人的的节奏与氛围，如“他的声音在树中、在花中、在光中，在影中回荡……”音乐和“声音”是曼斯菲尔德小说场景中的一个重要因素。例如，《在海湾》中的第一部分，叙述者展现了自然、动物和人所构成的一幅美好和谐的场景，除了描述大海的景色、羊群的行进之外，叙述者还专门提到了牧羊人轻轻吹奏着的悠扬的小调，听起来“既忧伤又温柔”。

---

① 侯维瑞：《现代英国小说史》，上海：上海外语教育出版社，1985年，第431页。

最后，曼斯菲尔德短篇小说富于色彩美、视觉美、绘画美。

曼斯菲尔德是一位特别注重色彩及色彩表现的作家，在《小扣子被拐记》中，多次出现对海水的蓝色的描述，而在《稚气可掬，然而出自天然》《时髦婚姻》中，则用不同的色彩来表现人物的内心世界，来营造微妙的艺术气氛；曼斯菲尔德常常在作品中摄入光与影来加强作品的视觉美效果，如“乳白色的海湾发出了耀眼的光，海鸥在颤动的水面上漂游，像珍珠似的发生一闪一闪的光”。曼斯菲尔德在作品中的构图意识并不亚于一位画家对一幅图画的设置与构思，在诸如《幸福》《布里尔小姐》《花园茶会》《月光下》等作品中，曼斯菲尔德对作品相关场景的设置如同一幅绘画一样达到了光与影、暗与淡、色彩、形状的相互呼应，达成了一种极为真实，又极具艺术性的效果。例如，在《幸福》中有这样的一段：“……因为那深色的桌子似乎跟暗淡的光线融为一体了，那玻璃盘子和蓝钵就像飘浮在空中。”的确如此，“那在比喻与象征中时时出现了的绝妙的幻想、那将看起来似无联系的事物联系为一的敏慧、那对细节近于病态的慎重与关注，以及对流于心间的种种感受，对色彩、形状的种种了悟，对感觉、声音、气味的留心，审美能力与道德情感的完美结合，对生活、美与活动的极度热爱，在粗俗、丑陋与残忍面前的退缩……凡此种种，确是曼斯菲尔德可以为读者于一瞬间即可感知的特色”[①]。这就是曼斯菲尔德的短篇小说所独有的，所呈现出来的特质。

综上所述，曼斯菲尔德短篇小说的风格是独特的、出众的、清新脱俗的，“曼斯菲尔德在创作上不因循守旧，而是锐意创新，既能继承英国文学的优良传统，也敢于突破小说艺术的旧框架，建立清新的艺术风格，因此被誉为‘风格大师’”[②]。在英国文学史上，曼斯菲尔德作为一位重要作家而占据一席之地，是英国现代主义崛起期的现代主义作家之一、短篇小说大师、风格大师。正如罗杰·鲁滨孙所言，“曼斯菲尔德改变了英国的短篇小说，并对现代主义作出了重大的贡献”[③]。

① D. M. Davin, *Katherine Mansfield Selected Stories*, London: Oxford University Press, 1969, preface.

② 付灿邦：《曼斯菲尔德小说的艺术魅力——‘布里尔小姐’文体分析》，《四川师范学院学报》哲学社会科学版，1993 年，第 114 页。

③ R. Robinson, *Katherine Mansfield*: *In from the Margin*, Louisiana: State University Press, 1994, p. 2.

结 束 语

我所感兴趣的，我想要写出来的，就是那些平淡的生活和那些平淡生活中的人……

——凯瑟琳 · 曼斯菲尔德

第一次旅行……第一部短篇小说……漫游……创作……如此这般，曼斯菲尔德度过了自己的一生。

——萨莉琳 · R. 戴利

曼斯菲尔德的英年早逝对英国文坛，尤其是英国短篇小说的发展来说是一个损失。她是因为对小说创作的执着而耗尽一生的气力，正如安东尼 · 阿尔珀斯所言："凯瑟琳 · 曼斯菲尔德那充沛的活力吸引了伯特兰 · 罗素（Bertrand Russell），使弗吉尼亚 · 伍尔芙感到不安，在春天和夏天，她则像显微镜下的生物，从古典的种子，即那将会产生最好作品的模拟天赋中发芽生长，而到了秋天，经过硕果累累的时期，她开始发寒热；然后终于被诊断出患了肺结核。她的整个生活都改变了，作品的性质也变了，不再谈什么以前常在她作品中出现的'咖啡馆镜子，露珠和青草及表面现象'，而转向内心的探求，从此，艺术成为消耗她生命的炽烈燃烧的火焰。"[①]

曼斯菲尔德是 20 世纪初英国文坛上一位独特的作家，很难说她和某位作家相似。她不像奥斯汀（J. Austen），虽然她们同样只写自己所熟悉的生活，

① 安东尼 · 阿尔伯斯：《曼斯菲尔德传》，冯洁音译，北京：东方出版社，1987 年，第 138 页。

同样生活在狭小的生活空间，同样留意平凡的家庭生活所潜藏的动人的美。她也不像勃朗特三姐妹中的任何一位，虽然她们同样有着狂热的创作激情，同样醉心于没有喧嚣尘埃的大自然的盛美。她更不像与她有过交往的同时代的伍尔芙，虽然她们同样关注女性的社会地位、生存状态、精神状态……她像谁？她是谁？

她曾经说："我不知道我是谁。"她却知道，她最想要的是什么，她说："我最想要的是写作。"

曼斯菲尔德一再地从一个地方迁移到另一个地方，不断地从一个假想中的幸福走向另一个假想中的幸福。但是，在一个人封闭起来的苦苦挣扎的黑暗中，她却越来越感到那种无以排解的忧郁，而这个时候，她就离病痛所给予她的唯一出路越来越近了。然而，这里有一个矛盾的现实，当死亡一天天逼近她的时候，恰恰也正是她的文学创造力最为活跃的时候。于逝世前的一两年间，她写下大量脍炙人口的短篇小说佳作，如《在海湾》《一个已婚男人的自白》《花园茶会》《一杯茶》等。

很多评论家不得不承认，曼斯菲尔德在短篇小说上所做出的种种成就，如同奥斯汀引导英国的长篇小说走向成熟一般，自曼斯菲尔德之后，英国的短篇小说开始为欧洲所重视。

1923 年 1 月 9 日，曼斯菲尔德逝世于法国枫丹白露。在生命最后一刻，她说："我已到了我时间之源的尽头。生活并没有给我带来'川流不息'……我渴望写作……"①

① 曼斯菲尔德：《曼斯菲尔德书信日记选》，陈家宁译，百花文艺出版社，1991 年，第 191 页。

附　录

附录一　参考文献

英文参考文献（以作者或编者姓氏英文字母为序）：

Works consulted

Books:

Alpers, A. 1954. *Katherine Mansfield: A Biography*. London: Jonathan Cape.

Alpers, A. 1975. *Katherine Mansfield: A Study of Themes*. London: Harrap.

Alpers, A. 1980. *The Life of Katherine Mansfield*. London: Jonathan Cape.

Alpers, A. 1984. *The Stories of Katherine Mansfield*. London: Oxford University Press.

Bashkirtseff, M. 1889. *The Journal of a Young Arsist: 1860-1884*. New York: Cassell.

Bates, H. E. 1971. *The Modern Short Story*. London: Michael Josepnltd.

Beachcroft, T. O. 1968. *The Modest Art: A Survey of The Short Story*. London: Oxford University Press.

Berkman, S. 1951. *Katherine Mansfield: A Critical Study*. New Haven: Yale University Press.

Boddy, G. 1988. *Katherine Mansfield, the Woman and the Writer*. New York: Viking Penguin Inc.

Claire, T. 1983. *Katherine Mansfield: Short Stories*. London: Everyman.

Clarke, I. 1944. *Katherine Mansfield*. Wellington: The Beltane Book Bureau.

Curnow. Heather. 1968. *Katherine Mansfield*. Wellington: A. H. and A. W. Reed.

Daiches, D. 1936. *New Literary Values*. Edinburgh: Oliver and Boyd.

Daly, S. R. 1965. *Katherine Mansfield.* New York: Twain Publishers.

Daly, S. R. 1994. *Katherine Mansfield.* New York: Twayne Publishers.

Davin, D. M. 1959. *Katherine Mansfield in Her Letters.* Wellington: School Publications Branch.

Davin, D. M. 1969. *Katherine Mansfield Selected Stories.* London: Oxford University Press.

Dunbar, P. 1997. *Double Discourse in Katherine Mansfield's Short Stories Great.* Britain: Macmilian Press Lid.

Dickson, F. A. and Smythe, S. 1981. *Handbook of Short Story Writing.* Cincinnati: Writer's Digest Books.

Friis, A. *Katherine Mansfield: Life and Stories.* Copenhaen: Erik.

Fullbrook, K. 1986. *Katherine Mansfield.* Bloomington: Indiana University Press.

Hankin, C. A. 1983. *Katherine Mansfield and Her Comfessional Stories.* London: Macmillan.

Hormasji, N. 1967. *Katherine Mansfield: An Appraisal.* London: William Collins.

Isherwood, Christopher. 1966. *Exhumations.* London: Methuen.

Jeffreg, M. 1978. *Katherine Mansfield: A Biography.* London: Hamish Hamilton.

Kaplan, S. J. 1991. *Katherine Mansfield and the Origins of Modernist Fiction.* Ithaca, N. Y. and London: Cornell University Press.

Katherine, M. 1977. *The letter and Journals of Katherine Mansfield.* ed. C. K. Stead. London: Allen lane.

Kobler, J. F. 1990. *Katherine Mansfield: A Study of the Short Fiction.* Boston: Twayne Publishers.

Kurylo, C. 1974. *Chekovand Mansfield: A Study in Literay Influence.* Michigan: University Microfilms. Ann Arbor.

Lawlor, P. 1946. *The Mystery of Maata.* Wellington: The Beltane Book Bureau.

Lenoel Odette. 1946. *La Vocation de Katherine Mansfield.* Paris: Fditions Albin Michel.

Les Hermione (Ed). 1985. *The secret self: short stories by woman.* J. M. Dent.

Magalaner, M. 1971. *The Fiction of Katherine Mansfield.* Carbondale: Sourthern Illinois University Press.

Middleton, J. M. 1929. *The Letters of Katherine Mansfield.* New York: Knopf.

Middleton, J. M. 1933. *The Life of Katherine Mansfield.* London: Constable.

Middleton, J. M. 1946. *Seleted by Katherine Mansfield Stories: A Selectedtion*. Cleveland World Publishing Co.

Middleton, J. M. 1976. *Introduced to The Stories of Katherine Mansfield*. New York: Knopf.

Nicolson, N., Trautman, J. 1975. *The Letters of Virginia Woolf*. New York and London: Harcourt Brace Jovanocich.

O'Sullivan, Vincent. 1982. *Katherine Mansfield's New Zealand*. Auckland: Golden Press.

Orton, W. 1937. *The Last Romantic*. London: Cassell and Co.

Pat, L. 1950. *The Loneliness of Katherine Mansfield*. Wellington: The Beltane Book Bureau.

Selver, P. 1959. *Orage and the New Age Critcle*. London: Allen and Unwin.

Showalter, E. 1982. *A Literature of Their Own*. New Jersey: Princeton University Press.

Showlter, E. 1978. *A Literatue of their Own: British Woman Novelists from Bronte to Lessing*. London: Virago.

Walsh, W. 1973. *Reading in Commonweath Literature*. Oxford: Clarendon Press.

Warren, R. P. 1979. *Katherine Anne Porter: A Collection of Critical Essays*. Englewood: Prentice-Hall.

Woolf, V. 1923. *Anne Olivier Bell*. London: Hogarth Press.

Articles and Reviews:

Angus, B. 1987. Recalling the Wellington of katherine Mansfield.*Historic Places*, (3).

Boyle, T. 1965. The death of the boss: Another look at Katherine Mansfield's The Fly. *Modern Fiction Studies*, (11).

Cazamian, Louis. D. H. 1934. Lawrence and Katherine Mansfield as letter writers. *The Lamont Lecture at University*, (3).

Dowling, D. 1980. Aunt Beryl's Doll's House. *Lanfal 134*, (6).

Gordon, I. 1981. The house that Katherine Mansfield built. *The Evening Post*, (3).

Kafian, A. 1946. The last days of Katherine Mansfield. *The Adelphi*, (9-10).

Locke, T. 1980. K. M and "Bliss". *Lanfall 135*, (9).

Mills, T. 1933. Katherine Mansfield. *New Zealand Railways Magazine*, (9).

Oage. A. R. 1924. Talks with Katherine Mansfield. *The Centur*, (5).

Parker, M. 1923. Broken strings. *The New Zealand Herald*, (2).

Estelle, R. A. 1963. Memories of Katherine Mansfield. *Adam*, (65).

Marion, R. 1928. Incidents in the life of Katherine Mansfield. *Chicago Evening Post*, (12).

Stead. C. K. 1977. Katherine Mansfield and the art of fiction. *The New Review*, 41(42).

Taylor, M. 1974. The marvel is she understands. *The NZ listener*, (4).

Webby, E. 1982. Katherine Mansfield: everything and nothing. *Meanjin*, 41(2).

中文参考文献（以作者或编者姓氏英文字母为序）

[英]阿萨·勃里格斯. 1991. 英国社会史. 陈叔平译. 北京：中国人民大学出版社.

[英]艾耶尔. 1987. 二十世纪哲学. 李步楼译. 上海：上海译文出版社.

[南非]安德烈·布林克. 2010. 小说的语言和叙事. 汪洪章等译. 上海：上海人民出版社.

[英]安德森·桑德斯. 2000. 牛津简明英国文学史. 谷启楠译. 北京：人民文学出版社.

[美]安妮特·T. 鲁宾斯坦. 1998. 英国文学的伟大传统. 陈安全译. 上海：上海译文出版社.

北大哲学系美学教研究室. 1982. 西方美学家论美和美感. 北京：商务印书馆.

陈厚诚. 2000. 西方当代文学批评在中国. 天津：百花文艺出版社.

程爱民. 2002. 20世纪英美文学论稿. 上海：上海外语教育出版社.

董小英. 1994. 再登巴比伦塔——巴赫金与对话理论. 北京：三联书店.

方珊. 1999. 形式主义文论. 济南：山东教育出版社.

[英]佛斯特. 1981. 小说面面观. 苏炳文译. 广州：花城出版社.

[英]弗吉尼亚·伍尔芙. 1989. 一间自己的屋子. 王还译. 北京：生活读书新知三联书店.

[英]弗吉尼亚·伍尔芙. 1993. 伍尔芙随笔. 孔小炯, 黄梅译. 深圳：海天出版社.

高尔纯. 1985. 短篇小说结构理论与技巧. 西安：西北大学出版社.

格非. 2002. 小说叙事研究. 北京：清华大学出版社.

[美]亨德森. 2000. 女性休闲：女性主义视角. 刘耳等译. 昆明：云南人民出版社.

[美]华莱士·马丁. 2005. 当代叙事学. 伍晓明译. 北京：北京大学出版社.

华庆昭. 2002. 米字旗下的约翰牛：英国人的社会和生活. 北京：中国青年出版社.

黄禄善. 1997. 英美通俗小说概述. 上海：上海大学出版社.

[美]凯特琳娜·克拉克. 1992. 米哈伊尔·巴赫金. 语冰译. 北京：中国人民大学出版社.

李维屏. 2003. 英国小说艺术史. 上海：上海外语教育出版社.

[美]利昂·塞米利安. 1987. 现代小说美学. 宋协立译. 西安：陕西人民出版社.

刘文荣. 2002. 19世纪英国小说. 北京：中国社会科学出版社.

鲁迅. 1998. 中国小说史略. 上海：上海古籍出版社.

吕同六. 1994. 20世纪世界小说理论经典. 北京: 华夏出版社.
[荷]米克·巴尔. 2003. 叙述学: 叙事理论导论. 谭君强译. 北京: 中国社会科学出版社.
[捷]米兰·昆德拉. 1992. 小说的艺术. 孟湄译. 北京: 生活·读书·新知三联书店.
缪朗山. 1985. 西方文艺理论史纲. 北京: 中国人民大学出版社.
[日]坪内逍遥. 1992. 小说神髓. 刘振瀛译. 北京: 人民文学出版社.
契诃夫. 1982. 契诃夫论文学. 汝龙译. 北京: 人民文学出版社.
钱乘旦, 许洁明. 2002. 英国通史. 上海: 上海社会科学院出版社.
[英]乔纳森·雷班. 1982. 现代小说写作技巧. 戈木译. 西安: 陕西人民出版社.
[法]热拉尔·热奈特. 2013. 转喻: 从修辞格到虚构. 吴康茹译. 桂林: 漓江出版社.
申丹. 2004. 叙述学与小说文体学研究. 北京: 北京大学出版社.
沈之兴. 1999. 西方文化史. 广州: 中山大学出版社.
石昭贤. 1982. 欧美现代派文学三十讲. 贵阳: 贵州人民出版社.
[美]苏珊·朗格. 1986. 情感与形式. 刘大基译. 北京: 中国社会科学出版社.
谭君强. 2014. 叙事学导论——从经典叙事学到后经典叙事学. 北京: 高等教育出版社.
[英]特雷·伊格尔顿. 1986. 二十世纪西方文学理论. 伍晓明译. 西安: 陕西师范大学出版社.
[法]瓦莱特. 2002. 小说: 文学分析的现代文学与技巧. 陈艳平译. 天津: 天津人民出版社.
王长荣. 1992. 现代美国小说史. 上海: 上海外语教育出版社.
王箴躬. 1997. 20世纪世界文学精品短篇小说卷. 南昌: 百花州文艺出版社.
王佐良. 1996. 英国文学史. 北京: 商务印书馆.
吴琼. 2000. 西方美学史. 上海: 上海人民出版社.
[法]西蒙娜·德·波伏娃. 1998. 第二性. 陶铁柱译. 北京: 中国书籍出版社.
肖四新. 2003. 西方文学的精神突围. 北京: 中央编译出版社.
[苏联]谢·安东诺夫. 1985. 短篇小说写作技巧. 白春仁译. 重庆: 重庆出版社.
徐晗. 2007. 凯瑟琳·曼斯菲尔德短篇小说现代主义特征研究. 昆明: 云南大学出版社.
徐晗. 2010. 英国文坛的流星——凯瑟琳·曼斯菲尔德研究. 北京: 人民出版社.
徐晗. 2013. 英国短篇小说研究: 凯瑟琳·曼斯菲尔德. 北京: 科学出版社.
杨慧琳. 1999. 外国文学阅读与欣赏. 北京: 首都师范大学出版社.
[美]伊恩·P. 瓦特. 1992. 小说的兴起. 高原等译. 北京: 生活·读者·新知三联书店.
[美]伊莱恩·肖华尔特. 1998. 妇女·疯狂·英国文化 1830—1980. 陈晓兰译. 兰州: 兰州大学出版社.

余汝捷. 1993. 人心可测: 小说人物心理探索. 北京: 中国青年出版社.
[美]约翰·盖利肖. 1986. 小说写作技巧二十讲. 梁森译. 北京: 北京十月文艺出版社.
[美]约瑟夫·弗兰克. 1991. 现代小说中的空间形式. 秦林芳译. 北京: 北京大学出版社.
张隆溪. 1986. 二十世纪西方文论述评. 北京: 生活·读书·新知三联书店.
[以]A. 济夫. 1992. 幽默的民族风格. 陈中亚等译. 上海: 上海人民出版社.
[美]J. 希利斯·米勒. 2002. 解读叙事. 申丹译. 北京: 北京大学出版.
[美]W. C. 布斯. 1992. 小说修辞学. 华明译. 北京: 北京大学出版社.

附录二 曼斯菲尔德生平与创作年谱（1888～1922年）

Chronology

1888年10月14日，凯瑟琳·曼斯菲尔德·比彻姆生于新西兰惠灵顿蒂纳科里街11号，是新西兰富商、银行家哈罗德·比彻姆（后成为哈罗德爵士）与安妮·戴尔·比彻姆的第三个女儿。

1893年曼斯菲尔德全家迁往距离惠灵顿几英里外的卡罗里（Karori）。

1895～1898年，曼斯菲尔德三姐妹入读新西兰惠灵顿卡罗里乡村小学，当时卡罗里镇的卡罗里街350号是曼斯菲尔德一家的住所。卡罗里的美丽风景给予曼斯菲尔德极为美好的童年记忆，也成为其小说创作的丰富来源。

1898～1899年，曼斯菲尔德三姐妹转入惠灵顿女子中学。1898年9月，曼斯菲尔德的第一篇小说《安娜·布莱克》发表在惠灵顿女子中学校刊上。

1899～1902年，曼斯菲尔德之父哈罗德当上新西兰银行行长，全家迁往市区，住在蒂纳科里街75号，《花园茶会》（1922）以该住所为背景。曼斯菲尔德三姐妹入读菲茨赫伯特地区斯温森小姐的私立学校。其间，曼斯菲尔德常在《慧星》杂志上发表习作。

1903年，曼斯菲尔德全家迁往伦敦。曼斯菲尔德三姐妹由姨母贝尔倍伴，于春天入读英国伦敦皇家学院。曼斯菲尔德在此认识了埃达·贝克并结为好友，随后将其命名为莱斯利·莫尔，或简称为LM。

1904～1906年，英国伦敦皇家学院校刊刊发了曼斯菲尔德的五则短篇作品。1905年，曼斯菲尔德成为校刊主编。1906年6月，曼斯菲尔德结束英国伦敦皇家学院的三年学习，于1906年10月返回新西兰惠灵顿。

1907年，三则短篇小说和一首诗发表于当地杂志《乡友》上，其中一则作品属以K.曼斯菲尔德的笔名。曼斯菲尔德有过一次露营旅行的经历，并将此番旅行的经历记录于作品《笔记》之中。同年同埃迪斯、玛达·麦哈布有过短暂恋情。

1908年，作品《一朵玫瑰的凋谢的研究》发表于杂志《三合音》；8月，曼斯菲尔德因不满惠灵顿当地偏狭闭塞的风气而独自一人前往伦敦，每年可以从父亲那里得到100英镑的津贴。其间与加纳特·特罗维尔有过恋情。

1909年3月2日，同声乐教师乔治·鲍登结婚，但于当晚离开，来到小提琴手加纳特·特罗威尔身边，跟随加纳特成为一个游旅歌剧团合唱队的成员之一，与加纳特同居并怀有身孕。由母亲陪同前往巴伐利亚旅行并疗养，不幸流产。

1910年，曼斯菲尔德回到伦敦，回到乔治·鲍登身边并同其有过短暂的生活。她的作品开始出现在A. R. 奥瑞奇主编的期刊《新时代》上，2月、3月、5月、7月、8月均有作品发表于《新时代》上。2月24日发表的作品《累妮儿》被评论界认为是对契诃夫的作品《渴睡》的模仿之作，因此所获好评不多；自7月开始，曼斯菲尔德以凯瑟琳·曼斯菲尔德为笔名开始其创作生涯。

1911年，曼斯菲尔德继续在《新时代》上发表作品，3月、7月、8月、10月均在《新时代》上有作品发表。12月《在德国公寓里》作品集出版，有希望获得巨大成功。同年认识约翰·米德尔顿·默里。

1912年，与约翰·米德尔顿·默里相恋，此时默里是牛津大学学生，刚刚开始编辑一份文学期刊《韵律》。3月，曼斯菲尔德有作品发表于《新时代》上，随后，《店里的女人》发表于默里主编的期刊《韵律》上；4月，应曼斯菲尔德之邀，默里离开牛津，搬进曼斯菲尔德在伦敦的一处住所，开始了两人的同居生活。5月，曼斯菲尔德与默里前往法国巴黎旅行。同年秋，出版商史蒂夫·斯威夫特因破产而逃亡，给《韵律》留下了大量债务。

1913年，《韵律》更名为《蓝色评论》，出版三期后停刊。曼斯菲尔德在这一年仅有的作品是《稚气可掬，然而出自天然》；认识了D. H. 劳伦斯和弗丽达·劳伦斯夫妇并开始交往。11月，曼斯菲尔德与默里前往巴黎居住。

1914年2月，自巴黎返回伦敦的曼斯菲尔德、默里继续同劳伦斯夫妇交往。四人合办文艺评议刊物《签名》(*Signature*)。10月，默里夫妇同劳伦斯夫妇交往甚密，他们在相邻很近的地方居住。

1915年2月，曼斯菲尔德的爱弟契明，也即莱斯利·赫伦·比彻姆来到伦敦，同曼斯菲尔德一起度过他作为一名军人的探亲假。与弟弟的共处与交谈开启了曼斯菲尔德对故乡与童年生活的记忆之门，曼斯菲尔德开始了重要作品《龙舌兰》的创作。1915年10月7日，莱斯利战死法国。1915年10月、11月，曼斯菲尔德共有三则短篇小说在《签名》期刊第四期上发表，《签名》期刊不久之后即以破产告终。1915年11月4日，作品《花边饰带》发表于《新时代》。1915年底曼斯菲尔德启程前往法国南部。

1916年，曼斯菲尔德继续与同劳伦斯夫妇交往，但关系从亲密到疏远。6月，从劳伦斯家附近的别墅搬出，但继续保持友谊。其间，与弗吉尼亚·伍尔芙开始交往。

1917年，5月、7月、9月有几部作品发表于《新时代》，重写作品《龙舌兰》，更名为《序曲》。《序曲》的出版得到弗吉尼亚·伍尔芙的帮助。11月，曼斯菲尔德感染肺结核，健康恶化。

1918年4月，曼斯菲尔德返回伦敦，于4月29日同乔治·鲍登正式离婚，于5月3日同默里结为夫妻。7月，《序曲》出版；8月，曼斯菲尔德的母亲去世；同月，作品《幸福》刊发于文学杂志《英国评论》上。后在密友莱斯利·莫尔（或简称为LM）的陪同下旅居于法国南部、巴黎、伦敦三地。

1919年，默里得到《文学论坛》主编职位，曼斯菲尔德开始在《文学论坛》发表书评、诗作、短篇小说。曼斯菲尔德因健康不佳而离开英国，由好友LM陪同，前往意大利疗养。此时，曼斯菲尔德对默里有所不满，写下诗作《新式丈夫》。

1920年1月11日，曼斯菲尔德写下作品《没有脾气的男人》，于1月前往法国，后于4月返回英国伦敦，往返于法国与伦敦的期间内创作作品较为丰富，有《巴克妈妈的一生》《布里尔小姐》《毒药》《少女》《陌生人》《已故上校的女儿》等。11月，《幸福》的出版带来声誉。有论者认为收在《幸福》作品集中的每一则小说都是“精确的观察，加上精确的表达”。

1921年6月，默里夫妇前往瑞士，住进瑞士蒙大拿林间别墅。7～10月是曼斯菲尔德写作生涯中最有成就的时期，在此期间创作的作品包括《花园茶会》《洋娃娃的小屋》《在海湾》《时髦婚姻》《一杯茶》《第一次舞会》《海上航程》《鸽子先生和鸽子太太》等。

1922 年 1 月，《在海湾》发表于伦敦期刊《水银》上；2 月，优秀短篇作品集《花园茶会》出版，曼斯菲尔德英国文坛上的地位得以确立。虽然受到默里的反对，但是在好友 LM 的支持下，曼斯菲尔德前往巴黎，寻求一种通过放射而治疗肺结核的疗法。这种带有神秘色彩的体能锻炼方式实际上加速了曼斯菲尔德的死亡。之后，曼斯菲尔德加入格吉夫在法国枫丹白露设立的一个团体，在此地疗养身体。在此期间，曼斯菲尔德写下了自己最后的几部作品：《苍蝇》《金丝雀》《蜜月》。曼斯菲尔德于 8 月 14 日写下遗嘱，将作品的发表与整理权给予默里。

1923 年 1 月 9 日，曼斯菲尔德同前来探望的默里在一番短暂的会晤与交谈之后发生大出血，逝世于法国枫丹白露。《鸽巢》集由默里整理出版。

附录三　曼斯菲尔德主要作品目录

A. 国外曼斯菲尔德作品出版情况

Primary Works

作品集（Story Collections）

1. *Bliss and Other Stories*. London: Constable, 1920; New York: Knopf, 1921.

《幸福集》收有作品如下：《起风了》《求职女》《雷金纳德的一天》《画册的一页》《莳萝泡菜》《序曲》《幸福》《莫斯小姐的一天》《咖啡馆之歌》《没有脾气的男人》《莫尼卡》《列车上》《阳阳和亮亮》《心理学》。

2. *The Dove's Nest and Other Stories*. London: Constable, 1923.

《鸽巢集》收有作品如下：《洋娃娃的小屋》《一杯茶》《蜜月》《启示》《金丝雀》。

3. *The Garden Party and Other Stories*. London: Constable, 1922; New

York: Knopf, 1922.

《园会集》收有作品如下：《节日》《少女》《布里尔小姐》《女主人的贴身女仆》《陌生人》《巴克妈妈的一生》《已故上校的女儿》《鸽子先生与鸽子太太》《理想家庭》《第一次舞会》《海上航程》《时髦婚姻》《在海湾》《花园茶会》《唱歌课》。

4. *In a German Pension*. London: Stephen Swift, 1911.

《在德国公寓里》收有作品如下：《累妮儿》《德国人在就餐》《男爵》《男爵夫人的妹妹》《布莱申马舍夫人赴婚礼》《娃娃诞生这一天》《新潮母女》《时髦女子》《钟摆》《烈焰》。

5. *Katherine Mansfield: The Woman and the Writer*. Edited by Gillain Boddy. Ringwood, Australia: Penguin Books, 1988.

《凯瑟琳·曼斯菲尔德：女人与作家》收有作品如下：《艾德瑞》《店里的女人》《布莱申马舍夫人赴婚礼》《老泰》《起风了》《幸福》《莫斯小姐的一天》《已故上校的女儿》《在海湾》《洋娃娃的小屋》《苍蝇》。

6. *The Short Stories of Katherine Mansfield*. Introduction by J.M.Murry. New York: Knof, 1937.

7. *Something Childish and Other Stories*. London: Constable, 1924.Also entitled The Little Girl and Other Stories. New York: Knopf, 1924.

《稚气集》收有作品如下：《萝莎贝尔惊梦记》《小扣子被拐记》《不恰当的旅行》《直言不讳》《新衣》《店里的女人》《老安德伍特》《小姑娘》《米莉》《奖学金》《紫萝兰》《稚气可掬，然而出自天然》《旅途》《春雨》《夜深沉》《黑色便帽》《康乃馨》《花朵》《走错了人家》《六便士》《毒药》。

8. *Stories by Katherine Mansfield*. Introduction by Elizabeth Bowen. New York: Vintage Books, 1956.

《曼斯菲尔德短篇小说集》收有作品如下：《萝莎贝尔惊梦记》《男爵》《新潮母女》《店里的女人》《老安德伍特》《女主人的贴身女仆》《序曲》《在海湾》《心理学》《幸福》《咖啡馆之歌》《阳阳和亮亮》《花朵》《没有脾气的男人》《启示》《少女》《陌生人》《已故上校的女儿》《巴克妈妈的一生》《唱歌课》《海上航程》《花园茶会》《布里尔小姐》《时髦婚姻》《洋娃娃的小屋》《鸽巢》《六年之后》。

单独出版的小说作品（Stories（or Novels）Published Separately）

The Aloe（*with Prelude*）、Edited by Vincent O'Sullivan. Wellington. New Zealand: Port Nicholson Press, 1982.

小说《龙舌兰》是作品《序曲》的前身，以新西兰为背景。

Je ne parle pas francais. Hampstead, England: Heron Press, 1920.

小说《咖啡馆之歌》。

Prelude. Richmond, England: Hogarth Press, 1918.

小说《序曲》。

Poetry

Poems, ed. J.M.Murry. London: Constable, 1923. New York: Knopf, 1924.

《曼斯菲尔德诗作》，由默里整理出版。

非文学作品（Nonfiction）

The Collected Letters of Katherine Mansfield. Vol. 1, 1903-17. Edited by Vinvent O'Sullivan and Margaret Scott. Oxford University Press, 1984.

《曼斯菲尔德信件》第一卷。

The Collected Letters of Katherine Mansfield. Vol. 2, 1918-19 Edited by Vinvent O'Sullivan and Margaret Scott. Oxford University Press, 1984.

《曼斯菲尔德信件》第二卷。

Journal of Kataherine Mansfield. Edited by J.M.Murry. London: Constable, 1927; New York: Knopf, 1927.

《曼斯菲尔德的旅途日记》，由默里整理出版。

Journal of Kataherine Mansfield. 'Definitive Editon.' Edited by J.M.Murry. London: Constable, 1954.

《曼斯菲尔德的旅途日记精选本》，由默里整理出版。

Kataherine Mansfield's Letters to John Middleton Murry, 1913—1922. Edited by J.M.Murry. London: Constable, 1951; New York: Knopf, 1951.

《曼斯菲尔德致默里信件集》，由默里整理出版。

The Letters of Kataherine Mansfield. Edited by J.M.Murry. 2 vols. London: Constable, 1928; New York: Knopf, 1929.

《曼斯菲尔德信件集》，由默里整理出版。

Novels and Novelist. Edited by J.M.Murry. Book reviews. London: Constable, 1930; New York: Knopf, 1930.

曼斯菲尔德小说评论文集《小说与小说家》，这部评论文集收入曼斯菲尔德的一百五十余篇文学评论，由默里整理出版。

The Scrapbook of Kataherine Mansfield. Edited by J.M.Murry. London: Constable, 1939; New York: Knopf, 1940.

《曼斯菲尔德手记》，由默里整理出版。

B. 国内曼斯菲尔德作品出版情况

1. 《曼斯菲尔德短篇小说选》

陈良廷、郑启吟译，上海译文出版社 1983 年 9 月出版。这部小说选收入曼斯菲尔德有代表性的 30 个短篇，如《花园茶会》《序曲》《一杯茶》《幸福》等。

2. 《蜜月》

文洁若、荔子译，外国文学出版社 1988 年 10 月出版。这部小说选收入曼斯菲尔德作品二十一篇。除了《小姑娘》《夜深沉》《稚气可掬，然而却出自天然》《起风了》《一杯茶》等 5 篇之外，其余 16 篇在我国是首次译出。

3. 《未发现的国土：凯瑟琳·曼斯菲尔德新西兰短篇小说集》

新西兰曼斯菲尔德研究权威伊恩·戈登选编，上海外国语学院新西兰研究中心译，上海外语教育出版社 1991 年出版。收入曼斯菲尔德所有以新西兰为背景的短篇小说共 59 部，并附有来自新西兰国家美术馆的由安妮·埃斯特尔·赖斯所绘的曼斯菲尔德肖像，以及来自新西兰惠灵顿图书馆关于曼斯菲尔德居所照片若干。是目前国内比较全面的曼斯菲尔德作品选集。

4. 《曼斯菲尔德书信日记选》

陈家宁译，天津百花文艺出版社 1994 年出版。收录有曼斯菲尔德自 1907 年 2 月至 1923 年 1 月的重要信件日记。

附录四 国内外曼斯菲尔德小说创作及艺术研究状况（1989～2016年）

A. 国内曼斯菲尔德小说艺术研究状况（Listed by Date of Publication 1989～2016）

1989. 12. 《社科信息》(南京)

罗志强《现代西方短篇小说的发展与变化》

该论文认为西方短篇小说起源于19世纪,并将西方短篇小说的发展分为三个阶段。第一阶段为19世纪短篇小说，主要代表作家为霍桑、欧文、爱·伦坡、果戈理。第二阶段为20世纪初现代短篇小说，以契诃夫、曼斯菲尔德、乔伊斯、安德生为代表作家。20世纪短篇小说与19世纪短篇小说最大的两个区别就在于：其一，表层内容相比较而言，开始倾向于普通人的日常生活，其二，情节有所淡化。曼斯菲尔德的小说记录了时间的一个瞬间，然后将这一瞬间通过重复的形式扩张开来。乔伊斯将这一形式称为显现。第三阶段为20世纪中期兴起的当代短篇小说，被称为新短篇，代表作家是卡夫卡、博尔赫斯、纳博科夫、D·巴特姆。

1991. 3. 《湖州师专学报》

唐月凤《〈布列尔小姐〉与曼斯菲尔德》

1992. 4. 《海南师院学报》(海口)

潘维新《英文短篇小说的叙事者》

该论文认为，叙事者是短篇小说中的重要创作手法，是叙事美学的重要组成部分，在作品中，叙事者同人物、情节、结构等要素一样重要。叙事者在英语中有两个名称，一是narrator，即讲述故事的人，一是point of view，即观点，换言之就是指讲述故事的人（观察者）所选择的观察事物的视角、地点和位置。该论文将叙事者分为五类：一是全知叙事者（all-knowing or omniscient）；二是受限制的全知叙事者（limited omniscient or third-person central or dramatic, or objective）；三是戏剧性的叙事者或客观叙事者（omni present, or dramatic, or objective）；四是第一人称主角（first-person major）；五是第一人称配角（first-person minor）。并以实例作品来分析各作品中的不同叙事者。

（论文类）

1993. 5.《四川师范学院学报》（哲学社会科学版）（南京）

付灿邦《曼斯菲尔德小说的魅力》

1995. 3.《安徽大学学报》（哲社版）（合肥）

邹颉《欧美短篇小说历史发展述评》

1995. 3.《杭州大学学报》（哲社版）

石雅芳《曼斯菲尔德创作的多维空间》

1995. 3.《重庆师院学报》（哲社版）

傅子伯《论曼斯菲尔德的〈苍蝇〉》

该论文从文体风格的角度对曼斯菲尔德的后期名篇《苍蝇》进行了细致的分析。

1996.《四川师范学院学报》（哲社版）（南充）

赵友斌《曼斯菲尔德的创作技巧与风格》

1996. 6.《四川师范学院学报》（哲社版）（南充）

付灿邦《曼斯菲尔德的〈金丝雀〉的叙事结构》

1997. 3.《电大教学》（杭州）

黄曼行《论凯瑟琳·曼斯菲尔德短篇小说〈花园茶会〉中的人物描写手法》

1997. 4.《聊城师范学院学报》（哲社版）

耿宁《试论曼斯菲尔德短篇小说的现代主义倾向》

1997. 4.《黔南民族师专学报》（哲社版）

王子玉《浅论曼斯菲尔德的短篇小说创作》

1998. 3.《菏泽师专学报》

耿宁《曼斯菲尔德的象征艺术初探》

1998. 3.《徐州教育学院学报》（哲社版）

何亚惠《简论曼斯菲尔德小说的艺术特色》

1998. 3. 《大庆高等专科学校学报》

刘项《论曼斯菲尔德新西兰小说集的主题与风格》

1999. 1. 《外国文学研究》(武汉)

赵友斌《论曼斯菲尔德的现代性》

1999. 1. 《武汉水利电力学报》(社科版)

赵红英《评曼斯菲尔德的小说艺术》

1999. 2. 《上海大学学报》(哲社版)

何亚惠《凯瑟琳·曼斯菲尔德的现代性:〈理想家庭〉读后》

1999. 2. 《广西师范大学学报》(哲社版)(桂林)

牟百治《从曼斯菲尔德的〈花园茶会〉看她的小说叙述艺术》

1999. 6. 《解放军外国语学院学报》(洛阳)

张金凤《曼斯菲尔德·〈序曲〉·新文体》

2000. 2. 《苏州铁道师范学院学报》(社科版)

王敏琴《论凯瑟琳·曼斯菲尔德短篇小说创作的特点》

2000. 2. 《重庆师专学报》

牟晓伟《评曼斯菲尔德〈画册的一页〉的写作艺术》

2000. 3. 《外国文学研究》(武汉)

宋晓萍《双重流放者:曼斯菲尔德的漫游与写作》

2000. 3. 《重庆大学学报》(社科版)

赵友斌《曼斯菲尔德小说主题探析》

2000. 4. 《国外文学》(北京)

王素英《凯瑟琳·曼斯菲尔德艺术风格的形成》

2000. 5. 《名作欣赏》(太原)

徐凯《巧妙的象征,深刻的内涵:曼斯菲尔德〈苍蝇〉赏析》

2000. 6. 《丽水师范专科学校学报》

牛建伟《试论曼斯菲尔德小说的意识流技巧》

2001. 1. 《四川外语学院学报》(重庆)

刘须明《婚姻·性爱·女性愉悦:劳伦斯〈玫瑰园的影子〉与曼斯菲尔德〈幸福〉比较》

2002. 1. 《佳木斯大学社会科学学报》

牛建伟《曼斯菲尔德与契诃夫短篇小说创作手法的异同》

2001. 2. 《东北大学学报》（社科版）（沈阳）

刘须明《写出一个女性的世界：曼斯菲尔德与劳伦斯作品比较》

2001. 2. 《外国文学研究》（武汉）

傅似逸《曼斯菲尔德短篇小说的创新艺术：析〈布里尔小姐〉》

2002. 3. 《河北学刊》（石家庄）

孙峻《英国短篇小说的兴起和发展》

2002. 4. 《宜宾学院学报》

吴静《从〈莳萝泡菜〉看曼斯菲尔德短篇小说的艺术创新》

2002. 4. 《重庆教育学院学报》

杨捷《短篇精品的艺术魅力：解读曼斯菲尔德的〈布里尔小姐〉》

2002. 4. 《丽水师范专科学校学报》

牛建伟《曼斯菲尔德短篇小说〈布里尔小姐〉的现代性》

2002. 4. 《徐州师范大学学报》

何亚惠《曼斯菲尔德论》

2002. 4. 《井冈山师范学院学报》（第 88 期）

徐晗《试析曼斯菲尔德笔下“孩童式”少妇形象》

2002. 6. 《许昌师专学报》

李国银《曼斯菲尔德〈莳萝泡菜〉解读》

2003. 1. 《雁北师范学院学报》

徐晗《试析曼斯菲尔德对契诃夫创作特点的汲取》

2003. 3. 《廊坊师范学院学报》

王素英《分裂的自我，时间的孤儿：试析凯瑟琳·曼斯菲尔德〈已故上校的女儿们〉》

2003. 3. 《唐山师范学院学报》

张金凤《论曼斯菲尔德短篇小说〈序曲〉的艺术特色》

2004. 1. 《山西农业大学学报》（社科版）

雷月梅《〈帕克大妈的一生〉人物心理活动探析》

2004. 2. 《中国社会科学研究生院学报》(北京)

范岭梅《〈幸福〉中的“寒冷”意象分析》

2004. 4. 《学术交流》(哈尔滨)

范岭梅《曼斯菲尔德小说的边缘主题探究》

2004. 6. 《云南师范大学学报》(2004年第3期)

徐晗《凯瑟琳·曼斯菲尔德短篇小说意识流技巧运用》

2006. 1. 《上海师范大学学报》(2006年第1期)

徐晗《论曼斯菲尔德叙事风格的形成》

2007. 5. 《语文学术》(云南)

徐晗《摇摆的心灵——曼斯菲尔德短篇小说〈摇摆〉内心独白技巧运用赏析》

2008. 科技信息(科学教研)

周佳媛. 曼斯菲尔德短篇小说《白丽尔小姐》的文学文体学分析

2008. 名作欣赏

卢睿蓉. 简论曼斯菲尔德短篇小说中的男性形象

2008. 上海商学院学报

章孝宁. 凯瑟琳·曼斯菲尔德小说中的“精神顿悟”

2008. 电影文学

李伟娟, 刘冠珠. 随“冰淇淋”一同融化的梦幻——浅析凯瑟琳·曼斯菲尔德的《阳儿与月女》

2008. 漳州师范学院学报(哲学社会科学版)

林淼. 试析凯瑟琳·曼斯菲尔德小说中的自恋人物

2008. 重庆工学院学报(社会科学版)

刘桂兰. 共创“重要瞬间”的诗性叙事——比较分析曼斯菲尔德和伍尔夫的两篇短篇小说

2008. 东南大学学报(哲学社会科学版)

关晓仙. 化平淡为神奇——浅析曼斯菲尔德短篇小说《起风了》的对比艺术手法

2008. 井冈山学院学报

刘素芳, 蔡晓蕙. 从《幸福》看凯瑟琳・曼斯菲尔德短篇小说的现代性
2008. 江汉论坛
王昕. 少妇复杂的身心体验——对曼斯菲尔德短篇小说《幸福》的解读
2008. 山东理工大学学报(社会科学版)
郭海霞. 论镜像在曼斯菲尔德短篇小说中的艺术功能
2009. 宁波大学学报(人文科学版)
陈晓菊, 芮渝萍. 析曼斯菲尔德《幸福》的反讽艺术
2009. 北京第二外国语学院学报
黄庆欢, 王建香. 析凯瑟琳・曼斯菲尔德的彼得・潘情结
2009. 科技信息
冯晓花. 曼斯菲尔德的《玩具小屋》文体特征
2009. 外国语文
朱望. 女权与阶级: 论曼斯菲尔德小说中的女人们
2009. 学海
牛建伟. 凯瑟琳・曼斯菲尔德小说创作手法的现代派色彩
2009. 科学时代
王秋实. 鲜花浪漫中的悲情——读曼斯菲尔德《稚气却很自然》
2009. 湖北经济学院学报(人文社会科学版)
宁晓燕. 凯瑟琳・曼斯菲尔德与生态女性主义
2009. 青年作家(中外文艺版)
孙琳. 臆想与现实的冲突——论曼斯菲尔德小说的深层结构
2009. 经济师
方静清. 论凯瑟林・曼斯菲尔德小说情感的诗意化传达
2009. 电影文学
唐冬梅. 论曼斯菲尔德短篇小说所折射的两性关系
2010. 国外文学
王素英.《在海湾》中的叙述陌生化
2010. 作家
金晓莉, 侯丽枚. 浅析凯瑟琳・曼斯菲尔德《莳萝泡菜》的现代主义特征

2010. 名作赏析: 文学研究(下旬)

王秋媛. 漫谈新西兰小说家曼斯菲尔德创作中的童年情结.

2010. 名作赏析: 文学研究(下旬)

赵文兰. 对比与融合——析曼斯菲尔德《海上旅行》中的象征意义

2010. 时代文学: 下半月

陈艳琳, 蒋雯燕. 镜子: 曼斯菲尔德揭示人物内心世界的重要工具

2010. 长城

范菊凡.《帕克大妈的一生》叙事艺术解读

2010. 名作赏析: 文学研究(下旬)

高璐. 男权社会的"他者"——曼斯菲尔德短篇小说的生态女性主义解读.

2011. 白城师范学院学报

李伟娟, 朱桂梅. 回归童年 渴望真爱——谈凯瑟琳·曼斯菲尔德新西兰儿童题材短篇小说的创作思想

2011. 作家

张薇. 平淡中的绚烂世界——解读凯瑟琳·曼斯菲尔德的写作风格

2011. 聊城大学学报: 社会科学版

赵文兰. 重构与二重性——解读曼斯菲尔德的《逃跑》

2011. 名作赏析: 文学研究(下旬)

赵文兰.《心理学》与曼斯菲尔德的现代性

2011. 小说评论

雷艳妮. 凯瑟琳·曼斯菲尔德的诗歌

2011. 小说评论

刘素芳. 在懵懂中清醒, 在幻灭中憧憬——曼斯菲尔德的女性主义思想

2011. 长城

徐晗. 曼斯菲尔德短篇小说的象征手法

2011. 名作赏析: 文学研究(下旬)

王淑侠. 合作的背反——英国作家曼斯菲尔德《莳萝泡菜》中的对话解读

2011. 天津大学学报: 社会科学版

张洁, 刘春芳. 曼斯菲尔德短篇小说的情感解读

2011. 作家
徐晗. 论凯瑟琳·曼斯菲尔德的诗意短篇小说
2011. 外国文学研究
雷艳妮. 论凯瑟琳·曼斯菲尔德的书信日记及诗歌中所体现的身份焦虑
2011. 时代文学：下半月
许敏. 幸福的幻灭与瞬间的顿悟——解读曼斯菲尔德的幸福
2011. 开封教育学院学报
吴海霞. 曼斯菲尔德《一杯茶》的语言特点及主题探究
2012. 名作欣赏
刘群. 凯瑟琳·曼斯菲尔德笔下的儿童形象分析
2012. 阿坝师范高等专科学校学报
夏祖贵. “二元对立”在《花园茶会》中的体现
2012. 上海外国语大学
陈华. 论凯瑟琳曼斯菲尔德作品中视角转换技巧
2012. 名作欣赏
柳淑娟. 论凯瑟琳·曼斯菲尔德儿童人物的创作动因
2012. 邢台学院学报
李伟. 凯瑟琳·曼斯菲尔德的彼得·潘情结分析
2012. 当代外语研究
傅翀. 精巧的构思 丰富的意蕴——对凯瑟琳·曼斯菲尔德《莳萝泡菜》的功能语篇分析
2012. 理论界
王素英. 凯瑟琳·曼斯菲尔德小说中的对话与复调特征——以《在海湾》为例.
2012. 西安外国语大学
李珍. 凯瑟琳·曼斯菲尔德短篇小说的文体学分析
2012. 名作欣赏
刘群. 凯瑟琳·曼斯菲尔德笔下的儿童形象分析
2012. 世界文学评论

赵文兰, 谭善明. 论曼斯菲尔德《年轻姑娘》中的第一人称叙事
2012. 中国校外教育
高秀石.《没有脾气的男人》中的象征含义
2012. 小说评论
雷艳妮. 紧闭的琴盒——细读凯瑟琳·曼斯菲尔德的《幸福》
2012. 名作欣赏
赵文兰, 张帆. 细节·象征·主题——曼斯菲尔德《洋娃娃的房子》之重释
2012. 社会科学战线
李伟娟. 凯瑟琳·曼斯菲尔德与萧红小说创作之管窥
2012. 文学界(理论版)
肖冲. 于细微处见精神——凯瑟琳·曼斯菲尔德小说的细节描写解析
2012. 科技信息
王子玉. 传统下的突破——浅谈凯瑟琳·曼斯菲尔德的短篇小说创作
2013. 世界文化
吴群涛. "幸福"像花儿一样——凯瑟琳·曼斯菲尔德笔下的梨花和女性
2013. 现代语文(学术综合版)
徐晓雨. 以译者为中心论徐志摩对曼斯菲尔德短篇小说的译介
2013. 绥化学院学报
屈冬梅. 立足平凡, 追求优雅——简·奥斯丁小说艺术风格解读
2013. 海外英语
顾辰. 解读凯瑟琳·曼斯菲尔德笔下女性人物觉醒之路
2013. 剑南文学(经典教苑)
李东. 真正的孤独源自自我封闭: 关于《布里尔小姐》细节描写的分析
2013. 山东社会科学
赵文兰. 曼斯菲尔德《鸽子先生和夫人》的重复叙事探析
2013. 英语广场(学术研究)
徐敏.《邱园记事》和《幸福》中象征寓象表达方式之比较
2013. 西安外国语大学

杨佩. 凌叔华与曼斯菲尔德短篇小说的比较研究

2013. 西安外国语大学

Cao Shasha. 凯瑟琳·曼斯菲尔德短篇小说中的女性主义叙述声音

2013. 苏州教育学院学报

吉兆荣. 笔端流云 诗意叙写——论凯瑟琳·曼斯菲尔德文本中的叙事策略

2013. 海外英语

黄仕梅. 幸福之光, 海市幻灭——论曼斯菲尔德短篇小说《幸福》中幸福感的虚无(英文)

2013. 河北师范大学.

南京京. 用三界理论解读《序曲》和《在海湾》中的贝尔

2013. 天津大学

张琳. 系统功能视角下曼斯菲尔德小说弱势人物分析

2013. 北京外国语大学

陶欣尤. 从奈达功能对等理论角度论英文短篇小说翻译策略

2013. 延安大学学报(社会科学版)

苗淼. 感官效果、构图、韵律和色彩——凯瑟琳·曼斯菲尔德短篇小说解读

2013. 名作欣赏

刘鑫. 朦胧的美丽——评凯瑟琳·曼斯菲尔德《布里尔小姐》中模糊语的使用

2013. 华东师范大学

陈思. 凯瑟琳·曼斯菲尔德短篇小说中的女性意识

2013. 曲阜师范大学

徐晨曦. 女性主义叙事学视角下凯瑟琳·曼斯菲尔德小说中的叙事策略分析

2013. 湖南大众传媒职业技术学院学报

刘冰. 从《已故上校的女儿》解读凯瑟琳·曼斯菲尔德的叙事策略

2013. 南京师范大学

房成凤. 论凯瑟琳·曼斯菲尔德与契诃夫的文学关系

2014. 外语研究
宋德伟, 岳国法. 论凯瑟琳·曼斯菲尔德《帕克大妈的一生》的情感叙事
2014. 短篇小说: 原创版
高虹. 曼斯菲尔德新西兰系列小说中的自恋人物
2014. 校园英语
刘晓玲. 试析曼斯菲尔德短篇小说的色彩意象美
2014. 北方文学(中)
彭笑. 向死而生——论曼斯菲尔德后期短篇小说中的死亡主题
2014. 青年文学家
张玲. 女权主义视角下凯瑟琳·曼斯菲尔德的短篇小说探究
2014. 现代语文(学术综合版)
鹿清霞. 现代短篇小说研究的新探索——评《凯瑟琳·曼斯菲尔德小说研究》
2015. 北方文学(中)
陈尹晴, 林芋辰. 细节描写引领读者走进凯瑟利的乐园——评曼斯菲尔德《序曲》的细节描写
2015. 开封教育学院学报
崔恩昊. 现代主义中的女性空间——以凯瑟琳·曼斯菲尔德和弗吉尼亚·伍尔夫的作品为例
2015. 大众文艺
刘顺宇, 王洁. 一生拿来恋爱和写作的女子——读凯瑟琳·曼斯菲尔德传记
2015. 绍兴文理学院学报
颜碧洪. 凯瑟琳·曼斯菲尔德《莳萝泡菜》的艺术美
2015. 语文建设
高向晔. 论作家曼斯菲尔德小说体裁的文本创新
2015. 文学教育
李若晗. 例谈曼斯菲尔德短篇小说的艺术风格
2015. 作家

李楠. 从文本角度看曼斯菲尔德短篇小说的创新价值

2015. 作家

景艳. 功能文体视角下曼斯菲尔德短篇小说分析

2015. 名作欣赏

陈巍. 曼斯菲尔德小说中的男性形象分析

2015. 校园英语

兰超慧. 从凯瑟琳·曼斯菲尔德的小说看其温和女性主义的思想

2015. 青年作家

王畅. 论凯瑟琳·曼斯菲尔德的女性主义——由向传统观念到幻灭逃避

2015. 艺海

陈尹晴, 林芋辰. 艺术源于生活的感悟——评曼斯菲尔德的《在海湾》

2015. 长春大学学报

李俊宇. 论曼斯菲尔德《夜深沉》的叙事艺术

2015. 作家

牛雪莲.《莳萝泡菜》中的自我主义与女权主义

2016. 外国语文研究

雷艳妮. “现在我是一棵植物, 一株野草”——论凯瑟琳·曼斯菲尔德的身份建构在其“植物诗歌”里的实现.

2016. 知识文库

栾婷燕. 浅析凯瑟琳·曼斯菲尔德短篇小说中的女性形象

2016. 长春师范大学学报

李碧慧. 凯瑟琳·曼斯菲尔德《序曲》中的人物对称性和悲剧性

2016. 语文建设

赵荣斌. 英国小说中的海洋意象——以曼斯菲尔德短篇小说为例

2016. 新高考: 英语基础

潘正凯. 讽刺艺术赏析——曼斯菲尔德的《一杯茶》

2016. 苏州科技学院学报(社会科学)

王腊宝, 程颖洁. 近 30 年来国外曼斯菲尔德研究新动向

2016. 湘潭大学学报(哲学社会科学版)

段慧如, 何宇宏. 曼斯菲尔德小说的异质空间与身份焦虑
2016. 牡丹江大学学报
卢会会. 曼斯菲尔德小说中的现代艺术特色——试析《布里尔小姐》
2016. 文学教育(上)
周涓. 从《苍蝇》叙事策略与表达效果分析"老板"形象
2016. 齐齐哈尔大学学报(哲学社会科学版)
张艳敏. 花语: 论曼斯菲尔德小说《第一次舞会》中的隐性叙事手法
2016. 吉林广播电视大学学报
关贞兰. 贝里尔之镜像自我——《序曲》中的复影手法
2016. 明日风尚
聂娥, 胡勤. 《一杯茶》所彰显的及物性系统与权力关系
2016. 文学评论: 外国文学
秦艳. 论《布里尔小姐》的陌生化技巧
2016. 北方文学
苗松旸. 浅析《布里尔小姐》中意识流的运用
2016. 语言文学研究: 文教资料
葛彤. 冲突对立下的心灵成长之路——以《花园茶会》中劳拉为例
2016. 中国民族博览
刘燕霞. 作者身份: 从主体到客体再到主体
2016. 南京师范大学硕士学位论文
孙妍. 凯瑟琳·曼斯菲尔德小说的诗化特征研究
2016. 沈阳师范大学学报(社会科学版)
姜欣. 凯瑟琳·曼斯菲尔德小说中的创伤书写
2016. 苏州大学硕士学位论文
程颖洁. 凯瑟琳·曼斯菲尔德短篇小说中的禁锢主题
2016. 北京外国语大学学报
黄然. 凯瑟琳·曼斯菲尔德与文学杂志

(著作类)

2004. 12. 中国社会科学出版社

蒋虹：《凯瑟琳·曼斯菲尔德作品中的矛盾身份》(北京：中国社会科学出版社, 2004, 12)

2007. 9. 云南大学出版社

徐晗：《凯瑟琳·曼斯菲尔德短篇小说现代主义特征研究》(昆明：云南大学出版社, 2007, 9)

2010. 7. 人民出版社

徐晗：《英国文坛的流星——凯瑟琳·曼斯菲尔德研究》(北京：人民出版社)

2011. 光明日报出版社

赵友斌：《曼斯菲尔德的小说艺术》(北京：光明日报)

2013. 2. 科学出版社

徐晗：《英国短篇小说研究：凯瑟琳·曼斯菲尔德》(北京：科学出版社)

2013, 12. 中国社会科学出版社

赵文兰：《凯瑟琳·曼斯菲尔德小说研究》(北京：中国社会科学出版社)

（著作类）

2004. 12. 中国社会科学出版社

蒋虹：《凯瑟琳·曼斯菲尔德作品中的矛盾身份》

2007. 9. 云南大学出版社

徐晗：《凯瑟琳·曼斯菲尔德短篇小说现代主义特征研究》

2010. 7. 人民出版社

徐晗：《英国文坛的流星——凯瑟琳·曼斯菲尔德研究》

2011. 光明日报出版社

赵友斌：《曼斯菲尔德的小说艺术》

2013. 2. 科学出版社

徐晗：《英国短篇小说研究：凯瑟琳·曼斯菲尔德》

2013, 12. 中国社会科学出版社

赵文兰：《凯瑟琳·曼斯菲尔德小说研究》

B. 国外曼斯菲尔德小说艺术研究状况索引（Listed by Date of Publication）

1921. The Freeman

Aiken Conrad: The Short story as Poetry.

1922. New Statesman and Nation

West Rebecca: Notes on Novels: The Garden Party.

1931. Mantz

Ruth Elvish: The Critical of Katherine Mansfield.

1935. Modern Language Notes

Schneier Elisabeth: Katherine Mansfield and Chekhov.

1937. Porter

Katherine Anne: The Art of Katherine Mansfield.

1939. University of Chicago Press.

Daiches David: Katherine Mansfield and the Search for Truth,

1941. Thoms Nelson

Bates, H. E: The Modern Short Story: A Critical Survey.

1945. *The English Short story.*

Joanne Trautman: Virginia Woolf and Katherine Mansfield.

1946. Copenhagen

Erik Munkigaard. Friis & Ann. Katherine Mansfield: Life and stories.

1946. New Statesman and Nation

Pritchett, V. S. : Review of Collected Stories of Katherine Mansfield.

1951. Yale University Press

Berkman Sylvia: Katherine Mansfield: A Critical Study.

1954. *Writers and Their Work Series*

Gordon Ian. A: Katherine Mansfield

1954. Modern Philology 51

Wright Celeste T: Darkness as a Symbol in Katherine Mansfield

1962. *Essays in Criticism.*

Bateson, F. W: Katherine Mansfield's "The Fly".

1963. *Macmillan.*

O'Connor Frank: The Lonely Voice: A Study of the Short Story.

1964. Writers and Their Work Series

Beachcrot, T. O: The English Short Story.

1968. Oxford University Press

Beachrofi, T. O: The Modern Art: A Survey of the Short Story

1969. The odyssey Press

Houd Annelle, S. & Bogart & Carlotta, L. : Understanding the short story.

1969. D. C. Heath and Company

Sunners Hollis: Discussions of the short story.

1969. Brentwood's Press

Foot John: The Edwardianism of Katherine Mansfield

1970. *Studies in Short Fiction*

Baldeswiller Eileen: Katherine Mansfield's Theory of Fiction.

1971. Michael Joseph Kid

Bates, H. E. The Modern Short story.

1971. Feffer and Simons

Magalaner Marvin: The Fiction of Katherine Mansfield

1974. Longman Group

Gordon Ian. A: Undiscovered Country: The New Zealand Stories of Katherine Mansfield.

1977. *The New Review*

Stead, C. K.: Katherine Mansfield and the Art of Fiction

1977. University Microfilm International

Rohrberger & May, H. : The Art of Katherine Mansfield.

1978. Virago

Showalter Elaine. A Literature of their Own: British Woman Novelists from Bronte to Lessing.

1978. *Woman's Language and Style*

Kaplan Sydney: Katherine Mansfield's Passion for Technique.

1978. *number of Modern Fiction Studies*

Beachcroft, T. O. : Contributions to a Katherine Mansfield.

1982. Harvester

Abel Elizabeth: Writing and Sexual Difference.

1983. *Twentieth-Century Literature 28*

Anderson Walter, E: The Hidden Love Triangle in Mansfield's Bliss.

1983. Dent

Tomalin Claire: Introduction, Katherine Mansfield, Short stories.

1983. Macmillan

Hankin & Cherry, A.: Katherine Mansfield and her Confessional Stories.

1985. St. Martin's Press

Hanson Clare: Short stories and Short fictions.

1985. Longmans

Leech Geofrey, N.: Style in Fiction: A Linguistic Introduction to English Fiction Prose.

1985. *The English Short Story*

Joanne Trautman: Virginia Woolf and Katherine Mansfield.

1985. Indiana University Press

Du Plessis & Rachel Blau. Writing beyond the Ending: Narrative Stratigies of Twentieth-Century Woman Writers.

1986. Indiana University Press

Fullbrook Kate: Katherine Mansfield.

1991. Kaplan

Sydney Janet: Katherine Mansfield and the Origins of the Modernist Movement.

后　　记

叙述，是一种表现方式，更是一种艺术境界。

最初对曼斯菲尔德的短篇小说感兴趣，完全是因为她小说中所表现的主题与内容和我们每个人所接触到的生活并不遥远：小教师的求职路、家庭主妇的空虚、人在大城市所感受到的渺小感、青春期的炙热与童年时我们或多或少都曾有过的幻灭感。

但随着研究的深入，令我更着迷的是曼斯菲尔德的叙述方式，她是“怎么说的”，她的叙述角度是如何变换的，并不让人意外的是，曼斯菲尔德后期小说创作中的叙述方式达到了自如多变的状态。那样的叙述方式，似乎已并不是小说的叙述方式，而成了散文的叙述方式或是诗的表达方式。

她似乎和所有的作家都不同，她的视角、她“说”的方式，并不是一个成人的视角和叙述方式，却又不仅仅是一个孩子的叙述视角和叙述方式，她是一个作家、一个女人、一个孩子。她带着对生活所有细节的狂热和发自内心的悲悯。

在阅读她的作品时，我总觉得她似乎是一个无处不在的叙述者，因为那就是她的方式、她的表达和她的声音；而同时，我又发现，她又总是不在现场，因为，呈现在读者面前的，就是生活和人物的本来样子，他们在生活或是思考，而生活就是这样的，充满着琐碎，却又不乏情趣。

生活其实就是如此，在现实中充满着突如其来的诗意，于细节处会让人情不自禁地思考生活本来的意义。

在电脑上打下这部书稿的最后一个字，我突然之间一句话也说不出来了，这部书稿是我所写的有关曼斯菲尔德的第四部书稿了，如果不是对一个作家及其作品充满着热爱，我想我根本没有办法坚持那么长的时间来研究这位作家。从大学四年级，我就喜爱上了曼斯菲尔德的短篇小说，它们打动着我，也吸引着我去阅读、去思考、去研究。从大学四年级的那个下午开始，然后是研究生三年、博士生三年，接着，回到云南师范大学文学院执教，这么多年来，我很庆幸自己可以一直捧读曼斯菲尔德的小说。

我记得那个下午，阳光很好，我在图书馆的一角邂逅到这位作家；如今，一晃十多年过去了，我的书桌上，依然是我最喜爱的她。

这种感觉，真的很好；一如时光未变，而我们，初次相遇。

徐　晗

2017年6月16日